用因果推論破解經濟學10大經典謎題

大偵探經濟學

economics

李井奎 著

在過去的幾十年裡，人們對因果推論的了解比以往歷史中的總和還要多。

——蓋瑞・金恩（Gary King）／哈佛大學阿爾伯特・韋瑟黑德三世校級教授（Albert J. Weatherhead III University Professor）、哈佛大學量化社會科學研究所（Institute for Quantitative Social Science）所長

目次

好評推薦

我和學生討論研究主題時，最有用的方法就是要求學生把想法寫成問句，有了好問題，離答案就不遠了。《大偵探經濟學》裡包含了許多有趣而認真的問題，而且揭示了回答這些問題的方法。書中最常問的是「為什麼」，我的本行經濟史主要在研究歷史事件的發生原因，最常用的工具就是書中強調的「反事實推論」。一些類似鑑識科學的實驗方法，透過作者生動的文筆都變得好看易讀，不僅適合經濟學的學者與學生，任何對真相好奇的人都會感興趣。

——劉瑞華，清華大學經濟學系教授

福爾摩斯曾說：「看到不等於觀察。」同理，相關也不等於因果。錯誤歸因或倒果為因，是一般人在解釋歷史或社會現象時常犯的錯誤。過去三十年來，經濟學在因果推論的學理與應用上有很大的進展。本書挑選十個重要議題（也包含我所參與的消失女性論戰），將其研究結果與推論過程做了簡潔介紹，是一本非常具知識趣味的經普讀物。

——林明仁，臺灣大學經濟系特聘教授

這是一本娛樂與深度兼具的科普書，在李井奎教授的妙筆下，嚴肅的學術論文化身為生動有趣的偵探小說，本書利用輕鬆的文句述說經濟學家在過去數十年，如何透過各種因果推論的計量工具與實際資料，對幾個社會科學的重要議題提出令人信服的解答。

——楊子霆，中央研究院經濟研究所副研究員、
政治大學應用經濟學程副教授

推薦序一

2020年在哈佛訪學一年，李井奎巧遇新冠疫情。上半年的傳統課程中斷，讓他有充裕時間與心情，逛遍大波士頓的景觀，也瀏覽哈佛驚人的圖書館與博物館。疫情反而是難得的體驗，讓他獨享寬敞的法學院圖書館。

暑期校園清靜的美好時光，他迅速完成這本有深度的科普書籍，解說如何運用統計分析的因果推論技巧，判定眾說紛紜的公案。井奎對計量經濟學探索多年，掌握各大名家的分析技巧，以及主要期刊的重要論文。他知道如何運用因果推論這把手術刀，剖析各類爭辯性的議題，才能得到深度說服的效果。這些精彩多元的主題，在本書中已充分展現，幾年後若有增訂，內容必可倍增。

這本科普書籍只是他的部分投入，真正長期深入且令人驚佩的，是他在思想史領域的基礎性投入，證據之一是他獨力中譯《凱因斯全集》內的十卷經典。這是何等的願力，更是長期蹲馬步的硬功夫。期望他再面壁十年，像達摩一樣留下影痕。

日本經濟學界在20世紀初期，已開始大量做這類基礎工作，各種經典早有多種譯本可對比。這種十年文獻、十年研究的精神，是最應該學習的。經濟學界的跟風甚旺，找大資料做統計迴歸發期刊，是99％學者的追求。我期盼有1％的人不急著向前看，願意對先人的智慧溫故知新。

經濟學界最有名的溫故知新者，其實就是凱因斯。1929年大蕭條時，他一方面重新思考為何無法解決失業與通縮，另一方面積極向先賢求取智慧。感謝早年的經典閱讀基礎，讓他靈光一閃，想到馬爾薩斯著作中的一個概念。這位以《人口論》聞名的學者，當時也遇過經濟衰退、嚴重饑荒。他判斷主因並非生產不足，而是市場

供給過剩，但民間購買力不足，造成無效需求，經濟必然崩潰，而致百姓塗炭。

被有效需求這個概念「電」到後，機敏的凱因斯明白良藥只有一帖：從取向上說，是政府主動刺激需求；從執行上說，是興建大型公共建設（水壩、公路、橋樑）、企業減稅、降低利率，這些都是現在熟知的凱因斯派政策。但他會誠實地告訴你，這是馬爾薩斯的睿見。最直接的證據，當然是凱因斯的《就業、利息和貨幣通論》（1936），只要在書籍電子檔中搜尋Malthus與effective demand，就可清晰看出這條譜系。

間接的證據是，《凱因斯全集》第十冊，《傳記文集》第二篇（第12～20章），是凱因斯對幾位經濟學家的懷念。此篇依傳主年代排序，所以馬爾薩斯居首位。特殊之處是其他傳主都只有一篇，而馬爾薩斯卻有兩篇。先是1922年（大蕭條之前）的一般傳記（第71～103頁），接著是1933年6月（大蕭條之後），在英國皇家學會期刊《經濟學期刊》（Economic Journal）的短文（第104～108頁）。此文（107頁）有句重要的評價：「馬爾薩斯的名字因兩件事而不朽，一是《人口論》，二是他睿智直覺的有效需求原理，此事影響深遠，但已被眾人遺忘。」中文讀者有福了，井奎早已譯出此書。

每個時代都會發生讓人驚愕的事，失措的主因是當時的知識無法應對。遇到過不去的難關，束手無措之前還有個好辦法：回頭問祖先的意見。每個時代都有智者，都有特殊的經驗，這些智慧都匯聚在經典內。聰明的經濟學界，何苦在方程式與統計上擠成一團，雖然技巧上能明察秋毫，但對2008年的金融海嘯卻視若無睹，還勞駕英國女王輕輕問一句：「為什麼沒人預見這件糟事？」

大家要學學凱因斯，在難關處要轉頭問祖先的意見。重點是平時要對先人智慧了然於胸，六神無主驚慌時，才能找對醫生開對藥，否則無異於找鬼開藥方。這就要靠年輕時掌握的經典大義。

這本因果推論的科普書籍，一方面讓讀書界理解經濟學家的本領，另一方面也讓我們看到，井奎下深功夫的是凱因斯著作。這個雙層面向，說明他一方面掌握分析的新領域，也知曉前人智慧的重要性，這是內外兼修、古今貫通的上策。

　　30年前，我也在哈佛待了一年，也完成一本書稿，對井奎的心境與雀躍感同身受。這一年是我們學術生涯的轉折，只是差了一個世代。他的朝氣讓我感受到歲月的巨輪，他正在奮力奔進，而我已在「沉思往事立殘陽，當時只道是尋常」。期盼井奎範例，能啟發更多的學界生力軍。

賴建誠　清華大學經濟學系榮譽退休教授，著有經濟學暢銷通識著作《經濟史的趣味》、《經濟思想史的趣味》和《教堂經濟學》。

推薦序二

　　大約在2004—2005年的時候，我還在中國讀研究所，當時的志趣是成為一名總體經濟學家，學習很多相關的數學和經濟學知識。那一年美國麻省理工學院的經濟學教授約書亞・安格里斯特（Joshua Angrist）訪問北大，講了一次為期兩天的短期課程。我去旁聽，覺得太有意思了，原來經濟學還可以這樣玩，那我也要這樣玩。於是就照他講的方式玩了起來，沒想到一玩就是將近20年，樂不思蜀，早已忘掉做一名總體經濟學家的初心。2011年，我曾在美國與安格里斯特教授重逢，我告訴他：「您改變了我的生活。」

　　當年他在北大講的內容，正是這本書的主題：社會科學數據中的因果關係。

　　所謂「數據」，並非簡單的數字。任何數字，只有經過人的解讀才有意義，一個「據」字，凸顯的正是人的推理和論證過程。雜亂無章的數字，只有經過理論邏輯的抽絲剝繭，才能呈現出有意義的模式，這些模式可以被用作特定理論假說的依據，協助人們認識世界。

　　在雜亂的數字中尋找符合邏輯的蛛絲馬跡，確實很像「大偵探」的工作。世上沒有完美的證據，只有一點一滴拼湊出來的邏輯鏈。合格的偵探，不僅要建構讓人信服的邏輯鏈，還要不斷排除其他的可能性。正如福爾摩斯所言：「排除一切的不可能之後，剩下的不管多麼難以置信，一定就是真相。」本書介紹各種探求所謂「因果關係」的方法，本質上都是這種「排除法」。當然，可能性無窮無盡，永遠排除不完。所謂「讓人信服」，不過就是能講出一個「超越合理懷疑」的故事。

　　優秀的偵探，固然要掌握處理各類證據的高超技巧，但更離不開對案情本身的背景和人性的深刻洞察。在社會科學的研究中，不管數據處理得多麼乾淨和井井有條，都只能作為「據」，不能替代「論」。最終真正

讓人信服的，還是邏輯和故事本身。偵探再好，也不能代替律師和法官斷案。在法庭上，如何呈現這些數據，如何說服陪審團和大眾，靠的還是故事和邏輯，以及潛藏其中的人類價值觀和情感共鳴。

本書的另一個重點，正是多方位探討數據背後的社會現象。社會科學中的數據，畢竟是人類行為的結果。如果沒有對現象本身的深入思考和認識，沒有對當事人行為模式的深入理解，沒有嚴格的理論推理，只是一味地挖掘數據，最終的結果很難讓人信服。正如寇斯（Ronald Harry Coase）所言：「如果你嚴刑拷打數據，只要時間夠久，你讓它招什麼都行。」所以在當年北大的講座中，有人問安格里斯特：「您是怎麼想到那些精妙的數據邏輯的？」他只答了一個詞：「制度。」意思就是深入考察數據背後的社會機制，因為這幾乎是唯一的途徑。本書講述的故事中，就有經濟學家對研究的對象缺乏深入了解，靠主觀想像挖掘數據，雖然聰明絕頂，但還是中了招。

社會科學的數據中只有相關性，是我們的大腦從中建構和識別出某些關聯，講了一些其他人能理解和認同的故事，也才有了故事中的因果關係。如果換一個故事，其中的因果可能又不同。講故事（或稱理論、模型、典範等），就是我們認識和理解「因果」的方式，也是我們理解社會現象的方式。真正的因果關係，觀測不到。我們能依靠的，只有推測。

既然是講故事，就要講得有意思。這本書裡的故事都很有意思。可能你聽完了，也會忍不住想編故事。一個好故事，力量非常大，而編一個好故事能帶來的快樂，也非常多。

蘭小歡 美國維吉尼亞大學經濟學博士、復旦大學經濟學院教授，著有經濟學暢銷科普書《一轉念：用經濟學思考》。

為什麼經濟學家執著於因果關係？

　　人類文明的發展不僅是靠自然科學的發現與利用，更需要對社會科學的理解，方能有效治理社會與國家，引領人類趨吉避凶，提昇福祉，降低苦難。科學的本質在求證，證明事件背後不易看到的真相，這樣的求證過程在自然科學中比較單純，透過實驗室與實驗過程的人為設計與控制，可達求證目的。社會科學沒有實驗室，如果真的有，社會本身就是個大實驗室，與實驗室不同的是，人類自己成為了被實驗的對象，部分人在實驗過程中可能痛不欲生，甚至失去寶貴的生命（想想這次的新冠疫情）。人類無法在這個大實驗室中為所欲為，控制想要控制的因素，這就造成歷史背後的真相不明，更遑論人類要從歷史中學習。

　　我們一般看到的歷史現象要從中解剖出因果關係並不容易，即使有幸看到兩個現象間的消長，但通常僅止於兩者間的相關，不易斷定誰是因，誰是果，因為相關中糾結了雙向因果、逆向因果、單向因果，以及其他可觀察與不可觀察因素的影響，這些糾纏在一起的兩方因果與其他因子的影響會嚴重阻礙我們辨識真相。經濟學家應該是社會科學中最想釐清因果真相的學者，他們因此必須想盡辦法蒐集資料，也就是本書所說的「上窮碧落下黃泉，上天入地找數據」，好比研究「奴隸貿易是非洲經濟發展落後的罪魁禍首？」與「新教倫理與資本主義精神，韋伯是對的嗎？」的經濟學家就蒐集幾百年前的奴隸買賣與6個世紀教區的經濟發展資料。有了可信的資料後，還得運用適當的方法予以分析，而這適當的方法即為本書的主題——因果推斷。

　　經濟學家對確認因果關係有著極端的執著，這從本書作者描述經濟學家如何努力找出因果關係可一覽無遺，這樣的執著源自經濟學是一門決策科學，擬定個人，乃至社會、國家，甚至國際的適當政策與資源分配，

例如在特定時點上，我們需要決定如何分配手上的資源，好讓個人的當下福祉最大；又如在人的一生中，我們要如何分配時間資源在人力資本投資（受教育）、工作（賺取報酬）與休閒（退休），好讓終生福祉最高。家庭中，誰主內，誰主外會最大化家庭福祉？家庭在資源有限下該如何分配資源給家庭成員？這就不難理解本書所提的女性在「經濟價值」低的貧窮社會為什麼會被消失，這或許讓人覺得經濟學分析是多麼的冷酷無情，但它的真實面貌卻是客觀冷靜發揮科學求證精神，唯有找到問題真相的本質才能解決問題的根源。如果決策的個體擴大至國家，甚至國際，政策擬定與資源分配如果不當就茲事體大，例如本書中美國1929年大蕭條的原因可以說是後續金融政策失當的人禍，墨西哥政府國內的掃毒反而助長毒販壯大與衝突，美國對於非洲的捐糧反而助長內戰，這些發現刷新我們原有的認知。

本書精選了10個有趣主題，部分主題在社會科學中爭論許久，遲無解答，例如基督新教是否是歐洲經濟加速成長的起源；白人對黑人奴隸的買賣是否造就今日非洲的貧窮落後；為什麼義大利會豢養出龐大的黑手黨犯罪組織？理論經濟學在設定兩國模型時，如果牽涉到經濟狀況的差異，習慣設成南北兩國，北國代表經濟狀況好，南國則經濟狀況弱，這大致也是目前全球南北分野的現象，其中一個未驗證的解釋是，北邊氣溫低激勵人類為生存而努力，南邊氣溫高易讓人懶散。這些百年難解的謎團，透過經濟學家努力不懈的資料蒐集與整理，以及極富創意的研究發想，最後再套用到因果推斷的研究方法，才能一一為大家解惑。主題中的美國1929年大蕭條成因對經濟學來說尤為關鍵，世人（尤其經濟學家）如果還搞不清楚它的成因，歷史悲劇會不斷重演，人類的苦難也會不停複製。同樣的，如果不知道打擊毒販與提供人道糧食救助反而增加衝突，人類苦難也會不斷重複。

有的主題發生在中國大陸，如霧霾；有的發生在中國大陸，也發生在台灣，例如消失的女性；有些主題全球通用，例如歧視，雖然書中的歧視都發生在西方世界的種族身上，但這不表示種族單純的華人世界就沒有歧視問題，早期美國主要交響樂團的女性樂手都低於10%，為使招募過程

公正，1980-90年代改採盲目試奏，應聘人在簾幕後表演樂器，評審只聞聲響不見其表，一篇經濟學研究顯示，1990年時女性樂手已超過20%，數據深刻表明有無潛在的性別歧視。另外履歷表上的姓名歧視十足驗證西方種族歧視的存在，不過有志出國留學的華人朋友不需太過憂心，這些「造假」的履歷都是高中文憑初入就業市場的尋職者，愈無專業，就愈可能被歧視。

「名校騙局？」主題雖全球通用，但兩岸強烈的升學主義對此主題的感受又更為深刻，台灣的朱敬一院士與于若蓉研究員曾發表一篇研究論文「臺大惠我良多？」，論文在控制入學分數後，臺大畢業生在勞動市場的表現並未優於其他學校，研究顯示他們是否唸名校在未來勞動市場表現無顯著差異，與本書介紹的西方情況一致。這倒不是說名校一無是處，更可能的原因是既聰明又努力的菁英學生在哪兒唸書都一樣，就有研究顯示會教書的老師對平庸學生的幫助超過菁英學生，畢竟菁英學生如果還要靠老師可能就不是菁英了。

本書可貴之處在於利用平易近人的語言將非常專業的經濟學術研究介紹給普羅大眾，為一般大眾搭起橋樑，跨過難以跨越的學術鴻溝。作者又像是位飽讀歷史典故的資深導遊，帶領如遊客般的讀者進入一座座珍貴歷史遺跡，沒有作者生動活潑的介紹與歷史典故的串聯，這些珍貴史跡只是冰冷的土石與磚頭，沒人知道它們的價值。這本書不僅適合一般大眾，也適合修讀經濟學的學生，讓他們知道經濟學不是只有書本理論中的紙上談兵，而是真實地像書中大偵探們幫我們釐清諸多難解問題真相的利器。這本書更應推薦給執政與政策制定者，治國不是依直覺或偏好，而是要有科學基礎，一個先進開明的政府會盡力開放與建立資料，鼓勵大偵探們做社會「科學」研究，再依科學證據擬定政策，這也是所謂的循證基礎的政策制定（Evidence-based policymaking），如此才能引領百姓趨吉避凶，逢凶化吉，提昇人類福祉。

陶宏麟　東吳大學經濟系特聘教授，中央研究院人文社會科學研究中心合聘研究員。

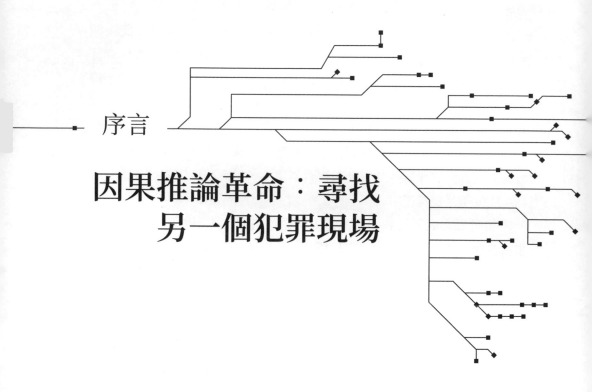

序言

因果推論革命：尋找
另一個犯罪現場

近30年來，由於統計學對因果關係的認識更為加深，使得現代經濟學研究爆發一場因果推論革命。這場革命，使得經濟學家的工作變得愈來愈有趣，經濟學家也愈來愈像大偵探。他們從紛繁複雜的世事與各式各樣的數據中，使用因果推論的計量工具，探尋一個又一個累積多年的懸案和新奇疑問背後的真相，為我們解開一個又一個歷史、社會和經濟的謎團，像是：

- 美國企業雇主在僱用決策中到底有沒有歧視黑人？（第一章　喬治・佛洛伊德之死）
- 黑人更容易被美國法院判處死刑嗎？（第一章　喬治・佛洛伊德之死）
- 墨西哥掃毒之戰有沒有導致墨西哥刑事犯罪率暴增？（第二章　墨西哥毒品戰爭之殤）
- 黑手黨的真正起源是因為義大利西西里地區更適合種植柑橘嗎？（第三章　義大利黑手黨的前世今生）
- 中國北方冬季提供暖氣，使多少人死於因此帶來的心肺疾病？（第四章　看不見的霧霾殺手）
- 在美國上名校是否能讓未來所得增加？（第五章　名校騙局？）
- 傳統中國種植茶葉地區的女孩是不是更容易存活下來？（第六章　消失的女性之謎）
- 對非洲等開發中國家的食物援助是不是加劇這些地區的內戰？（第七章　奴隸貿易的陰影）
- 氣候愈熱的國家，經濟發展是不是就愈差？（第八章　白人殖民者的意外死亡）
- 白人殖民者的死亡率是不是決定該殖民地日後的經濟發展狀況？（第八章　白人殖民者的意外死亡）
- 貨幣政策對走出大蕭條到底有沒有幫助？（第九章　大蕭條的幕後真凶）
- 搬到更富裕的社區生活對多大孩子的成長有好處？（第十章　消逝的「美國夢」）

在這本書裡，我們的經濟學大偵探對這些問題一一進行研究。這些問題是如此重要，同時又是如此有趣，經濟學家們給出符合因果關係的答案又是如此嚴謹，以至於19世紀英國大知識份子湯瑪斯・卡萊爾（Thomas Carlyle）送給經濟學的那頂「沉悶的科學」帽子，如今再也戴不到它的頭上。

▍因果關係是一種迷信？

探究因果關係是科學工作的重要目的。然而，因果關係的面紗卻又如此神祕莫測，一代又一代的學者為之心醉神迷，經歷了數個世紀仍不斷探討。

經濟學奠基人、《國民財富的性質和原因的研究》（以下簡稱《國富論》）一書的作者亞當・斯密，有一位著名的哲學家朋友大衛・休謨，對經濟學和邏輯學均有貢獻。在他的那本哲學名著《人性論》中，休謨認為，我們人類無從得知因果之間的關係，我們只能認識到或聯想到某些事物彼此之間相互關聯，這是我們的經驗告訴我們的。所謂的因果關係，乃是出於我們的聯想，是我們所養成的心理習慣而已。[1]

19世紀英國最偉大的哲學家約翰・彌爾也是一位出色的經濟學家和邏輯學家，在他那本邏輯學名著《邏輯體系》（嚴復先生翻譯為《穆勒名學》）中曾經探討過如何確定因果關係。他說，如果一個人吃了某道菜之後死了，那麼，只有當他同時又沒有吃這道菜之後活著，這兩種狀態都被觀察到時，我們才能說，這道菜是他死去的原因。[2]

彌爾如此定義的因果關係，與今天我們討論的因果效應從本質上有相近之處，但在一般人看來，一個人如何能在吃了這道可能害死他的菜與沒吃這道菜兩種狀態下同時存在？我們不是上帝，無法創造平行宇宙。到了20世紀，同為哲學家和邏輯學家的貝特朗・羅素乾脆完全放棄因果關係，他把因果關係視為一種迷信。[3]

而同一時期得到蓬勃發展的統計學，更是認為「相關不是因果」，恪守著因果關係是無法透過統計學加以研究的戒條，不敢越雷池一步。[4]

幸運的是，到了20世紀最後的四分之一時間裡，人們在那些偷吃禁果的統計學先驅所做工作的基礎上，開始一步步揭開因果關係的神祕面紗。【5】

反事實框架下的因果關係：尋找另一個犯罪現場

約翰・彌爾說的一點也不錯，要想真正揭露因果關係，你必須保證因果關係的主體相同，同時其他環境與條件也都一樣，最好是同一個人，同時出現在不同的狀態下，經過對比，你才能說明某種狀態的因果效應。

就拿美國黑人喬治・佛洛伊德之死來說吧。

2020年5月25日，在美國明尼蘇達州明尼阿波利斯市非裔美國人喬治・佛洛伊德（George Floyd）被白人警察德里克・蕭萬（Derek Chauvin）逮捕，蕭萬單膝跪在佛洛伊德脖頸處超過8分鐘，最終導致佛洛伊德死亡。之後，美國各地爆發一連串抗議示威活動，引起巨大的社會動盪。

人們紛紛把警察暴力執法的原因歸結為種族歧視。

如果我們只是看到這樣的結果，就一致認定原因是種族歧視，那麼，這的確像大衛・休謨所說，所謂的因果關係，真就變成一種心理習慣。我們看到白人警察和黑人罪犯，最後又看到黑人罪犯身死，於是經過聯想後認定，這都是種族歧視惹的禍。

事實上，要想斷定佛洛伊德之死到底是不是能歸因於種族歧視，我們只能使用彌爾說的那種辦法：尋找另外一個犯罪現場。在另外那個犯罪現場，就像是我們今天這個世界的平行宇宙，裡面也有一個白人警察蕭萬，一個叫作喬治・佛洛伊德的黑人。不過，在這另外一個犯罪現場裡，喬治・佛洛伊德擁有一粒神奇的藥丸，他在這一切開始之前的一分鐘，吃下這個藥丸。這個藥丸的神奇作用是它可以立即改變服用人的膚色。於是，同樣的場景下，在這一個犯罪現場裡，喬治・佛洛伊德變成一個白人。

然後，我們再來觀察這另外一個犯罪現場的結果：白人警察蕭萬又如何對待現在吃了藥丸變成白人的喬治・佛洛伊德？

這另外一個犯罪現場，就是今天從電視上和網路上看到的喬治・佛洛伊德之死案的反事實情況。它沒有發生，但我們可以想像這樣的反事實。

那粒藥丸，可以改變佛洛伊德的膚色，在實驗設計裡，這稱為一項處理（treatment）或一項干預，它可以操控佛洛伊德處在黑人或白人的不同狀態下，這樣，我們就可以比較兩種狀態下他的最終命運。

我們可以觀察到四種潛在結果：

第一種：無論是否吃下藥丸變成白人，喬治・佛洛伊德都死了；

第二種：無論是否吃下藥丸變成白人，喬治・佛洛伊德都沒死；

第三種：喬治・佛洛伊德吃下藥丸變成白人的時候沒死；沒吃藥丸仍是黑人的時候死了；

第四種：喬治・佛洛伊德吃下藥丸變成白人的時候，死了；沒吃藥丸仍是黑人的時候沒死。

如果是第一種和第二種情況，說明無論佛洛伊德變不變成白人，結果都一樣，警察蕭萬不存在種族歧視；如果是第三種，我們可以說，警察蕭萬歧視黑人；如果是第四種，我們得說，警察蕭萬此時歧視白人。

這樣，我們站在上帝視角上，使用反事實框架，就可以完美定義種族歧視的因果含義。

遺憾的是，我們不是上帝，我們只能觀察到一種狀態下的一種潛在結果變成現實。那就是，白人警察蕭萬在逮捕黑人佛洛伊德時，殺死對方。

模擬出平均意義上的「另一個犯罪現場」：隨機實驗與潛在結果模型

如果從前面定義反事實框架下的因果關係看，單純從喬治・佛洛伊德之死這件事出發，來斷定種族歧視是否是他致死的真正原因，我們確實沒有辦法做到。但好在無論是大自然還是人類那神鬼莫測的歷史命運，都不是「驚鴻一瞥」，它們常常反覆出現，最終為我們所認識。

其實，自然科學家早就使用這種辦法來製造反事實的情況，只不過他們的辦法不是利用自然發生的事件進行干預，而是透過隨機實驗的方法主動創造出「另一個犯罪現場」來。

在1946年之前，肺結核曾經是不治之症。醫師們嘗試過各種各樣的方法，都沒有找到真正有效的治療方法，直到1946年美國羅格斯大學的研究團隊發現第二種應用於臨床的抗生素：鏈黴素，開創治療結核病的新紀元。

1948年，傑佛瑞・馬歇爾等人做了人類歷史上第一個隨機對照試驗，目的就是來評價鏈黴素在治療肺結核上的有效性和安全性。透過隨機選取15至30歲的雙側急性進展性原發型肺結核患者，隨機把患者分為兩組：一組接受鏈黴素治療並臥床休息，這一組就是實驗組；一組僅僅臥床休息，這一組就是對照組，也叫控制組。這裡的實驗組和對照組，對應的就是前面喬治・佛洛伊德是否吃下那個可以改變膚色的藥丸，吃下藥丸，變成白人，就是進行一項干預。而沒吃下藥丸仍然是黑人的狀態，就是反事實情況的對照組，這個實驗的評價指標是喬治・佛洛伊德有沒有死。而馬歇爾的這個實驗，評價的主要指標是6個月內的生存率，以及6個月時根據胸部X光片評價的明顯改善率。研究結果顯示，實驗組和對照組6個月的生存率分別為93％和73％，而明顯改善率為51％和8％，這些結果在統計上都非常顯著（$p < 0.01$，我們之後會解釋它的意思）。由此可見，鏈黴素可以改善肺結核患者的症狀，並減少死亡率。

這個實驗的成功，標誌著隨機實驗的構想正式得到科學界的認同。

隨機實驗的構想最早是由統計學家耶日・奈曼在1923年提出，而且他還根據潛在結果的框架給出因果效應的正式定義。[6]但奈曼教授不像他的統計學對手羅納德・費雪那樣會講故事，我們接下來從費雪這位幾乎單槍匹馬就奠定現代統計學基礎的偉大統計學家提到的一個關於「女士品茶」的故事說起。[7]◆

◆　這個故事曾為費雪所提及，後來被薩爾斯伯格寫成科普書，從此廣為人知。

故事發生在1920年代末一個夏日的午後，地點是英國劍橋大學。當時，一群大學教授和他們的妻子還有客人圍坐在院子裡的一張桌子邊喝下午茶。其中有一位女士堅持認為，把牛奶倒入茶中，與把茶倒入牛奶中，奶茶的味道會有所不同。在座的很多人都認為這不可思議，因為奶與茶倒入杯子的順序並沒有改變奶茶的化學成分，能有什麼味道上的差別呢？只有一位又瘦又矮、戴著厚厚眼鏡的男子表情嚴肅，陷入沉思，那個人就是費雪。

費雪為此設計一個巧妙的隨機實驗，來試驗這位女士是不是真能品出奶和茶倒入順序的不同。他準備8杯一樣的奶茶，其中4杯是先倒牛奶再倒茶，4杯是先倒茶再倒牛奶，並隨機排序請這位女士品嘗。如果這位女士全部答對，那麼，我們可以說這位女士具有分辨奶茶味道的能力嗎？

如果這位女士全部答對了，但全都是猜對的，這種情況出現的機率，費雪把它定義為p值。也就是說，這是這位女士在沒有辦法分辨奶茶的條件下，全部答對的機率。這個機率愈小，就說明我們做出的這位女士無法分辨奶茶的假設愈有可能是錯的。按照這8杯奶茶的任意變換順序，一共有C_4^8=70種順序，這位女士如果猜對實際的順序，就相當於從70種順序中猜對其中一種，這個p值就是1/70≈0.014。一般來說，我們設定的p值大多在0.05左右，也就是1/20，只要p值小於這個水準，我們一般就認為，這位女士如果能全部答對牛奶與茶倒入的順序，她只是出於運氣而做到的可能性就很小。現在這個值只有0.014，所以，我們有理由相信，這位女士具有對奶茶的分辨能力。

隨機實驗的方法在1948年的肺結核治療實驗中獲得成功，即使以今天的標準來衡量，這歷史上第一場隨機實驗的設計也稱得上非常嚴謹。我們在本書最後一章〈因果推論的五種武器——《西遊記》番外篇〉中「仙丹、蟠桃和唐僧肉——隨機實驗辨長生」一節中對隨機實驗的邏輯與歷史發展有進一步的介紹和舉例，採取的敘述方式是筆者杜撰出來的《西遊記》中的故事場景，讀者也可以翻到那裡先睹為快。

好，現在回到我們對「另一個犯罪現場」的討論。

的確，我們沒有辦法發明那種神奇的藥丸，讓人瞬間改變自己的膚色，但是我們可能擁有大量類似於佛洛伊德之死案中的案件場景。如果我們蒐集到足夠多這類案件的場景，並把所有相關的因素都轉換為可以衡量的變數，就可以把與佛洛伊德之死場景最接近的案件找出來。這些案子在其他條件都相同的情況下，只有被害人的膚色不同這一點差別。這就好像是我們找到與佛洛伊德很相似的許多個體，他們也有著與佛洛伊德相似的處境，但他們中有些是黑人，有些是白人。然後，我們來觀察他們最終的結果如何。我們的確不可能再造一個白種人的佛洛伊德，但我們可以透過控制其他條件，盡可能模擬出「另外一個犯罪現場」。在那些現場中，犯罪嫌疑人可能是黑人，也可能是白人，這就彷彿是歷史數據自然提供一個實驗，把其中一些場景劃歸實驗組，另一些場景劃歸對照組。然後，我們可以計算他們在不同場景下最後的平均結果。而這種平均結果上的比較，就是有無種族歧視、符合因果關係的答案。

這就是因果推論的潛在結果模型（Potential Outcomes Model），這是哈佛大學統計學系的唐納德·魯賓教授在1970年代中期的一系列文章中明確提出來的理論模型。潛在結果模型的核心是比較同一個研究對象在接受處理和不接受處理兩種狀態下的結果差異，並把這個結果差異視為接受處理的因果效應。雖然我們無法同時觀察到同個研究對象的這兩種狀態，但我們可以使用隨機實驗的構想和迴歸估計的方法，把這種平均的因果效應估計出來。除了魯賓提出的這種因果關係推論模型之外，著名的電腦學家、圖靈獎得主朱迪亞·珀爾教授也在差不多的時間裡提出一種叫作因果圖的概念，也可以用來闡述這種因果關係的推論，雖然魯賓教授似乎一直不肯接受這一點。◆

◆ 在珀爾的《因果革命》一書中，珀爾特別開出一章來講述魯賓的反事實框架，但在魯賓 2015 年出版的《因果推斷》一書中，正文卻基本未提到珀爾的因果圖思想，這很能反映出魯賓的態度。另外，珀爾也明確講到，魯賓認為因果圖一點用處也沒有。這場學術公案本書不去過多涉及，本書介紹的框架基本上是因循魯賓的框架，因為因果圖的思想在經濟學界似乎並不流行。

《大偵探經濟學》的由來

　　自1990年代以來，經濟學家愈來愈常使用因果推論的基本框架，進一步開發工具變數法、斷點迴歸設計、差異中之差異法等識別手段，在經濟學的實證研究領域掀起一場空前的研究高潮。同時，自人類社會進入21世紀以來，在電腦網路的不斷發展下，資料大量湧現，一般研究人員也可以取得，這對於各種經濟事件背後的因果效應研究，產生如虎添翼的作用。

　　筆者在2009年第一次接觸到有關因果推論的計量經濟學，那一年我和其他人一起翻譯麻省理工學院著名計量經濟學家約書亞·安格里斯特教授與約恩—斯特芬·皮施克教授合著的《基本無害的計量經濟學》，這本書如今已經成為最受中國經濟學者推崇、關於因果推論研究的經濟學寶典。[8]◆2019年，我有幸赴哈佛大學訪問一年。在這一年時間裡，我得以親身體驗約書亞·安格里斯特、今井耕介、拉賈·切蒂、詹姆斯·斯托克以及理查·弗里曼這些學術名家的課堂，對這個領域有更進一步的理解和認識。

　　這本《大偵探經濟學》就是我在哈佛大學這一年學習因果推論方法、閱讀最新文獻後的副產品。我熱切期盼能把這個領域的最新進展和經濟學大偵探們神乎其技的研究設計介紹給讀者，讓大家一睹當今世界一流學者的工作，並認識到經濟學科學性的一面。

　　我在這本書中挑選10個主題，內容涉及勞動經濟學、法律經濟學、政治經濟學、犯罪經濟學、歧視經濟學、環境經濟學、發展經濟學、經濟史、貨幣經濟學、總體經濟學，以及大數據下的社會與經濟問題研究。這些故事綜合並全面性介紹經濟學大偵探們在各個領域的傑出工作，並透過

◆　2019年，格致出版社還出版另一本由這兩人寫的《精通計量》一書，此書是《基本無害的計量經濟學》的簡易版，更為通俗易懂，但仍然需要一些統計學和計量經濟學的基礎方能充分理解。不過，閱讀我們這本《大偵探經濟學》時，讀者並不需要有任何的統計學和計量經濟學基礎知識，我預設的讀者應該具有高中以上的知識水準，希望盡可能讓更多人了解這方面的研究和思想，體驗思維的樂趣。

這種展現方式，向讀者介紹因果推論革命的基本精神和重要工具。最後，我又透過自己編撰的五個《西遊記》故事，詳細向讀者介紹經濟學大偵探們使用的因果識別武器，並以此結束全書。

　　好了，接下來，請您隨我一起領略像大偵探一樣的經濟學家們令人屏住呼吸、鬼斧神工般的破案過程吧！

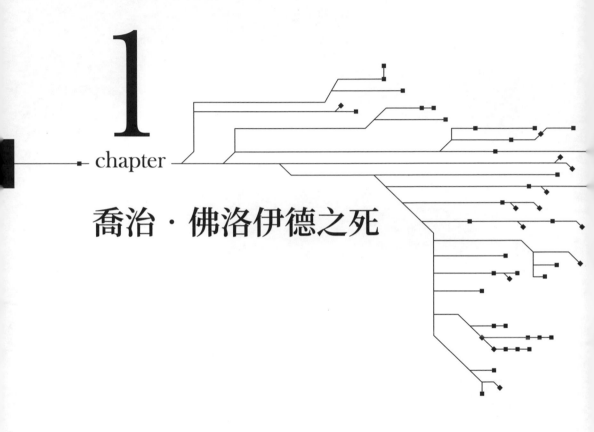

1
chapter

喬治・佛洛伊德之死

種族問題一直是橫亙在美國人民心頭的一根刺。

2020年5月25日，美國明尼蘇達州明尼阿波利斯市，非裔美國人喬治‧佛洛伊德被白人警察德里克‧蕭萬逮捕，蕭萬單膝跪在佛洛伊德脖頸處超過8分鐘，最終導致佛洛伊德死亡。一名旁觀者用手機錄下影片，並上傳到社群媒體「臉書」（Facebook）上，隨後迅速傳播開來。

事件爆發後，引發全美30多個州的一系列抗議示威活動。2020年6月1日我在美國麻塞諸塞州劍橋市寫下這段文字的時候，波士頓地區也爆發類似的遊行示威活動。街道上隨處可見抗議的示威者，空中的警察直升機一直在盤旋。這場衝突，為本來就因新冠疫情而備受打擊的美國社會投下更為沉重的陰影。

在美國，與喬治‧佛洛伊德之死類似的悲劇，早已屢見不鮮。

2014年8月9日，美國密蘇里州聖路易斯縣佛格森鎮，18歲的非裔美國人麥可‧布朗（Michael Brown）在未攜帶武器的情況下，遭到28歲的白人警員戴倫‧威爾森（Darren Wilson）射殺。布朗並未攜帶武器，而且沒有任何犯罪紀錄，在被射殺前僅與警員接觸不到3分鐘。當地警方認為布朗涉嫌一起搶劫案，但與佛洛伊德被懷疑使用假鈔一樣，都沒有確鑿的證據。麥可‧布朗命案發生後，同樣引發連續多日的抗議行動，也一樣出現暴動，最後警方派出大量警員、裝甲車，並發射催淚瓦斯和橡皮子彈，試圖平息騷亂。

歷史總是驚人地相似。兩場命案與之後引發的社會抗議和部分地區的騷亂，乃至警方的反應，都如出一轍。可以說，種族問題是美國社會的痼疾。

在我們譴責這些慘案中美國警方的惡劣行徑時，也不能不看到美國黑人的犯罪率普遍高於其他族群，而且所得表現也最差。我在美國聽人談及黑人的處境時，他們總會搖頭歎息，哀其不幸，怒其不爭。

非裔美國人歷史上的悲慘遭遇、普遍糟糕的教育狀況，以及所得表現上的不如人意，都不能不令人在對這群人產生同情的同時，也避之唯恐不及。雖然美國政府在對待黑人與其他少數族裔方面也做了不少努力，但

效果一直不彰。人們普遍認為，美國警察的行為是種族歧視的表現。而美國黑人在這種情況下，又多以暴動的形式來反抗，就像這次佛洛伊德事件引發的騷亂一樣。這樣一來，就連沒有種族歧視的警察也不得不對他們嚴厲執法，這又推高美國黑人的犯罪率。因此，美國的種族歧視問題變成一種惡性循環。

面對這個嚴重的社會問題，經濟學大偵探們對它所做的探究可謂由來已久。尤其是21世紀以來，經濟學大偵探們利用因果推論的武器，透過精心設計的社會實驗或細心尋訪的自然實驗，對於探明種族歧視這種陳年懸案，取得重大的突破。這一切將有助於研究並解決種族歧視問題。

▌帕克斯女士的「驚天一坐」與歧視經濟學

所謂歧視，就是按照個體無法改變的表面特徵而非內在實質，對某些群體進行劃分，並加以區別對待。最常見的就是性別、種族、宗教和地域歧視。我們在社交過程中都痛恨被人貼標籤，被其他人歧視，但我們每天卻又有意無意在生活中歧視別人。想要真正讓每個人都能得到平等的對待，並同樣平等的對待其他人，還有很長的路要走。

1955年12月5日，美國阿拉巴馬州蒙哥馬利市一位名叫羅莎‧帕克斯（Rosa Parks）的黑人婦女在公共汽車上拒絕讓座給白人，因而被蒙哥馬利市利節警察局的警員以違反公共汽車座位隔離條例為由逮捕。當時年輕的馬丁‧路德‧金恩立即組織抵制蒙哥馬利公車運動，號召全市近5萬名黑人抵制這部條例。抵制公車運動持續整整一年，1956年12月，美國最高法院宣布阿拉巴馬州的種族隔離法律違憲，蒙哥馬利市的種族隔離條例也被廢除。馬丁‧路德‧金恩因其領導地位而名聲大噪，成為民權運動領袖。直到今天，我們的耳邊仍然會迴蕩起他那篇著名的演講：《我有一個夢想》，其中那句「我夢想有一天，我的四個孩子將在一個不是以膚色，而是以品格優劣來評價他們的國度裡生活」，最是讓人動容。

就在蒙哥馬利市的這場民權運動之後兩年，聲威赫赫的芝加哥大學經濟系有一位博士生畢業了，他的博士論文差點沒有通過口試，因為很多

人認為這不是一項經濟學研究，他論文的題目是《歧視經濟學》。[1]這位博士生就是日後大名鼎鼎的經濟學大師、1992年諾貝爾經濟學獎得主蓋瑞‧貝克。貝克教授第一次從經濟學視角研究歧視這個社會問題。

在經濟學的傳統研究典範中，只要市場發揮資源配置的根本作用，歧視就沒有存在的空間。因為市場供給者與需求者是根據一個統一的價格來做出各自的決策，供需相等，市場達於均衡。商品的供給者沒有理由拒絕把商品賣給某個願意支付市場價格的需求者，即使他們的膚色和性別有所不同。但是，發生在1955年蒙哥馬利市的種族隔離條例恰恰說明，正是最信奉自由資本主義市場經濟的美國，卻出現黑人有錢也坐不到公車的情況，在勞動市場上也出現大量有能力工作的黑人卻被拒絕僱用的情況。這又是怎麼回事呢？蓋瑞‧貝克在不否定市場作用的前提下，提出一個「基於偏好的歧視」（Taste-based Discrimination）理論。貝克認為，正是基於歷史、文化、價值觀等原因，白人雇主可能不喜歡僱用黑人，白人員工也可能討厭和黑人一起工作。只要這樣的偏好存在，那麼，黑人就可能受到就業歧視，被迫接受較低的工資和較差的工作。

1973年，史丹福大學經濟學教授、1972年諾貝爾經濟學獎得主，另一位經濟學大師肯尼斯‧阿羅提出反對意見，他表示不能全盤接受貝克的觀點。[2]◆在貝克的理論中，經濟效益更好的企業將會取代經濟效益較差的企業，某些白人雇主如果僱用工資較低的黑人勞動者，那就可能取得更好的經濟效益，如果按照這個邏輯，最終市場競爭還是會消除種族歧視。但阿羅卻注意到，這一點並不符合我們的觀察。而且，他認為大型企業也具有這種「偏好」實在有些想當然耳。因此，阿羅教授在1973年提出「基於統計的歧視」理論。

「基於統計的歧視」是什麼意思呢？我們不妨舉個例子：假如一個社會中有1％的人會犯罪，同時，我們又知道，99％的犯罪份子都紋身，

◆　其實，在阿羅之前，著名經濟學家艾德蒙‧菲爾普斯就已經提出過這種觀點，但流傳不廣，後世學者引用較少，參閱：Phelps, Edmund S. "The Statistical Theory of Racism and Sexism." American Economic Review, 1972, 62（4）：659-61.

普通人當中紋身的比例只有1％。那麼，當你走在一條荒僻的山路上，迎面看到一個人向你走來，你認為他是犯罪份子的機率是多少呢？當然只有1％。但是，當這個人再走近一點，你看清他身上的紋身時，這個時候你預計他是犯罪份子的機率又有多大呢？50％！為什麼你看到紋身後認為他是犯罪份子的機率突然提高這麼多呢？這就是一個名叫「貝氏法則」的統計學定律告訴我們的結果。首先，我們來看，既是犯罪份子又有紋身的人占這個社會人口的比例是多少？是1％×99％=0.99％！也就是說，一個人既有紋身又是犯罪份子的機率只有0.99％。現在你觀察到這個人有紋身，那麼這個社會中有紋身的人占全部人口的比例是多少呢？是1％×99％+99％×1％=（0.99+0.99）％=1.98％，也就是說，它等於犯罪份子中紋身者占社會人口的比例加上非犯罪份子中紋身者占社會人口的比例，二者之和就是社會中有紋身的人占全部人口的比例。這樣一來，這個社會中紋身的人數占總人口的比例就是1.98％。這麼一算，紋身的人是犯罪份子的機率是多少呢？是0.99％÷1.98％=50％。如此一來，如果你認為一個人是罪犯的機率有50％，想來避而遠之應該是一個合理的選擇。阿羅認為，因為實際工作能力很難判斷，或者是判斷起來成本不菲，所以，即使白人雇主對黑人沒有什麼特殊的偏好，但如果黑人的平均工作能力不及白人，造成的結果仍然是黑人得不到僱用，即使兩者看起來條件都差不多。

「基於統計的歧視」在生活中非常普遍，比如畢業季時來學校徵人的公司，在徵人條件一欄會要求應徵者是碩士以上文憑，這就是一種文憑歧視。因為研究生整體來看能力更高，聘用研究生來公司工作可以大大降低徵人失誤。像文憑這類的歧視，是可以努力加以改變的外在特徵，而我們也往往樂意透過考取更多的技能證書，或者報考研究生，來向雇主發送訊號，證明自己在整個群體中的優秀程度，從而博得雇主的青睞。但種族、性別、出生地等個人特徵卻是與生俱來，個人無法做出選擇，因此在這些方面的歧視引起的憤怒往往更大。在這些方面的歧視，是對資源配置的嚴重扭曲，同時，還有可能使某些族群因此喪失上進的動力，成為自暴自棄的群體。

所以，反對各種形式的歧視，尤其是種族歧視，幾乎成為社會的共識。不僅澳洲、美國、歐盟都有反歧視法或平權法案，《世界人權宣言》還把平等和免於歧視列為基本人權，反對一切性別和種族歧視。

但喬治‧佛洛伊德之死告訴我們，情況或許不像人們想像的那樣美好。那麼，我們又該如何用科學探究當今美國社會存在種族歧視的鐵證呢？

這當然就要有請我們的經濟學大偵探登場啦！

▍歧視研究難煞人

如果時光倒轉個50年，種族歧視幾乎全寫在美國人的臉上，2019年的奧斯卡最佳影片《幸福綠皮書》講述的就是1960年代的真實故事。◆所謂「綠皮書」，其實是種族隔離時期的一本旅行指南，這本書記載的是黑人在旅行中可以去的旅館和餐廳，如果不到這些地方下榻或用餐，黑人們就會受到不友好的對待。那個時候的勞動市場，懷抱深刻種族歧視觀念的白人雇主會直接在其徵人廣告上註明：本店謝絕僱用黑人。所以，在種族隔離時期，我們不需要多少科學的研究，就可以感受到對黑人的歧視。但是，在美國黑人平權運動之後，再這樣明目張膽的對黑人或其他少數族裔進行歧視，就是違法行為了，而且還會遭到唾棄，乃至攻擊。

可是，不管法律和人的意識再怎麼變化，在美國的勞動市場上，非裔美國人的所得表現似乎確實遠遠不如美國白人。非裔美國人的失業率是一般失業率的兩倍，即使在相同條件下得到僱用，他們拿到的薪水也比白人少1/4。這些不平等引來公眾的辯論。當美國的雇主們面對相同條件的黑人應徵者和白人應徵者時，他們會不會更偏向於白人應徵者呢？有人認

◆ 《幸福綠皮書》是由彼得‧法拉利執導，於2018年上映的一部劇情片。它描述一名叫東尼的白人在1960年代受到一位名叫唐‧薛利的黑人鋼琴家僱用，到美國南方開始為期八周的巡迴演講。當時，美國南方對黑人的歧視非常嚴重，於是東尼便成了唐‧薛利的司機兼保鏢。一路上，二人迥異的性格使他們之間產生很多矛盾，與此同時，唐‧薛利在南方遭受的種種不公平對待，也讓東尼對種族歧視感到深惡痛絕。該影片獲得第91屆奧斯卡金像獎最佳影片，上映後口碑極佳。

為答案是肯定的，認為雇主們對黑人抱有種族歧視，或認為黑人是生產能力低下的種族。其他人則認為答案是否定的，種族偏見已然是歷史陳跡，平等的觀念、守法的意識，以及利潤最大化的動機，都會促使雇主們摒棄種族之間的歧視，對每個人一視同仁。認為沒有種族歧視的人中，甚至有些人認為，現在反對種族歧視的氛圍已經有點過頭，比如在美國錄取常春藤名校必須有一定的黑人比例，尤其是在美國中產階級趨之若鶩的醫學院申請上，這種種族比例的限制更是令不少人認為黑人受到過分的保護，反種族歧視反得有點過頭。他們認為，在相同條件下，雇主們甚至可能會更偏好僱用黑人，黑人的失業率之所以依然很高，而且所得有限，主要原因應該歸咎於他們缺乏必要的勞動技能等個人因素。這兩方各執一詞，在社群媒體上也時不時出現激烈的辯論，莫衷一是。

在這個問題上，傳統的人力需求調查和家庭收支調查資料無法做出很好的回答。沒錯，根據這類調查資料，研究人員的確發現，即使白人和黑人擁有相同的勞動技能，白人也擁有更高的薪資。但是，我們都知道，調查資料蒐集到的個人或家庭的特徵變數是不全面的，其中往往存在諸多的遺漏變數，而這些變數若是剛好和種族存在著緊密關係，就導致我們從這些數字中得到種族歧視的結論，在因果推論的科學立場上站不住腳。也就是說，我們從這些調查資料中認為兩個條件相同的黑人和白人，實際上在雇主的眼裡可能由於其他沒有被我們觀察到的特徵而有所不同，因此，我們並不能嚴格認定，雇主就是在進行歧視。

我們舉個假想的例子：假定孫悟空和豬八戒都到一家由唐僧當執行長、如來佛祖當董事長的西天取經公司來應徵保安工作，現在我們可以知道兩個人的特徵如下：第一，都是動物；第二，都曾威震一方；第三，都會騰雲駕霧，都會變身。當然，讀過《西遊記》的人肯定認為，孫悟空比豬八戒厲害，可是調查資料能告訴我們的資訊卻很有限，不可能像吳承恩先生那樣專門寫上一本書，把每個資料背後的故事都講給你聽。也就是說，如果只從這些調查資料告訴我們的資訊來看，我們可能看不出孫悟空和豬八戒有什麼太大的差別。但是，調查資料不能告訴我們的是他們兩個

人各自對待工作的態度。只有唐僧和如來佛祖知道，孫悟空上進心強，敢於擔當，具有進取精神，而豬八戒卻只想當一天和尚撞一天鐘，遇到困難就想拆夥分行李，回高老莊。但他們這種內在差別，外人很難看出來。如果我們只看取經後得到的封賞有別，不知情的人就會說如來佛祖歧視豬、偏愛猴，這就太冤枉如來佛祖了。

有沒有別的辦法可以探究雇主在僱用時是否存在種族歧視呢？這時候就有研究人員發明一種叫作「審計研究」（audit studies）◆的方法。這個名字看似很學術，其實就是透過演戲來做研究。研究人員先聘請一批演員，有白人，也有黑人。接著，研究人員對這些白人和黑人演員進行精心的配對和訓練，讓他們有非常相近的表現。同時，對他們的簡歷也做一番認真的設計，使它們看起來足夠相似。這樣，研究人員就訓練出持有類似簡歷、同時表現也足夠相近的一對黑人和白人演員。然後，讓這些演員分別扮演求職者到各個公司應徵，看看雇主會僱用誰。如果僱用白人居多，就說明雇主存在種族歧視；如果沒有明顯差別，就認為不存在種族歧視。在經濟學、社會學、政治學和心理學中，這種審計研究是很常被使用的研究方法。

這種聘請演員演戲來進行研究的方法，乍看起來確實不錯。白人應徵者和黑人應徵者的個人履歷及技能水準看起來都差不多，甚至連出生地都可以選同一個州，盡可能讓兩個演員表現得相當接近。而且，在對兩個應徵者進行培訓的過程中，也盡可能讓他們以相同的方式來應對雇主可能提出的各種問題。總之，就是要讓兩個應徵者除了種族之外，其他方面都盡可能表現得完全一致。

但是，這裡還是有一些問題。第一，即使你能盡可能讓兩個應徵者有相同的特徵，也做不到完全一致，而且，研究人員根本無法了解雇主心裡的想法，並不清楚他們更看重應徵者身上的哪些因素。第二，也是更要

◆ 這種研究方法目前並沒有合適的中文譯名，浙江大學經濟學院的葉兵老師建議翻譯為「面試研究」，不失為一個好的備選方案。

命的問題是，你找來的演員，本身可能會對種族歧視有自己的好惡和判斷，因而在應徵過程中有自己的理解和發揮。就像周星馳的電影《喜劇之王》中的橋段，你讓他演死屍，他還想表現得更完美一點，往自己理解的方向上發揮。所以，在這些演員去應徵的過程中，根本沒有辦法控制他們的這種內在取向。

忙了一大圈，在種族歧視的探究上，還是沒有找到足夠科學、嚴謹的因果證據。就這樣，時間來到2004年，這一年，經濟學大偵探森迪爾·穆蘭納珊和瑪麗安·貝特朗在經濟學頂級期刊《美國經濟評論》上發表一篇文章，[3] 他們別出心裁，設計一個精妙絕倫的實地實驗（Field Experiment），終於以科學嚴謹的方式向我們證實勞動市場上存在著種族歧視，為這一番爭論增添一份有力的證據。

▌名字決定命運？一個別出心裁的隨機實地實驗

前面我們講到，調查資料由於存在遺漏變數，很難把從中得到黑人所得比白人低的結論視為種族歧視的結果，審計研究又由於很難控制實驗人員本身的價值取向，而且研究設計本身可能無法真正了解雇主關心的因素，所以也不能準確驗證是否存在種族歧視。但我們的大偵探穆蘭納珊和貝特朗卻別出心裁，想出一個絕妙的辦法。

這兩位大偵探採取的是實地實驗的方法。所謂實地實驗，又叫現場實驗或田野實驗，這是相對於實驗室環境而言，也就是說，實地實驗的實驗環境是真實的人類社會。比如芝加哥大學著名的實驗經濟學家約翰·李斯特曾經帶領學生做過一個關於女性表現的實驗。這個實驗要回答的是，女性之所以顯得不那麼有進取心，相對較不願意處於競爭狀態下，到底是由先天的女性基因造成，還是後天的社會習俗養成。在實驗室中這樣的實驗是很難完成的，你無法隨機讓有些女性處於這類社會習俗下，讓另外一些女性處於其他社會習俗下，然後觀察兩者的區別。但是，我們卻可以尋找某些不同習俗下的社會群體。李斯特教授在印度發現有若干處於母系社會的邦，他到那裡去做實驗，把這個實驗結果與男

女相對平等的美國，以及嚴格屬於父系社會的非洲某部落的實驗結果進行對比，這樣就可以控制女性基因這個因素，從而觀察不同社會習俗對女性進取精神的影響。他們的研究結論是，女性的進取精神基本上是後天養成的，而非由基因決定。[4]

大偵探穆蘭納珊和貝特朗所做的這個實地實驗，實驗對象是在波士頓和芝加哥當地報紙刊登徵人廣告的公司。兩位大偵探事先製作一些假簡歷，這些簡歷分成低技能、高技能等不同種類。然後，進入實驗的公司會收到兩封差不多的簡歷，這兩份簡歷只有求職者的名字不同，其他基本上沒有什麼差異，當然，兩位大偵探也會就一些無關緊要的資訊略加修改，不能讓雇主對這兩份簡歷產生懷疑。這就相當於基於同樣的一份簡歷進行修改，做出兩份類似的簡歷，在這兩份簡歷中，姓名當然是不一樣的，但其他方面都幾乎一致，也就是說，這個實驗主要的差別就在姓名上，是姓名把兩份簡歷分成對照組和實驗組。就這樣，兩位大偵探把這些簡歷寄出去之後，接下來就可以坐在辦公室等待雇主回覆郵件，實驗的結果就是雇主回覆率。當然，對於回覆的形式，如何接受回覆，他們也都做了嚴格的限定，在這裡，我們只以郵件回覆為代表。

聰明的讀者讀到這裡，肯定大惑不解，這兩位大偵探又怎麼能透過實驗檢查出這些公司是否存在種族歧視呢？只是姓名不同，如何把實驗中的求職者分為對照組和實驗組呢？事實上，如果你在簡歷上寫明自己是黑人還是白人，反而會顯得非常反常，可能還會讓人懷疑你是不是一個強烈的種族主義者。如果你在簡歷上貼上照片，那麼，也許照片上的其他資訊，比如照片上的頭像是美是醜，都可能引起雇主不同的觀感，而實驗人員又沒有辦法蒐集到這些觀感，這就會影響實驗結果。那怎麼辦呢？兩位大偵探這時有個靈光一閃的構想，那就是姓名本身會顯示某種信息，而這種資訊卻不會帶來上述的這些問題。

在美國，如果你的名字叫艾蜜莉·威爾許（Emily Walsh）或葛瑞格·貝克（Greg Baker），那麼你多半是個白人；而如果你的名字叫拉卡莎·華盛頓（Lakisha Washington）或賈麥爾·瓊斯（Jamal Jones），那麼

基本上是黑人沒錯。這樣一來，你把上面提到那兩份大致相同的簡歷，一份填上艾蜜莉·威爾許或葛瑞格·貝克的名字，一份填上拉卡莎·華盛頓或賈麥爾·瓊斯的名字，就幾乎自動分成兩組。一組給人感覺求職者是白人，他們是對照組；一組給人感覺求職者是黑人，他們是實驗組。這樣就可以觀察是否存在種族歧視。這個實驗巧妙利用求職者姓名帶來的文化上和種族上的聯想，真不愧是經濟學大偵探。這個時候，既沒有其他的資訊讓雇主感覺求職者有什麼種族主義傾向等特殊之處，也不會讓雇主得到除了自己聯想到的資訊之外更多的東西，所以，雇主是否給其中一組求職者更多的面試機會，可以說明他的態度。我們就可以根據這個態度來認定他是否存在種族歧視。

此外，大偵探們還想看看勞動技能是否會影響種族之間的回覆率。他們根據具體的徵人廣告分別改變簡歷的內容，讓有些簡歷擁有更多的勞動市場經驗、更多的技能證書、更少的不良從業紀錄，有些簡歷在這些方面的表現都要差一些。但無論是哪一種簡歷，都根據不同的姓名分組各做一套，然後每個徵人公司都會收到兩種姓名的簡歷各一套。在實際操作中，每家公司都會收到四份簡歷：兩份比較好的簡歷，兩份相對較差的簡歷。兩位大偵探隨機把其中一份好的簡歷填上白人的名字，一份填上黑人的名字，對於較差的簡歷也是如法炮製。他們總共就1300多個關於銷售、行政管理、祕書和客戶服務的徵人職務發出近5000份求職簡歷。

結果，兩位大偵探發現，在求職的回覆率上出現很大的種族差異。白人姓名的簡歷每發出10份，就會收到1個回覆，而黑人姓名的簡歷每發出15份才能收到1個回覆，在統計上，這種50％的差距非常顯著。隨著工作經驗的增加，白人姓名的簡歷得到的回覆比黑人姓名的簡歷更多，也就是說，如果在簡歷中標示的工作經驗愈長，白人得到雇主回覆的可能性比黑人得到回覆的可能性就愈大。由於簡歷上的姓名是隨機分配，所以這種種族上的差異只能歸因於簡歷上的姓名帶來的種族聯想。

而且，種族還影響努力提高個人技能所帶來的回報。高技能的白人姓名簡歷比低技能的白人姓名簡歷多得到30％的回覆，而高技能的黑人

姓名簡歷所得到的回覆與低技能的黑人姓名簡歷幾乎沒有什麼分別。換言之，技能高低只是進一步拉大種族之間的差距而已。這個結果更令人感到絕望，也就是說，即使黑人透過努力獲得更高的技能，也仍然無法改變自己的命運。

同時，這個實驗還揭露其他的資訊。由於申請人的住址是隨機分配，大偵探們還可以研究回覆率與居住地之間的關係。他們發現，申請人住在富人區或白人為主的街區，回覆率就比較高，但這種回覆率的增加在白人姓名的簡歷上更為明顯。其次，不同的行業或職業之間，這種種族之間的差距並沒有什麼差別。

就這樣，大偵探穆蘭納珊和貝特朗透過一個更加簡潔，同時成本也更為低廉的實驗，向我們以嚴謹而科學的做法表明美國勞動市場存在種族歧視問題。

這位穆蘭納珊教授還值得特別一提的地方是，他是幾年前的暢銷書《匱乏經濟學》的作者。[5] 在這本書裡，大偵探穆蘭納珊透過各種實驗研究告訴我們：我們之所以陷入貧窮和忙碌，本質上是匱乏心態在作祟。這是一本對我們的生活態度非常有啟發的好書，至少改變我的工作和生活態度，也在此推薦給各位讀者朋友。

▌為什麼黑人的車裡更容易發現毒品和其他違禁品？

在美國，非裔美國人在駕車時更容易受到警察對毒品和其他違禁品的搜查。例如，在美國馬里蘭州的高速公路上，警察對過往車輛進行毒品和違禁品搜查，搜查對象中63％是非裔美國人，但在這條高速公路上開車的非裔美國人只占總駕車量的18％。那麼，警察之所以會攔車盤查，是不是因為黑人和白人的駕駛習慣不同呢？有關交通方面的研究卻沒發現這兩群人之間有什麼根本差別，由此可斷定，警察不是因為非裔美國人更容易違反交通規則而攔車盤查。

對此，還有另外一種解釋，那就是像某些人權組織批判的那樣：美國警察在執法時存在著種族主義差別對待。這種解釋被稱為「種族描述」

（Racial Profiling），指的是執法機關在判斷某個特定類型的犯罪或違法行為的犯罪嫌疑人身分時，將種族或族群特徵列入考慮範圍，進而可能導致在破案過程中更懷疑某個族群的犯案嫌疑。20世紀末以來，這種做法由於執法機關可能會濫用職權，在美國受到公眾的非議。但也有人認為，警察在確定犯罪嫌疑人身分時使用包括種族在內的多種考量因素，是經過實踐檢驗的常用有效措施，刻意把種族因素排除在外是沒有邏輯的。大家眾說紛紜，意見始終難以一致。

這個時候，當然又是經濟學大偵探一展拳腳的大好時機。事實上，在這個問題上，經濟學家已經持續努力將近20年。

如果我們把犯罪行為看成一個包括種族和其他可以觀察到的特徵在內的函數，然後把蒐集到的資料放進一個簡單的計量方程式中進行迴歸分析，若是發現種族這個變數沒有什麼解釋力，也就是說，沒有發現種族對犯罪行為有顯著的影響，然後據此認為不應該進行「種族臉描述」；或者，若是發現種族這個變數對犯罪行為有顯著的影響，然後據此認為應該進行「種族描述」，這樣的做法是否可取呢？不得不說，這樣的做法是有問題的。因為它需要蒐集到警察決定是否盤查過往車輛時的所有考量因素，這肯定是做不到的，最大的問題是你根本不可能完全搞清楚警察到底是怎麼想的。如果你的資料沒有反映出某些考量因素，那麼，這就會構成遺漏變數偏誤的問題。也就是說，真正使警察盤查更多非裔美國人車輛的因素是這些遺漏變數，而由於這些變數與種族這個因素高度相關，因此你會得出警察的選擇性執法是種族主義的表現。但其實，警察使用種族這個標準進行攔車盤查，可能是一種統計性歧視，而非一種種族主義的歧視。

統計性歧視可以是警察提高辦案效率的一種有效手段，但種族主義則是赤裸裸的種族歧視。讓我們來做個思想實驗：假如你是一名警察，你接到任務，要到一個高速路口對過往車輛進行盤查，你的職責是有效查獲車輛攜帶的毒品和其他違禁品。根據過去的經驗，你和同事很清楚，非裔美國人的車裡藏有毒品和其他違禁品的機率是60％，而白人車裡的機率只有20％。也就是說，你盤查5輛黑人的汽車，有3輛會發現毒品和其他違禁

品，如果攔下5輛白人的汽車，則只有1輛會發現毒品和其他違禁品。你們的時間和精力都很有限，如何把警力用在最有效的盤查上，你大概會有自己的選擇。此時的你很可能只對特別可疑的白人車輛進行盤查，而對稍微有些懷疑的黑人車輛攔車盤查，顯然是統計性的實證資料，讓你理性地選擇多盤查非裔美國人的汽車，與種族主義無關。如果是這樣的話，你或許對「種族描述」的執法習慣沒有那麼反感了吧。

問題在於，我們如何才能區分作為有效執法手段的統計性歧視和作為赤裸裸歧視的種族主義呢？

2001年，大偵探約翰・諾爾斯、尼古拉・柏思科和佩特拉・陶德提出一種新的檢驗方法，[6]這種檢驗方法有一個非常好的地方在於，它不要求我們蒐集警察考量的全部因素，只需要包含一部分變數就可以進行檢驗，並能分辨出統計性歧視和種族主義歧視。

我們還是用剛才那個實驗來說明諾爾斯等人的這個新的檢驗方法。首先，諾爾斯假定，你和每一位警察都希望盡可能使查獲毒品和其他違禁品的數量達到最大，盡可能使盤查車輛的成本達到最低，也就是說，你和同事希望盤查最少的車輛，同時又查獲最多的毒品和其他違禁品。其次，再假設王二是黑幫老大，他找人幫忙開車載貨，身為黑幫老大，他當然希望自己的貨被查到的機會最小。根據我們前面的故事，知道現在警察會多盤查黑人開的車，那麼，此時王二會多找白人載貨還是黑人載貨呢？王二可不傻，他當然會多找白人，因為此時白人被查的機率低。過了一段時間，你和警察同事發現，如果像原來多盤查黑人的車，收穫沒有那麼大了，但盤查白人的車，查獲毒品的機率激增。於是，你和同事會根據情況進行調整，開始多盤查白人的車。然後，黑幫老大王二再次更改策略，調整送貨小弟中白人和黑人的比例。經過一輪又一輪的賽局，終於，雙方達到一個均衡狀態。此時你和同事無論查白人的車，還是查黑人的車，查獲毒品和其他違禁品的機率應該是一樣的。如果不一樣，比如說查黑人的車收穫更大，那就會多查黑人的車，王二就仍然會調整送貨小弟中黑人的比例，這就不是均衡狀態了。

故事講到這裡,我們總結一下。根據諾爾斯等人的假設,警察和黑幫透過躲貓貓,相互調整查車和載貨中黑人和白人的比例,最後摸索出一個均衡結果。在這個結果中,雙方都按照固定的黑人和白人比例查車和載貨,單方面都不再有動機去改變這個比例。而且,這個比例並不一定是1:1的關係,它可以是任意的比例,可一旦形成這個比例,雙方就會按照這個均衡比例行事,沒有任何一方有偏離的動機。

接下來,大偵探諾爾斯等人推論稱:在雙方達到均衡狀態時,警察盤查黑人所開的車輛和盤查白人所開的車輛,效益應該一樣。因為如果不一樣,他們就會多盤查能帶來更多效益的族群所開的車。有了這個推論,剩下的事情就非常簡單,我們只需要拿資料驗證,看看情況是不是真如他們的推論。如果警察僅僅是統計性歧視地進行執法,那麼,他們多檢查黑人的車輛,少檢查白人的車輛,其實是均衡狀態中的比例使然。因此,檢查兩種車輛所得到的效益應該是一樣的,也就是說,兩群人的車輛查獲率應該相同。而如果是種族主義在作怪,那就應該是無論效益多低,都堅持檢查黑人的車輛,因此,在這種情況下,警察盤查黑人的車輛所得到的查獲率應該更低才對。然後,諾爾斯等人使用美國馬里蘭州警局高速公路盤查資料的研究表明,雖然對黑人的車輛進行盤查的機率更高,但查獲率與盤查白人車輛所得到的查獲率基本一致。至此,我們就不能認定馬里蘭州警方在黑人和白人車輛盤查比例上的不同乃是種族主義使然,因為證據並不支持這個論點。他們之所以選擇馬里蘭州的資料,也是因為當時馬里蘭州警局在執法中推行「種族描述」而受到很大非議。

大偵探諾爾斯等人這次用嚴密而直觀的經濟學邏輯,甚至都不需要動用複雜的因果推論工具,就把這個懸案給破了,真是令人拍案叫絕!後來,沙曼娜・安瓦爾和方漢明[7]改進諾爾斯等人的方法,使之變得更加嚴謹,也把改進結果發表在一份很好的經濟學期刊上。但我讀下來,總覺得大偵探諾爾斯等人的那個想法簡潔有力,讓人激發更多想像力,這大概就是原創思想的力量吧!

黑人更容易被判死刑？

2019年7月25日，美國司法部發出正式命令，宣布將於同年12月9日連續處決5名聯邦死刑犯，這是自2003年美國聯邦政府執行死刑以來，美國首度重啟「聯邦死刑」命令，結果卻引起人權組織和在野黨的強烈批評。如今，美國已經有17個州廢除死刑，還有33個州保留死刑。2018年美國共處死25名死刑犯，都是在這些保留死刑的州執行的。在美國，之所以反對死刑，其中有一個重要理由就是認為法院在死刑判決上存在著種族歧視，也就是少數族裔更容易被判處死刑。人權組織指出：在美國，被判處死刑的黑人所占的比例遠超他們占全國人口的比例，美國黑人只占美國總人口的12％，但被判處死刑的黑人比例卻高達40％。但是，人權組織的指控並不能說明，在死刑判決上，美國的法院真的存在種族歧視。原因很簡單，如果黑人犯下重罪的比例本身就很高，那法院秉公執法，自然就會判處更多黑人死刑。人權組織以此來反對死刑，是找錯理由。

那麼，美國法院在死刑判決上是否存在種族歧視問題呢？這當然還是要請出我們的經濟學大偵探來為我們釋疑解惑。

這次請出的大偵探是哈佛大學經濟系著名的經濟學家、前系主任阿爾貝托‧阿萊西納。阿萊西納教授的研究領域極為廣泛，不僅對政治商業週期理論、財政政策和預算赤字等總體經濟學議題有著精深的研究，而且還開創實證政治經濟學這門新的研究領域。他是「義大利之光」，2006年入選美國文理學院院士，假以時日，問鼎諾貝爾經濟學獎應該不成問題。讓人悲傷的是，2020年5月23日，阿萊西納和太太出門跑步，突發心臟病，搶救無效，於當日去世，享年63歲。阿萊西納去世的時候，我正在哈佛擔任訪問學者，我和朋友特地去哈佛經濟系所在的立陶沃爾大樓前寄託哀思，想起春天還參加過阿萊西納教授的研討班，真是如在夢中。大師離去，天不假年，悲哉！

大偵探阿萊西納和他的合作者埃利亞娜‧費拉拉在諾爾斯等人開創、後經安瓦爾和方漢明改進的模型基礎上，建構一個自己的模型。[8]

在這個模型中，阿萊西納等人假設地方法院會追求出現判決錯誤的機率最小。那麼，怎麼來定義死刑判決是否出現錯誤呢？這要按照地方法院的判決是否被高一級法院駁回而定。在美國，被判處死刑的案件會自動上訴到州高等法院覆核，如果州高等法院認為一審判決有錯，就會駁回重審。而且，死刑犯如果在州內上訴失敗，還可以根據美國憲法中的「人身保護權」（Habeas Corpus）上訴到聯邦最高法院，死刑上訴一般都會送到美國聯邦最高法院。有了法院追求判決錯誤機率最小這個基本假設之後，大偵探阿萊西納等人就發展出一種對死刑判決中是否存在種族歧視的檢驗方法。根據這種檢驗方法，即使我們觀察不到法院在進行死刑判決時會考慮到的全部因素，只要整個司法過程是公正無私的，那麼從事後看，我們就不應該在某些犯罪嫌疑人和被害人的不同種族組合上觀察到不同的判決錯誤機率。我們可以把這些組合分成以下幾種情況：

（1）犯罪嫌疑人為白人，被害人也是白人；

（2）犯罪嫌疑人為黑人，被害人也是黑人；

（3）犯罪嫌疑人為白人，被害人是黑人；

（4）犯罪嫌疑人為黑人，被害人是白人。

也就是說，如果當地法院在判決時沒有種族歧視，那麼，第（1）組出現判決錯誤的機率與第（3）組應該是一樣的，同理，第（2）組出現判決錯誤的機率與第（4）組也應該一樣。如果資料分析得到的結果發現它們並不一致，那就可以說明在死刑判決中很可能存在種族歧視。雖然作者們建立的模型非常複雜，但總結起來並不難理解，與諾爾斯等人的文章在基本精神上是一致的，這也是目前做歧視研究的人都會信奉的一種方法。值得一提的是，大偵探阿萊西納等人的模型考慮不同案件之間不同種族嫌疑人在犯罪傾向、獲得法律援助的能力，以及其他無法觀察到的因素上的差別，從而使這個方法更加適用於死刑案件中的種族歧視識別。

對於大偵探阿萊西納等人來說，接下來的資料蒐集工作也很值得一提。他們蒐集1973～1995年間發生的全部死刑判決，並對其中的犯罪嫌疑人和被害人的種族特徵逐一查詢。尤其是在配對種族特徵上，大偵探們下

了非常大的功夫，一個個去查找，著實不易。我們在這本書裡每次提到大偵探的工作，往往讚嘆他們神乎其技的因果識別技巧，但這一切都來自他們之前在資料蒐集、整理等方面付出的艱辛努力。在大偵探阿萊西納等人蒐集的這個資料庫中，上訴案件裡的犯罪嫌疑人白人占51％，非裔美國人或黑人占比41％；另外，有78％的案件涉及至少1名白人被害人，有17％的案件涉及至少1名黑人被害人。

接下來的工作就是使用這些資料來實施大偵探阿萊西納等人發展出來全新的種族歧視檢驗法。在最後上訴到美國聯邦最高法院的死刑案件中，在犯罪嫌疑人為少數族裔時，如果被害人是白人，判決錯誤率是37.6％，如果被害人是少數族裔，這個數字就下降到28.4％，而且這個結論在統計上非常顯著。也就是說，如果犯罪嫌疑人是少數族裔，而被害人是白人的話，地方法院更容易判得過重。在上訴到州高等法院這個層級時，在犯罪嫌疑人為少數族裔時，如果被害人是白人，判決錯誤率是37.7％，如果被害人是少數族裔，這個數字就下降到34.7％，這個差距雖然變小了，但在統計上也是顯著的。這些結論可以表明，在1973～1995年間，美國地方法院的死刑判決很可能存在種族歧視。有意思的是，當作者們分區進行資料分析時，發現這些結論幾乎都是由美國南部各州的案件所致，如果拿掉美國南部各州的資料，上述結論就不再成立。

此外，大偵探阿萊西納等人的分析結論還仰賴於他們所做的若干重要假設。第一個假設是，他們認為州高等法院和聯邦最高法院是不存在種族歧視的，如果這些法院也存在種族歧視，那麼作者們的結論就需要修改，但基本上可以斷定的是，上一級法院很可能比地方法院或下一級法院種族歧視程度較小，因此，大偵探們在定性研究上的基本結論仍然成立，只是在數字上可能會變得更小些罷了。第二個假設是，在犯罪嫌疑人的種族條件確定下，這些殺人案件的特徵或者證據的有力程度等無法觀察到的變數不會呈現出系統性的差別。為了評判這些假設是否成立，大偵探們也抽絲剝繭地做了諸多工作，以便盡可能讓分析結論更為確立。

有關種族歧視的議題在經濟學中一直受到重視，大偵探們的工作始

終沒有停止。我剛到哈佛訪問的時候，有一位經濟系畢業的華人學者克里斯托·楊拿到哈佛大學法學院的教授的職務，系裡對她成功升等表示祝賀。這位教授2018年曾發表過一篇著名的論文，[9]研究的是在法院的保釋決策中是否存在種族歧視的問題。她那篇文章的基本思路仍然是沿著大偵探諾爾斯與阿萊西納等人的工作繼續改進。

　　種族歧視是勞動經濟學、社會經濟學以及法律經濟學中的重要議題。哈佛大學經濟系給博士生開的勞動經濟學課程共10周到11周的課程，有2周專門討論歧視研究，可見這個議題多麼受重視！經濟學界關注種族歧視問題，既說明這個問題在美國這樣的移民大熔爐國家所具有的重要性，也說明這個問題在學術上所具有的挑戰性。但不管怎麼說，大偵探們的工作為我們認清真相，並認真思考可能的有效社會治理方式，藉此提供堅實的理論和實證基礎，值得為他們的工作點上一個大大的讚！

本章推薦閱讀文獻

Knowles, John, and Nicola Persico, Petra Todd. 2001. "Racial Bias in Motor Vehicle Searches: Theory and Evidence." *Journal of Political Economy,* 109（1）：203-29.

Bertrand, Marianne, Sendhil Mullainathan. 2004. "Are Emily and Greg More Employable Than Lakisha and Jamal? A Field Experiment on Labor Market Discrimination." *American Economic Review*, 94（4）：991-1013.

Anwar, Shamena, Hanming Fang. 2006. "An Alternative Test of Racial Prejudice in Motor Vehicle Searches: Theory and Evidence." *American Economic Review*, 96（1）：127-51.

Alesina, Alberto, Eliana La Ferrara. 2014. "A Test of Racial Bias in Capital Sentencing." *American Economic Review*, 104（11）：3397-433.

Arnold, David, and Will Dobbie, Crystal S. Yang, 2018. "Racial Bias in Bail Decisions." *Quarterly Journal of Economics*, 133（4）：1885-932.

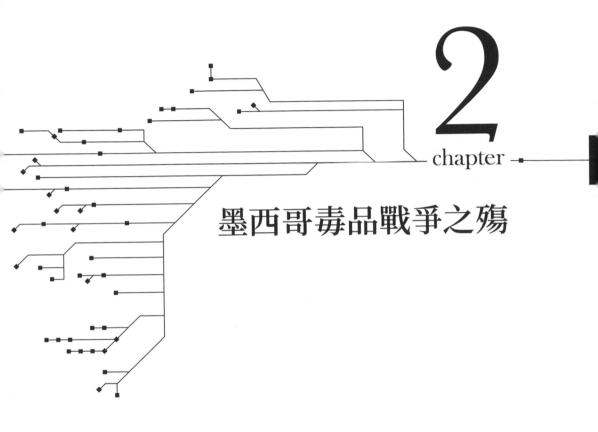

2
chapter

墨西哥毒品戰爭之殤

2019年10月17日，墨西哥西北部的城市庫利亞坎（Culiacán），一場激烈的槍戰正在上演。

大約30名警察和國民警衛隊試圖逮捕藏在屋子裡的大毒梟奧維迪奧・古斯曼（Ovidio Guzman），卻遭到毒梟同夥的反包圍。古斯曼的另一批同夥則在這座城市的街頭燒殺搶掠，民眾驚恐不安，在槍林彈雨中爭相逃命。此外，還有同夥正在策動一座監獄裡的犯人暴動，劫持兩名監獄看守作為人質，造成近60名囚犯越獄。

雖然後來有超過200名墨西哥安全部隊的士兵趕來支援，但仍然導致5名警察、1名國民警衛隊士兵和1名平民在槍戰中死亡，7名安全部隊人員受傷，8人遭到劫持，墨西哥政府可謂慘敗。

面對這樣的結果，墨西哥政府進退兩難，壓力之下，只好宣布逮捕行動失敗，剛剛逮獲的年輕毒梟也被釋放，而做出這個決定的正是現任墨西哥總統羅培茲・奧夫拉多爾。他給出的理由是，前任政府打擊毒品犯罪的措施把國家變成「墳場」，「我們不想再死人，不想爆發戰爭」，「不能以更多人的生命為代價逮捕一名罪犯」。他強調，政府應該把主要的精力用於消滅毒品犯罪的根源，比如貧困和失業問題。

事情還要從十多年前那場著名的墨西哥毒品戰爭說起。

墨西哥毒品戰爭

墨西哥毗鄰美國，兩國邊界長達3000多公里，長期以來都是毒品、違禁品及非法入境者進入美國的一個主要途徑。

從1980年代中期開始，由於南佛羅里達及加勒比海地區的執法力度加強，墨西哥毒販成為哥倫比亞運送古柯鹼最可靠的人。初期墨西哥人從中收取運費謀利，到了1980年代後期，墨西哥人和哥倫比亞人改變買賣結算的方式，不僅使墨西哥毒販除了運送毒品，還參與毒品的配銷，勢力進一步壯大。墨西哥販毒集團從哥倫比亞或祕魯買下1000克古柯鹼只需要2000美元，但轉手賣到美國就可以獲得10萬美元，如此暴利，自然令販毒集團敢於踐踏一切法律，犯下任何罪行。

眾多墨西哥販毒集團之間的勢力平衡，經常因為新加入的販毒集團興起和舊販毒集團的衰微而發生變化，此時就會引發敵對幫派為爭奪權力而引起的暴力流血事件。販毒集團的仇殺從1989年開始，到了1990年末有所緩和，從2000年起再度惡化，暴力事件增多。政府在這個過程中雖然也曾多次打擊販毒集團，但成效並不顯著。

　　2006年12月1日，墨西哥右翼政黨國家行動黨在大選中獲勝，新總統菲利佩‧卡德隆上台（2006年12月1日至2012年11月30日就任）。這位新總統曾在哈佛大學取得公共管理碩士學位，是一名虔誠的羅馬天主教徒。他上台後，把打擊販毒集團作為主要任務，展開聲勢浩大的聯合掃毒行動。這就是著名的「墨西哥毒品戰爭」。

　　當時，墨西哥主政的國家行動黨政府宣稱，它的主要目標是遏止販毒集團之間的暴力事件，以及瓦解強大的販毒集團。但墨西哥的毒梟也不是省油的燈，兩個最大毒梟聯合起來就擁有超過10萬步兵，這些武裝力量成為墨西哥政府軍的強大對手。自2007年起，墨西哥與毒品交易有關的暴力犯罪大幅增加，在卡德隆總統的任期內，官方統計在毒品戰爭中的死亡人數至少達6萬人。到了2013年，估計死亡總人數為12萬人，其中還不包括2.7萬的失蹤人口。

　　2019年1月30日，墨西哥總統羅培茲‧奧夫拉多爾宣布，墨西哥毒品戰爭正式宣告結束。

▌大偵探梅麗莎 ‧ 戴爾登場

　　墨西哥國家行動黨發起的這場毒品戰爭，每年耗費約90億美元，相當於墨西哥政府用於社會發展的總支出。但是，這場毒品戰爭的具體效果怎麼樣呢？它到底是把墨西哥從毒販遍地的罪惡淵藪中拯救出來，還是像反對者所說的那樣，把整個國家拖入深淵，陷入暴力和分裂的結局？要回答這個問題，還是要請出我們的經濟學大偵探、來自哈佛大學經濟系的梅麗莎‧戴爾教授登場。

　　戴爾教授是哈佛大學經濟系非常年輕的正教授，2020年榮膺在經濟

學界有小諾貝爾經濟學獎稱號的「約翰・貝茨・克拉克獎」（以下簡稱「克拉克獎」）。這個獎是為了紀念美國著名的經濟學家約翰・貝茨・克拉克而設立的，旨在獎勵在美國從事經濟學研究的40歲以下優秀學者。在2009年之前，克拉克獎都是每兩年頒發一次，而且每次只頒給一個人，之後改為每年頒發一次，每次頒給一個人。而諾貝爾經濟學獎每年頒發一次，經常是兩個人或三個人共同獲獎。因此克拉克獎的含金量還是非常高的。

戴爾教授獲得克拉克獎的時候，我正好在哈佛大學經濟系參加一個討論會，我在這個會上知道她獲獎的消息。系上的官網很快就貼上對戴爾教授的祝賀，表彰她在經濟史、政治經濟學、發展經濟學等領域的傑出工作。對於她的成就我早就有所耳聞，她把因果推論中的斷點迴歸這個「武器」，用到出神入化的地步，人稱「斷點迴歸女王」，所以，這次獲獎可謂實至名歸。

2015年，戴爾教授在國際頂尖經濟學期刊《美國經濟評論》上發表一篇名為〈非法交易網路與墨西哥毒品戰爭〉的文章[1]，為我們揭開墨西哥毒品戰爭結果的因果關係面紗。

墨西哥毒品戰爭是否導致更大規模的暴力犯罪？

大偵探戴爾教授需要回答的第一個問題就是：墨西哥卡德隆總統發起的這場毒品戰爭有沒有導致更大規模的暴力犯罪？如果答案是肯定的，那麼還要回答的是，它又導致多大規模的暴力犯罪？

面對第一個問題，許多人一定會說，答案很肯定，你看卡德隆總統上台之後，墨西哥與毒品有關的暴力犯罪和他殺死亡率大幅增加，這不就已經說明問題嗎？

事實上，敵對販毒集團的仇殺活動從2000年開始再次惡化，暴力事件就已經在大幅增加。前任墨西哥總統比森特・福克斯就曾多次出動軍隊打擊販毒集團。到2006年卡德隆總統上台前，情況已經非常嚴重，甚至有墨西哥政府的相關人士稱，如果再不對毒販採取行動，將來可能會有毒

販當選總統。如果是這樣的話，卡德隆總統的掃毒行動到底效果如何，似乎就很難判斷。人們說不清是與毒品貿易有關的犯罪本來就十分猖獗，還是卡德隆總統發起的毒品戰爭激化矛盾，使得墨西哥的社會治安進一步變壞，與販毒有關的犯罪活動進一步加劇。

同時，販毒活動早已經國際化。墨西哥是美國毒品市場最大的供應商，墨西哥毒販每年在美國毒品批發市場上賺取大約250億美元的非法所得。官方資料顯示，墨西哥2/3的自治市有非法販毒組織在活動，14％的自治市種植罌粟。所以，國際毒品市場的價格波動也會激化幫派之間的矛盾，加劇他們爭奪地盤和販毒管道的暴力活動。墨西哥是毒品貿易中的主要玩家，中美洲、西非和其他地方的毒品犯罪彼此具有一定的關聯性，說不定其中的犯罪活動都是同一個跨國販毒集團規劃。因此，國際化的因素也可能與毒品戰爭疊加起來，使我們很難清楚判定毒品戰爭引發的作用。

此外，雖然全球每年用於打擊毒品犯罪的總支出超過1000億美元，但是要把這筆錢平均分到全世界，每個地方就分不到多少了。為了能有效打擊毒販，執法部門只能隨機決定在某些地方重點整頓，而選擇重點整頓的地方，往往又是毒品暴力犯罪猖獗的地方。墨西哥政府也面臨同樣的處境。雖然以卡德隆總統為首的墨西哥國家行動黨花費大量政府資金用於掃毒，並且還曾多次出動軍隊鎮壓，但毒販遍地，政府的資金預算也不是無限的，總要重點出擊才師出有名。因此，政府選擇整頓的地區，往往也是犯罪活動最猖獗的地區。

這樣，要回答墨西哥毒品戰爭有沒有導致更大規模的暴力犯罪，我們面臨兩個難題。第一，有遺漏的因素，這些因素可能來自墨西哥國內毒販之間的鬥爭趨勢，也可能來自國際販毒組織的變化，但都表明毒品犯罪活動本來就很猖獗，或許政府不掃毒，這些地方的犯罪活動還會再加劇。第二，有選擇性的偏誤，警察會有選擇的對毒品犯罪活動原本就更加猖獗的地方進行整頓。

所以，關於卡德隆總統發起的這場毒品戰爭有沒有導致更大規模的暴力犯罪這個問題，答案並沒有那麼顯而易見。

我們只看到掃毒行動在前，暴力犯罪加劇在後，就認定前者是後者的原因，這就犯了經濟學中常說的「事後歸因謬誤」，意思是說，僅僅因為一件事發生在另一件事情的前面，就認為前者是後者的原因。舉個例子，你看到癌症患者進醫院，然後又看到他們死亡，但你不能說進醫院看病是他們死亡的原因。

如果不能確定毒品戰爭與之後和毒品有關的犯罪活動之間的因果關係，那麼，對於墨西哥的毒品戰爭到底導致多大規模的暴力犯罪，答案就說不清楚了。如果前一個問題告訴我們墨西哥毒品戰爭對暴力犯罪有影響，這種影響可能是正向的，即增加暴力犯罪，可能是反向的，即減少暴力犯罪；那麼，後一個問題就是要告訴我們具體增加或減少多少。

所以，要想確切偵查到因果關係，我們還需要大偵探戴爾教授運用她最擅長的斷點迴歸工具來回答。

▎大偵探的推理神器：斷點迴歸

人類社會的行為常常受到一些規則約束。

比如，假定中國高考理科的最低分數是580分，那麼考了579分的同學雖然只是運氣差了一點，就無緣上重點高校。

如果我們想知道，在中國一個人上一所重點本科院校和上一所普通本科院校，畢業十年後在所得上會相差多少，那麼我們就可以使用高考最低分數這個斷點來進行相關研究。

首先，我們能不能直接把上過重點本科院校的學生畢業十年後的所得，與只上過普通本科院校的學生畢業十年後的所得進行比較，把前者的平均所得減去後者的平均所得所得到的差額，就看成是上重點大學的更高報酬呢？

答案是不能。

因為你不是在拿同樣的學生在進行比較。畢竟高於580分的同學很多，差別相當大；而低於580分卻上普通本科的同學也很多，差別也很大。比如，一個考了700分的同學，本身不僅天資聰穎，個人能力出眾，

還可能出身書香門第，他在本科畢業十年後的所得很高，原因或許就是他的能力出眾，而且家庭人脈更廣所致。但一個剛好越過高考本科最低分數，勉強進入本地一所大學的學生，在個人能力上可能就比考了700分的同學差不少，也許家庭環境也會差一些。可是，個人能力、家庭人脈這些因素我們都很難觀察到，屬於遺漏變數，這些資料很難蒐集。如果比較這兩組人的平均所得，很難判斷上重點大學增加多少所得，因為重點大學的影響和個人能力以及家庭人脈的影響混雜在一起。

那我們該怎麼把上重點大學這個因素與個人能力以及家庭人脈等因素分開呢？

最好的辦法是把所有能考上高考本科最低分數的學生透過抽籤的方式分為兩組，一組上重點大學，一組上普通本科院校，然後統計各自在畢業十年後的平均所得，二者相減所得的差額，就是上重點大學增加的所得。這當然是最能給出因果效應的方法。但是，它的問題顯而易見：這樣的實驗在現實中不可能進行，也無法通過倫理審查。

那我們是不是就沒有別的辦法探察到這種因果效應呢？

辦法當然有。為了盡可能尋找在其他方面都很相似，但有些上重點大學，有些上普通本科的學生，我們只需要把考到580分附近的學生挑出來就可以了。

一般來說，高考成績會差一兩分，很可能完全是偶然。尤其是語文和英語這類還要考作文的科目，不同老師批改的結果可能大不相同，差上一兩分也非常常見。如果兩位閱卷老師改出的分數差別很大，一般都會要求再找其他閱卷老師重新閱卷。所以，在580分附近的同學，應該可以說在個人能力上的差別很小，他們的分數差別往往是由不可控制的運氣造成。運氣好的，剛好考到580分，運氣差的，剛好考到579分，就這樣，他們的命運開始分岔。

假如在高考試卷的批改中，運氣導致4分左右的差距很正常，那麼，我們就可以把考了578分和579分，因而上了普通本科的學生分為一組，把考了580分和581分，因而上了重點大學的學生分為一組。前者叫作控制組

或對照組，後者叫作實驗組，這個實驗就是上重點大學，用實驗組學生大學畢業十年後的平均所得減去控制組學生大學畢業十年後的平均所得，得到的差額就是上重點大學增加的所得。

這就是斷點迴歸。由於在580分這個斷點處，進入控制組和進入實驗組的學生是非常明確的，所以這類斷點又叫清晰斷點。關於斷點迴歸，還有一個著名的例子，就是對美國最低法定飲酒年齡的研究。[2]

在美國，21歲生日是一個重要的里程碑，因為從這一天開始就可以合法飲酒。遺憾的是，21歲的生日也可能成為死亡日期。

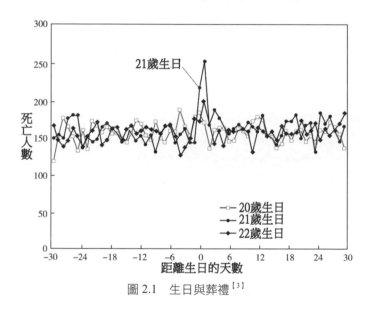

圖 2.1　生日與葬禮[3]

圖2.1給出的是1997～2003年間，20歲至22歲美國人的死亡人數。在這裡，我們按照死亡時距離生日的天數畫出死亡人數，並將生日這天標記為第0天。例如，有個人在1990年9月18日出生，在2012年9月19日死亡，那麼就記錄為在22歲的第一天死亡。

在21歲生日附近，死亡風險急速上升。從這幅圖中的尖峰形態可以看出死亡人數激增的事實。與平常每天死亡15人左右的基準情況相比，這個尖峰代表著死亡人數多出來大約100人。這個死亡人數可不是生日派對

的狂歡造成，因為如果是這樣，這樣的激增也應該出現在20歲和22歲生日附近，但我們並沒有觀察到同樣的情況。那麼，21歲的生日一定有什麼特別的地方。

我們發現，這個特別的地方就是在21歲生日時，有一個法定最低飲酒年齡的規定。只要我們把這些死亡事件中與喝酒有關的案例挑出來，就可以檢驗法定最低年齡制度是否造成死亡人數的上升。

2009年由克里斯多夫・卡本特和卡洛斯・多布金發表在《美國經濟期刊：應用經濟學》上的文章〈酒精消費對死亡率的影響：來自最低飲酒年齡的斷點迴歸證據〉[4]證實這一點。

接下來，我們可以來看大偵探戴爾教授的工作。

墨西哥的販毒組織與毒品戰爭

墨西哥毒販掌控美國的非法毒品批發市場，市值在140億到480億美元之間。墨西哥是美國市場最大的海洛因供應國，是全世界大麻和甲基安非他命（一種中樞興奮藥）的最大供應國。據美國官方資料以及戴爾教授拿到的機密資料，大約有14％的墨西哥城市種植罌粟和大麻。此外，美國消費的古柯鹼中，有90％都是透過墨西哥入境。美國毒品市場遠比墨西哥的毒品市場大得多，墨西哥毒品市場每年的銷售額才5.6億美元，和美國的龐大市場根本無法相比。

戴爾教授研究的這段時期是從卡德隆總統上台時的2006年12月開始，這個時期墨西哥有一個由六大毒販組織組成的販毒聯盟（簡稱DTOs）。墨西哥2456座自治市中有68％擁有販毒聯盟中的一個主要毒販組織或其他小的當地販毒黑幫。大約49％自治市的毒品生產是由六大毒販中的其中一個控制，其他的則由地方黑幫控制。但這六大毒販組成的販毒聯盟並不是具有壟斷性質的卡特爾組織，只是一個很鬆散的聯盟。[5]所謂「卡特爾」組織，是指由一系列生產類似產品的獨立企業或國家構成的組織，作為生產者採取集體行動，目的是控制該類產品的價格和產量。國際上最著名的卡特爾組織就是OPEC石油輸出國組織。1970年代，OPEC

石油輸出國組織成立，油價大幅提高，引發世界性的經濟危機。所以，如果六大販毒集團組成的販毒聯盟是一個卡特爾組織，那麼，它們就可以減少毒品的生產或操縱價格。但實際上，販毒聯盟內部相互之間的合作非常不穩定，內鬥相當劇烈，不時還會發生火拼。每天的販毒計畫都是由地方的分部制定，這也就確保如果毒販被抓，不會讓警察得知更高層販毒集團的資訊。墨西哥販毒聯盟內部的這種鬥爭，使得在戴爾教授研究的這段時期（2007～2011年），主要組織成員從6個分裂到16個。

除了販毒之外，墨西哥販毒聯盟還從事大量非法活動，其中包括收保護費、綁架、走私人口、組織賣淫、洗錢、走私武器等，可謂無惡不作。這裡值得注意的是，收取保護費的工作吸納不少人口就業，在墨西哥毒品戰爭的這些年裡，從事這個職業的人數逐年增加。

從2005年以後，與毒品貿易有關的暴力犯罪活動迅速增加。在2007～2012年間，每年就有超過5萬人死於這類犯罪活動，殺人案件每年成長至少30％。到了2010年，暴力犯罪導致的平均死亡人數甚至超過同期處於戰亂之中的伊拉克和阿富汗。死者當中95％是男性，45％不足30歲。暴力活動隨處可見，血腥殘酷。在繁忙的交流道上懸掛受害者的屍體，在公共場合懸置著數顆人頭的情景，生活在墨西哥相關城市的人們已經見怪不怪。在這種情況下，輿論認為，此時公民的人身安全是墨西哥這個國家面臨的最大問題。

正是在這樣的背景下，卡德隆總統發動墨西哥的掃毒行動。在他上台後的第二個星期，即調動6500名聯邦政府軍打擊毒販，在總統任期內，一共調派45000名聯邦政府軍參與掃毒。

我們再來看墨西哥的政治歷史。

在20世紀大部分時間裡，墨西哥都是由革命制度黨執政，一黨獨大。對於毒品貿易，革命制度黨的態度頗為消極，而且政府與毒品有關的腐敗行為非常普遍。2000年，墨西哥人選出第一個反對黨總統。現在墨西哥政壇主要有三個政黨：右翼的國家行動黨、革命制度黨和左翼的民主革命黨。在卡德隆上台之前，雖然前兩任政府也打擊毒品犯罪活動，但規模

都小得多。而且，卡德隆總統的掃毒行動似乎毫無徵兆，在總統選舉中提到打擊毒品犯罪的次數並不太多。

有趣的是，墨西哥的掃毒行動主要體現在逮捕毒販上。由於政府的有限資源分散到對暴力犯罪活動的打擊上，打擊和摧毀罌粟和大麻這類非法作物的行動反而減少，這導致同期墨西哥的罌粟和大麻等非法作物種植規模反而更大。

經過選舉產生的墨西哥自治市市長有權任命自治市警察局局長，制定相關的安全政策。因此，在卡德隆發動毒品戰爭後，作為國家行動黨黨員的自治市市長透過任命相關的負責人，並鼓勵他們與聯邦政府密切合作，來協助總統的掃毒行動。證據顯示，作為國家行動黨黨員的市長比非國家行動黨黨員的市長更積極協助聯邦政府的掃毒行動。之所以如此，原因也不難理解，作為黨組織的一員，每位市長都有更強烈的動機與聯邦政府合作。墨西哥的市長禁止連選連任，所以要確保下一次能夠在其他城市的市長選舉中勝出，就需要取得黨魁的大力支持。這樣，卡德隆總統發起的墨西哥毒品戰爭，就得到更多國家行動黨在地方的市長支持，而不是由本黨成員出任市長的地方，這種支持力度就要小很多。

▍墨西哥毒品戰爭對暴力犯罪的直接影響

戴爾教授的研究發現，國家行動黨在墨西哥展開的掃毒運動，從兩個方面造成更大範圍的暴力犯罪。第一個是在國家行動黨執政的自治市發生的直接效應，第二個是位於販毒重要通道上、國家行動黨執政的自治市，不得不使犯罪活動向原來低犯罪率的自治市轉移所造成的溢出效應。

先來看大偵探戴爾教授怎樣偵破這種直接效應。

在這方面，戴爾教授使用的資料主要有兩個來源。一是政府與毒品貿易有關的各項紀錄，二是來自機密管道的資料。與毒品貿易有關的殺人案件資料，記錄的時間為2006年12月到2011年10月，所謂與毒品有關，是指傷人者或被殺者至少有一方捲入毒品貿易活動。同時，這些數據還包含擁有墨西哥販毒聯盟組織或地方販毒黑幫的2456座自治市。最後一部分資

料是2007年到2010年墨西哥各個自治市的競選資料，從中可以確切知道，每次選舉中勝選和敗選的黨派得票率情況，這個資料對於戴爾教授運用的斷點迴歸識別策略非常重要。

這就是戴爾教授掌握的全部資料線索。那麼，這位經濟學大偵探又是怎麼偵破墨西哥毒品戰爭對暴力犯罪的直接影響呢？

我們知道，要想了解墨西哥毒品戰爭對暴力犯罪的影響，首先要找出哪些自治市是由總統卡德隆率領的國家行動黨執政，哪些自治市不是由該黨執政。那麼，我們把所有的自治市分成兩組：一組由國家行動黨執政的自治市，一組由其他兩個黨派執政的自治市。把前一組自治市的犯罪率減去後一組自治市的犯罪率，所得的犯罪率差距能否當成國家行動黨主導的掃毒行動造成的結果呢？

當然不行。還是那個老問題：我們不是在拿蘋果和蘋果進行比較，橘子和橘子進行比較，而是拿蘋果和橘子比較。墨西哥各自治市間的情況差別巨大，如果在一個自治市的選舉中，右翼政黨大幅獲勝，說明這個市本來就相對更加傾向於對毒品犯罪進行打擊，而左翼政黨大幅獲勝的自治市可能就不是這樣。如果把這兩個自治市的犯罪率進行比較，得到的結果就不一定是國家行動黨掃毒活動的成果，可能是這個自治市本身就具有這樣的內在壓力。而這樣的壓力在資料中看不出來，這就是計量經濟學中著名的遺漏變數問題，在第一章中我們已經多次提到。本章這裡的遺漏變數，是影響毒品暴力犯罪率的其他因素，也許是這些因素導致犯罪率的真正上升，它們才是真正的原因，但由於我們觀察不到它們，所以，我們就會把它們的影響歸結到我們能觀察到的因素上。這樣一來，遺漏變數帶來的偏差，會使我們無法把墨西哥國家行動黨上台與暴力犯罪率的關係解釋成因果關係。

既然不能直接比較，那就得找盡可能相似的自治市進行比較，同時這些相似的自治市又只在一個變數不同，這個變數就是是否由國家行動黨執政。於是，戴爾教授發現，在競選中得票率非常接近的自治市，往往在民意的選擇上更為搖擺，這些自治市到底會不會由國家行動黨執政，常常

由選舉中的隨機因素造成。也就是說，在地方自治市的選舉中，國家行動黨以小幅優勢勝選或以小幅劣勢落選的自治市，其實更加相似。如果把這些自治市挑選出來，分為兩個不同組，前一組是國家行動黨以小幅優勢勝選的自治市，後一組是其他政黨以小幅優勢獲勝的自治市，然後再來比較這兩個組的平均暴力犯罪率，把這個結果解釋成主要由國家行動黨主導的掃毒行動帶來的因果效應，就比較合理可信了。也就是說，在一定的條件下，國家行動黨以小幅劣勢敗選的自治市，就可以看成是由該黨以小幅優勢勝選從而獲得執政地位的自治市的反事實情況。這樣，如果再把這些自治市的其他特徵，比如人口狀況、地理條件、經濟特徵、公路網情況、政治背景等因素控制住，那麼，戴爾教授就可以透過一個斷點迴歸設計告訴我們問題的答案。

下面這兩幅圖把答案說明得非常清楚。

這兩幅圖表示的是自治市選舉後一個任期內的犯罪率情況。其中，兩幅圖中的x軸表示國家行動黨在自治市市長競選中投票率上輸贏之間的差距，如果這個數字是正數，就說明國家行動黨勝出，反之則為其他黨派勝出。為了盡可能使兩組自治市的情況接近，這個輸贏的範圍訂在上下5％以內。圖2.2中的y軸表示與毒品相關的殺人案件發生率，圖2.3中的y軸表示總殺人案件發生率。圖2.2表明，在國家行動黨以小幅優勢勝選的自治市裡，與毒品有關的殺人案件發生率顯著高於該黨以小幅劣勢敗選的自治市。圖2.3中的情況說明，不僅與毒品有關的殺人案件發生率顯著提高，而且總殺人案件發生率也大大提高。具體來說，國家行動黨上台執政導致三年市長任期內每10萬人中殺人案件增加33起；在他們上任的第一年裡，每10萬人中殺人案件增加27起，這些結果在95％的顯著性水準上通過檢驗。

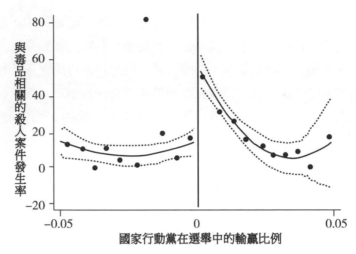

圖 2.2　國家行動黨執政和與毒品相關的殺人案件發生率

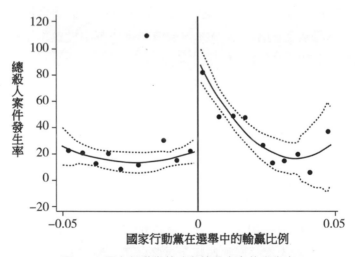

圖 2.3　國家行動黨執政與總殺人案件發生率

　　當然，對於這個結果，還需要更多的證據。首先，我們需要檢查這
兩組自治市在競選之前一段時期內殺人案件的比例是否一致。如果一致，
那就說明在競選之前，這兩組的情況非常相近，只是由於競選結果的差異
才造成我們得到的結果，戴爾教授的結論是兩者一致。其次，為了檢驗

結果的穩健性，戴爾教授還改變競選中輸贏5％這個範圍選擇，分別改成4％、3％、2％，以及13.3％，結果仍然保持穩健。最後，戴爾教授還使用其他的估計方法對這些結論進行檢驗，也取得良好的結果。

揭開謎底

勝選的墨西哥國家行動黨到底是透過什麼機制影響與毒品有關的暴力犯罪活動的呢？大偵探戴爾教授揭開謎底：勝選的墨西哥國家行動黨展開的掃毒行動，打擊的是檯面上的大毒梟，一旦這些大毒梟失勢，毒販內部相互為了爭奪地盤和利益的暴力衝突反而加劇。

我們來看大偵探戴爾教授的證據鏈。

首先，資料告訴我們，國家行動黨在自治市選舉中獲勝後，確實會傾向支持掃毒行動。與國家行動黨以小幅劣勢落敗的自治市相比，勝選的自治市會逮捕更多毒販，但是在勝選上台之前，這種行動卻比較少發生，或者頻率遠遠沒有那麼高。而那些國家行動黨以小幅劣勢敗選的自治市則一直都保持較低的逮捕率。

戴爾教授的研究還發現，離美國愈近的自治市，國家行動黨上台引發的殺人案件就會愈多。在這些自治市中，每10萬人中，殺人案件增加到37起，比之前的平均33起要多。這說明，這些自治市對於毒販來說更有控制價值，所以，一旦政府打掉原來的毒梟，那麼，爭奪這塊地盤就更值得，命案自然就會增加。

同樣的，如果這座城市在國家行動黨上台之前暴力犯罪活動就比較多，那麼，在國家行動黨上台之後，他殺死亡率也同樣會提高。在這些之前就是高犯罪率的自治市，每10萬人中殺人案件也增加到大約37起，比之前的平均33起要多。這同樣說明，在國家行動黨上台之後，暴力犯罪的持續增加主要發生在先前就比較容易發生命案的地區，也就是說，該黨發起的掃毒行動打擊的是在位的毒梟，但使原本就已經在不斷發生衝突的販毒生態惡化，造成更為嚴重的內部衝突。

戴爾教授還發現，如果這些自治市中屬於墨西哥販毒聯盟更高一級

的毒販被逮捕或被殺害，那麼，他空出來的位子就會有其他組織更多的成員意圖爭奪，所以，掃毒行動激發墨西哥販毒聯盟組織內部更多的衝突。掃毒行動打擊的是這個組織內部在位的毒販，於是激勵他的對手擴大自己的勢力範圍。如果這個毒販就在離自己地盤不遠的城市，那這些對手會更希望能控制這個倒楣的毒販的地盤，進而實現在地方上販賣毒品的壟斷地位。最有意思的是，並不是由墨西哥販毒聯盟控制，而由地方上沒有加入墨西哥販毒聯盟的小毒梟控制的自治市，國家行動黨上台後的掃毒行動，根本就沒有顯著提高該地區的他殺死亡率，這更加說明墨西哥毒品戰爭主要是因為打破販毒組織的勢力平衡，而引發更大規模的暴力犯罪活動。

那麼，為什麼某個自治市的毒販剛剛被政府的掃毒行動打擊，他在墨西哥販毒聯盟內的對手就想要侵占他的地盤，難道這個對手就不怕被政府打壓嗎？這個問題點中墨西哥毒品戰爭的「死穴」。因為這種掃毒行動都是運動式的，不會長期持續，所以掃毒帶來的震懾力會逐漸減退。這就像航行在海上的船，開來的時候浪花滾滾，開過去之後又歸於平靜，好像這艘船壓根沒來過一樣。

另外，自2006年毒品戰爭開始後，販毒集團不單殺害敵對集團的人及參與掃毒的警察，有愈來愈多政治人物也成為他們下手的目標，尤其是地方上的領袖。大多數政治人物遇害的地方，都是來自飽受與毒品相關暴力禍害的地區。殺害地方政治領袖，也是犯罪集團企圖削弱地方政府的策略之一。

由於地方警察局長通常由市長任命，因此地方上的市長們也被毒販盯上，企圖透過市長控制他們勢力範圍內的警察隊。薩拉薩爾是墨西哥米卻肯州（Michoacan）提魁奇奧市（Tiquicheo）前市長，因為嚴厲打擊販毒而被墨西哥媒體譽為「21世紀女英雄」，她的丈夫在2009年遭到殺害，她隨後在2012年11月遭到虐殺棄屍，留下3個孩子。她的死亡，在墨西哥引起巨大迴響。

薩拉薩爾的悲慘境遇讓人唏噓不已！我行文至此，也是情難自已。可是，無情的世界就是這樣，追求正義是要付出代價。雖然社會運行的底

層邏輯是經濟的，而不是正義的，但薩拉薩爾代表的卻是人類社會希望消滅毒品、消滅犯罪而不屈不撓的鬥爭精神，所以，作為正義的使者，薩拉薩爾將永遠受到墨西哥人民乃至全世界人民的紀念。我們堅信，正義也許會遲到，但絕不會缺席。

墨西哥毒品戰爭的溢出效應

事實上，墨西哥國家行動黨主導的掃毒行動，不但對主政自治市的暴力犯罪活動產生影響，還影響其他沒主政的自治市，因為這些掃毒行動迫使毒販們開闢新的地區繼續販毒活動。這種影響，戴爾教授稱之為墨西哥毒品戰爭的溢出效應。

要把這種溢出效應識別出來，還需要建立一個販毒的網路模型。其實這個模型也很簡單，假如你是一個毒販，想要從離美國較遠的A地運送毒品到美國邊境城市B地，你的目的是追求利潤最大化，那麼你一定會選擇一條直線運送毒品，因為兩點之間直線最短，所以直線運輸毒品的成本最低。如圖2.4所示。

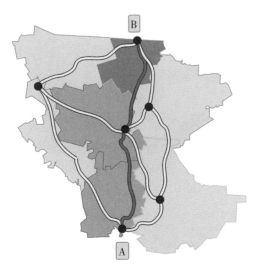

◆ 圖 2.4 和圖 2.5，僅見於戴爾教授 2012 年發表的工作論文版，正式發表時未附上。仔細去看正文，筆者推測，之所以未在正式發表論文時附上這兩張圖，很可能是發表版面篇幅所限。

圖 2.4　墨西哥毒品戰爭前的最佳販毒路徑◆

這裡，深色的這條路線幾乎是一條直線，它代表著從A地運毒品到B地的最佳路線，因為它最短，所以運送成本最低。但現在，由於這條路線上經過的都是國家行動黨主政的地區，也就是圖中陰影面積所表示的地區，陰影愈深，表示該地政府的掃毒力道愈大，毒品愈容易被沒收，那麼，你肯定要選擇其他的可行路徑。圖2.4中的淺色路線就是其他的可行路徑，這些都是毒販可以選擇從A地往B地的路線。

毒販們在決策的時候也要考慮成本與效益。他們考慮的一定是運輸成本最低、被沒收風險最小的販毒路線，我們可以預測，他們應該把最佳路線改成圖2.5中的深色路線。

圖2.5中的這條路線是戴爾教授根據網路模型做出的預測路線，那麼事實是否如此，還需要資料來進行驗證。

大偵探戴爾教授以嚴謹的資料處理和精巧的因果分析向我們表明，如果一個自治市正好處在圖2.5中所預測全新的最佳販毒路線上，那麼這些地方與毒品相關的他殺死亡率就會從4.8％上升到6.2％，境內每新開闢出一條販毒路線，每10萬人中與毒品有關的他殺死亡率就會提高0.54個百分點。而且，有證據顯示，這種暴力犯罪的溢出效應，往往集中在不同販毒集團從不同城市出發所選擇的最佳路線相互重疊的自治市，因為這意味著這條販毒路線相對更加擁擠，於是販毒集團內部的衝突也會加劇。雖然與墨西哥毒品戰爭的直接效應相比，這種溢出效應不算很大，但對於命案發生率原本就比較高的地區，這個效應的意義就無法漠視了。

除了上述由於毒品運輸路

圖 2.5　墨西哥毒品戰爭後的最佳販毒路徑

線的變化導致的溢出效應，在有關墨西哥毒品戰爭後果的爭論中，還有一個著名的「遊擊隊假說」。它的意思是，當政府在一地進行鎮壓時，販毒活動就會有一部分分散到其他地方，奉行敵進我退的遊擊戰術。過去40多年來，全球用於打擊毒品犯罪的支出大幅增加，但毒品市場卻持續擴張，毒品濫用現象不降反增，很可能就是販毒集團奉行遊擊戰術的結果。例如，1990年代玻利維亞和祕魯發起掃滅古柯等作物的行動，導致這些作物在哥倫比亞大量種植，到了21世紀，哥倫比亞也展開清除這類作物的行動，導致祕魯和玻利維亞又重新種回這些作物。而墨西哥的掃毒行動也有類似的後果。

　　戴爾教授對墨西哥毒品戰爭溢出效應的研究，也表明這場戰爭並沒有導致毒品消費大規模、持續性的下降。此外，卡德隆總統面對暴力犯罪意料之外的上升，又把部分警力從掃除罌粟、大麻等毒品類作物的種植上抽調出來，用於重點打擊相關地區的販毒組織，這樣的行為使得毒品供給端受到的影響不大。事實上，卡德隆總統發起毒品戰爭期間，在美國海洛因市場上，墨西哥海洛因的供應比例和總量不降反升，其他類毒品的供給也未見明顯下降。總之，現有證據似乎都在表明，墨西哥毒品戰爭對毒品價格的影響微乎其微。

　　令人更加意想不到的是，卡德隆發起的這場毒品戰爭除了上面分析的對犯罪率的影響，竟然還對墨西哥其他所得表現產生意想不到的影響。雖然它沒有怎麼影響到墨西哥正式部門的所得和男性勞動參與率，但卻導致非正式部門的所得下降，女性勞動參與率也跟著下降。之所以出現這樣的結果，一方面與販毒組織從事非法走私活動有關，另一方面也表明掃毒行動促使販毒集團變本加厲，透過收取更多的保護費，敲詐非正式部門的生產者來彌補自己的損失，從而導致非正式部門的經濟萎縮。

　　值得一提的是，戴爾教授是根據生活成本來評估墨西哥毒品戰爭造成的暴力犯罪成本，但事實上，除了這種成本，還有一筆成本並沒有計算在內。墨西哥政府每年花差不多90億美元用於掃毒行動，這個沒有計算在內的成本就是這筆資金的機會成本，也就是說，這筆錢如果不用於掃毒，

而用於改善民生等其他方面，我們原本可以取得的經濟效益，實際上是損失的。

教訓與反思

大偵探戴爾教授的研究就到這裡，但這個研究卻讓我們陷入沉思。

毒品之害，世人皆知，毒品對個人、家庭和社會都有嚴重的危害。對於個人，毒品作用於人體，會使人體產生適應性改變，這就是吸食毒品的上癮現象。吸毒者在自我毀滅的同時，也會破壞自己的家庭，使家庭陷入經濟困境，最後妻離子散、家破人亡。同時，毒品對社會也造成極大的破壞，癮君子們不僅因為自己身體羸弱而影響工作，還造成社會財富巨大的浪費和損失。可以說，消滅毒品是人類的共同心願。

但墨西哥毒品戰爭再一次告訴我們，如果我們僅僅局部打擊毒品犯罪，結果可能未必如預想的那樣完美。事實上，大偵探戴爾教授更是用嚴謹的經濟學研究，告訴我們這場掃毒行動帶來出人意料的後果，它不僅沒有達成預想的目的，反而引發一系列我們並不希望看到的因果效應。經濟學無法告訴我們該怎麼做，那是政客和倫理學家需要更多討論的領域。但是經濟學可以告訴我們這個世界的真相，不管這個真相是不是我們願意看到的。我們不能因為它揭露的真相不是我們想要的，就否定這門科學的價值。

同時，戴爾教授的研究也揭露當前世界在掃除毒品行動上存在的問題，那種「頭痛醫頭、腳痛醫腳」的掃毒政策，不但可能治標不治本，也許連標都治不了。真正要消滅毒品，我們還需要全球各個國家多聯合起來，共同採取行動，這需要全世界一起努力，消除貧困，消滅毒品犯罪的根源，真正提高人類社會的福祉！

本章推薦閱讀文獻

Dell, Melissa. 2015. "Trafficking Networks and the Mexican Drug War." *American Economic Review*, 105（6）：1738-79.

Carpenter, Christopher, Carlos Dobkin. 2009. "The Effect of Alcohol Consumption on Mortality: Regression Discontinuity Evidence from the Minimum Drinking Age." *American Economic Journal*: Applied Economics, 1（1）： 164-82.

Murphy, Tommy E., Martín A. Rossi. 2020. "Following the Poppy Trail: Origins and Consequences of Mexican Drug Cartels." *Journal of Development Economics*, Volume 143.

3

chapter

義大利黑手黨的前世今生

看過電影《教父》的讀者一定對「黑手黨」（Mafia）這個恐怖的黑幫組織記憶深刻。這個最早起源於19世紀中葉義大利西西里的黑幫組織，是一個規模非常龐大的犯罪集團，它靠收取保護費起家，暗殺、走私、發動恐怖攻擊等無所不為。隨著19世紀末西西里和南義大利的移民潮，黑手黨的勢力延伸到美國和澳大利亞。影片《教父》根據馬里奧‧普佐的同名小說改編，由大導演法蘭西斯‧柯波拉執導，著名演員馬龍‧白蘭度主演，講述的就是美國紐約黑手黨五大家族之間的鬥爭故事。

關於「黑手黨」這個名稱的由來也是眾說紛紜。據說該組織的成員犯案後，往往會在現場留下一個用蠟紙印出來的黑手印，向警方示威，清末的《小說月報》把它翻譯成「黑手黨」，這就是「黑手黨」中文名稱的由來。至於英文名稱「Mafia」的來源，更有許多不同的說法，有人說它來自西西里語中一個形容詞「mafiusu」，這個詞在19世紀西西里男性的定義中，代表著野心、霸道、自負，但無所畏懼、有事業心等。單單是黑手黨這個名字的由來就籠罩著一層神祕的面紗，至於它的真正起源，更是撲朔迷離。

第一種說法來自一個古老的傳說。相傳在1000年前，西班牙有三個勇敢的騎士。其中一個騎士的妹妹被當地貴族強暴，三人復仇後一路逃到義大利。在那裡，他們創立一個專門替底層窮苦百姓打抱不平、替天行道的組織，這就是黑手黨的前身。但據考證，這根本不是什麼古老的傳說，而是1897年一個黑手黨成員被捕後隨口編的故事。

第二種說法更加有模有樣。大概在13世紀末，一個叫馬菲亞（Mafia）的義大利姑娘被法國士兵強暴，馬菲亞的母親非常悲傷，全城奔走，呼喊著女兒的名字。人們在這件事的感召之下，成立一個反抗法國侵略者的組織，並叫它馬菲亞。

但實際上，今天的黑手黨與中世紀時的祕密會社和羅賓漢之類的遊俠關係並不大，反倒是崛起於19世紀後期義大利統一的過程之中。黑手黨主要發源於西西里當地有錢人家聚集的「深綠海岸」，在以西西里王國首都巴勒莫（Palermo）郊外田園牧歌般的柑橘林和檸檬林之間，黑手黨發

展出它的手段：有償保護、謀殺、領地統治以及幫派合作。他們的勢力，伴隨著源自柑橘與檸檬的國際貿易，蒸蒸日上地成長起來。

西西里的黑手黨可以說是世界上最著名、最成功的犯罪組織之一。黑手黨對義大利，乃至美國的政治和經濟領域的滲透，有時被視為對兩國法治的嚴重威脅。雖然距它首次出現至今，我們對這個組織的犯罪紀錄多有耳聞，對這個組織的研究書籍也是汗牛充棟，但對於它的起源，很大程度上仍然是一個謎。

在這個歷史懸案面前，我們的經濟學大偵探一直興趣不減，就黑手黨對義大利政治和經濟所造成的後果，也做了一番因果關係的探究。

接下來，就讓我們一睹他們的探案風采。

西西里黑手黨崛起的歷史背景

150多年來，人們對黑手黨的研究從未停歇。關於這個祕密組織最早的歷史記載文獻，是對1872年一次「不情願」接受黑手黨保護事件的紀錄，主人公是加拉迪醫生（Dr. Galati）。

作為地主的加拉迪醫生在巴勒莫郊區擁有一座檸檬果園，買下果園後不久，他發現果園的看守者經常偷竊檸檬，還將出售檸檬很大一部分的所得據為己有。加拉迪決定開除看守者，另僱他人。但是不久之後，新的果園看守者就慘遭槍殺。警方的調查工作效率很低，一直未能取得進展。不過很快，加拉迪就收到一封恐嚇信，要求他重新僱用原來的看守者。加拉迪果斷拒絕，隨後有人對他進行一連串的刺殺。最終加拉迪只好選擇遠走他鄉，逃離這片是非之地。

加拉迪醫生這份筆記是第一份揭露黑手黨的文件，它向世人首次披露只有在西西里才知道的活動。當時，新成立的義大利王國政府很快就發現黑手黨是一大隱患。

1877年，義大利議會批准對全國農業部門的生產條件進行廣泛調查，而西西里的主要產業正是農業。來自西西里的議員阿貝萊・達米亞尼負責在當地展開調查，而他的確也在1881～1886年完成這份工作。調查過

程中，官方向西西里所有地方法院的法官發放調查問卷。問卷中包含這樣的問題：「你所在地區最常見的犯罪形式是什麼？」「這種犯罪產生的原因是什麼？」「你所在地區最重要的農作物是什麼？」很多法官都認為，黑手黨是西西里面臨最嚴重的問題。

這就是西西里黑手黨崛起時的歷史背景，而義大利議會進行的調查也成為日後經濟學大偵探們最重要的資料來源。

1996年，義大利著名學者迪亞哥‧甘貝塔在哈佛大學出版社出版著名的黑手黨研究性著作——《西西里的黑手黨：私人保護業務》。[1] 在這本書出版之前，大家往往更關心黑手黨血腥的犯罪行為、晦澀的幫會暗號，以及各種神祕的儀式，但甘貝塔教授則不然，他不把黑手黨與非理性的力量聯繫在一起。他認為，黑手黨成員之所以渲染這個組織的神祕氣息，無非是增強自己的威懾力而已。他採取的方式，是理性地理解黑手黨。

在甘貝塔教授看來，黑手黨是一種特殊的生產組織，它生產的產品就是私人保護。在一百多年前黑手黨於西西里崛起時，當時並不是只有這樣一個組織，在義大利南部的其他地區以及其他國家，同樣有著提供私人保護的類似組織，只是以不同的形式呈現。不過黑手黨的發展更加迅猛，組織擴張得更為成功。

其實，把黑手黨看成一個生產組織也不是什麼新的想法，早在1876年，就已經有一位名叫列奧波爾多‧弗蘭切蒂的學者稱黑手黨在從事一門生意，[2] 但他不認為與黑手黨聯繫最緊密的是保護產業，而是認為它是一個暴力產業。從某種意義上說，黑手黨對西西里的暴力壟斷，也從另一個角度說明，義大利在南部地區確實沒有實現「國家」這個名稱的一個內涵條件，即只有國家才可以合法地使用暴力。但是，把黑手黨定義為暴力產業，會讓人充滿誤解。暴力是手段，而不是目的，黑手黨真正提供的商品是保護。在國家力量薄弱的地方，就會有其他組織來提供國家所提供的東西，黑手黨就是在這樣的背景下產生的。

為什麼黑手黨出現的時期，義大利南部，尤其是西西里地區的國家

力量如此薄弱呢？這與西西里的歷史狀況密不可分。

　　19世紀早期，西西里就已經是一個政府機關實力薄弱、法治情況堪憂的地區。土匪在鄉下肆意遊蕩，盜竊和貧窮困擾著大部分普通民眾。這些社會問題的起源可謂根深蒂固。西西里位於地中海上關鍵的戰略位置。歷史上，很多外邦帝國對它展開激烈爭奪：先是被古希臘人統治，接著又落入羅馬人手中，此後統治權又先後在拜占庭人、阿拉伯人、諾曼人◆、西班牙人和法國人之間易手。19世紀初期拿破崙戰爭爆發後，西西里的統治者變成居住在那不勒斯波旁王朝的國王們（Bourbon Kings），形成著名的兩西西里王國（Kingdom of the Two Sicilies）。兩西西里王國存在於1816～1860年間，是義大利統一之前義大利境內最大的國家，占據整個義大利南部，由歷史上的那不勒斯王國和西西里王國組成，首都位於那不勒斯。【3】

　　到了1861年，兩西西里王國併入新成立的義大利王國，實現義大利的統一，而西西里也轉而開始受到來自義大利北方地區的政權統治。1860～1861年間，西西里被來自義大利大陸地區的軍隊占領，成為新成立的義大利王國的組成部分。義大利王國的實際首都位於遙遠北方的皮德蒙特大區（Piedmont）。沒過多久，很多西西里居民就對新王國表現出不滿。來自半島地區的入侵者操著一口西西里居民難以理解的義大利方言，在很多本地人看來，新成立的義大利王國不過是另一個想要將自己意志強加在未開發的西西里上的外來政權。

　　一直以來，西西里王國都由當地上層貴族把持，管理地方公共事務。這些貴族享有境內2/3的土地所有權，他們各自擁有領地，豢養軍隊來保護這些領地。從事農業生產是西西里王國最重要的經濟活動，由於貴族們基本都生活在巴勒莫和那不勒斯，所以基本上都是佃農在各地管理他們的土地。

◆　編注：諾曼人（Northman）原意是北方人，維京人的一支，後來征服法國北部大半地區，並把那個地區稱為諾曼地。

但到了1812年，隨著封建制度被廢除，西西里建立現代產權制度，土地私有化。從1816年到1860年統治該地區的波旁王朝更是發布許多法令，廢除封建制度，極力推行土地重分配。出於同樣的目的，在1862～1863年間，剛剛完成統一的義大利新政府也沒收大量公有土地和教會的房地產，將它們分配給私人。因此，義大利封建制度的廢除和隨後推行的土地改革，使許多農民一夜之間擁有這些土地的私有財產權。根據估計，從1812年到1860年，西西里擁有土地的人從2000位大幅增加到20000位，漲了10倍。

雖然推行土地改革，但生產效率卻沒有提高，因為這些土地的新主人仍然維持著過去封建領主時的生產方式。其實這也很好理解，在一個動盪的年代，即使今天獲得一小塊土地，明天還是不是你的，又有誰說的準呢！事實上，在整個19世紀，西西里農民的生活水準一直在穩步下降。從1798年到1861年，由於生產結構沒有發生任何變化，雖然西西里的農業產出基本穩定，人口卻增加40萬。許多農民不得已只好嘯聚山林，幹起強盜的生意，其間還發生6次比較大的農民暴動。【4】

在這種情況下，西西里的公共安全就成為問題。而西西里的警察總共只有350人，他們每年只能到每個市鎮兩三次，象徵性地抓幾個犯罪份子，其他時間完全是放任自流。即使是義大利統一後的政府，也沒有對當地治安起到太大幫助。原因主要有兩個：一是各方在經歷多年的地方自治傳統後，基本上都適應這種比較微弱的政府治理狀態；二是義大利的法律執行部門彼此間缺乏協調，與西西里滿地都是的盜匪相比，人手也實在不足。正是由於這種盜匪滿地、公共治安無法得到維護的局面，使西西里產生對私人保護強烈的需求。

黑手黨源於 19 世紀的義大利土地改革？

基於我們在上一節談到義大利統一過程中西西里的歷史背景，2003年，來自倫敦政治經濟學院的奧里亞娜‧班迪拉教授提出一個解釋黑手黨起源的假說。【5】她認為，黑手黨正是在這樣的背景下，依靠出售國家沒

有提供的對財產權利保護服務，從而誕生並發展開來。

　　班迪拉教授的推斷是有歷史依據的。前面提到的1870年代議會質詢檔案就有這樣記錄：「最終，土地所有者更熱衷於僱用最好和最暴力的盜匪來保護財產，這就創造一個職業……愈來愈多人向黑手黨而不是向國家的執法機關尋求幫助，黑手黨變得愈來愈強大。」這份檔案還指出，「一開始，黑手黨並未建立組織形式和特殊的結構。他們只是一群臨時組成的犯罪集團，沒有明確的目標和訴求，既沒有幫規戒律，也不分紅取利，也不舉行集會，沒有什麼領導人。」但是，隨著黑手黨的勢力愈來愈大，雖然沒有一個集中協調行動的中央組織，卻逐漸形成若干小集團，這些小的黑手黨集團還劃分勢力範圍，在摩擦和互動中逐漸找到共同的利益和目標。

　　班迪拉教授首先建立一個模型，來描述廢除封建制度的改革造成的土地分割與黑手黨崛起之間的關係。她首先假設，每個土地所有者都擔心自己的財產被偷盜，為了降低自己財產被偷盜的機率，他們從黑手黨那裡購買保護，向黑手黨份子支付保護費。這是一個兩階段的賽局模型。

　　在這個模型的第一個階段，土地所有者決定是否購買黑手黨的保護，並確定願意提供的保護費數字，而保護費的多少取決於有多少土地所有者購買黑手黨的保護。也就是說，如果大家都不購買黑手黨提供的保護服務，那麼這種服務的要價就會比較低，你若要購買，出價也就可以低一些。而如果大家都爭相購買黑手黨的保護服務，那麼你只能提高出價，才有機會得到保護服務。

　　在第二個階段，黑手黨為了使自己的效益達到最大，選擇為其中一些土地所有者提供保護。這第二個階段的推理就很有意思了，它表明黑手黨不會為所有土地所有者提供保護，而是會允許有些人被盜匪們侵害，因為只有這樣，他們的保護業務才能有升值的空間。這個模型最後的結論是，每個土地所有者都想購買黑手黨的保護服務，而土地所有者愈多，也就是土地被分到的面積愈小，黑手黨的生意就愈興旺發達。

　　總結一下，班迪拉教授的理論模型告訴我們，黑手黨的利潤與土地

所有者的數目成正比。也就是說，土地分得愈破碎，擁有土地的人愈多，黑手黨的利潤愈高；同時，如果土地的效益愈高，黑手黨的利潤也會愈高。

那麼，班迪拉教授這個理論的推理能否得到實證資料支持呢？當然，黑手黨的利潤資料我們拿不到，但沒有關係，幸虧義大利議會的紀錄裡有各個市鎮黑手黨活躍程度的資料，這就可以使用活躍程度作為利潤的代理變數，因為利潤愈高，黑手黨就愈活躍，兩者具有極高的相關度。其他的資料，比如土地所有者的人數，也可以設法找到代理變數，土地的效益可以用葡萄或檸檬的土地種植比例來衡量，因為種植這些作物要比種植糧食得到更多所得。就這樣，班迪拉教授總算找到資料，然後她使用最常見的計量迴歸方法——普通最小平方法迴歸（OLS）進行估計後發現：一個市鎮的土地被分割成愈小塊，黑手黨的活動就愈活躍，這個結論與理論的預測一致。不過，土地的效益高低卻對黑手黨的活躍程度沒有影響，這與理論的預測並不一致。

這裡要請讀者注意，當我在說到「一個市鎮的土地被分割的愈小塊，黑手黨的活動就愈活躍」這個結論時，我並沒有使用「因為……所以……」這樣的句型，因為我們並不清楚兩者是不是有因果關係。也就是說，班迪拉教授的研究只能說明土地被分割得愈多，與黑手黨的活動愈活躍的情況同時發生，具有很強的相關性，但相關性不是因果關係。班迪拉教授只是用這種很強的相關性印證她的理論推測，為她的推測提供更多的信心，但不是在計量上給出精準的因果推論。

至於這篇文章在這方面的缺陷，班迪拉教授也心知肚明。她特別提到，之所以出現這樣的迴歸結果，也有可能是因為存在遺漏變數，以及其他的變數測量誤差等問題所致。影響黑手黨活躍程度的因素很多，比如地主是否常年在外、被盜匪劫掠的頻率、其他替代性保護服務的情況，但這些因素無從測量，或者沒有資料。遺漏這些變數，可能會導致土地分割成小塊的程度對黑手黨活躍程度的因果關係解釋出現偏差，準確性就大打折扣。

要解決這些問題，我們還要等待其他經濟學大偵探繼續研究下去。

黑手黨源於國際檸檬市場的擴張？

除了班迪拉教授指出西西里土地改革導致黑手黨的出現外，還有不少學者指出，西西里多次在外國統治者中間易手，民間社會資本稀薄，人們相互之間信任度低，也是黑手黨崛起的重要原因之一。

當代西方著名的政治學家、哈佛大學甘迺迪政府學院講座教授羅伯特・普特南的名著——《使民主運轉起來》，曾對義大利北部和南部地區進行個案考察和比較。[6]他發現，義大利北部地方和包括西西里在內的南部地區政府在表現上有著明顯差別，而這種差別主要並不是由經濟差異造成，因為有些經濟發展程度高的地區，政府表現並不比某些經濟發展程度低的政府績效高。普特南經過長達25年的調查發現，一個地區公民的公共意識、彼此的信任程度等這類社會資本對於推動政府的民主化改革，進而形成法治政府非常重要，而南方地區在這些方面的表現都很糟糕。這些理論雖然或多或少都有些道理，但卻無法解釋為什麼世界上其他同樣的地區沒有出現像黑手黨這樣成功的犯罪組織。

2017年，瑞典哥德堡大學的奧拉・奧爾松教授和合作者伊索皮、狄米科提出一個與眾不同的解釋：西西里黑手黨崛起的主要原因之一，居然是起始於19世紀上半葉柑橘和檸檬市場需求量的大幅增加。[7]他們認為，黑手黨的起源與西西里地區某些競爭不夠充分的經濟產業擁有超高的利潤有關，而這類產業主要就是西西里的柑橘和檸檬種植業。這類作物的種植成本高，而且只適合種在某些地區，所以，柑橘和檸檬種植業的進入壁壘非常高，能夠種植這類作物的生產者可以從中獲得可觀的利潤。同時，西西里遍地窮人、法治薄弱、人際間的信任度低下，這些因素也預示著，盜匪必定會不斷上門去找這些柑橘和檸檬的生產商。既然政府在保護私有財產方面無能為力，這些生產商自然希望能夠向黑手黨支付保護費，以保護自己的私有財產。奧爾松等人的研究向我們解釋什麼是經濟發展的「自然資源詛咒」，他們的研究發現，在19世紀後期，柑橘和檸檬類水

果出口貿易的蓬勃發展，是黑手黨興起的關鍵因素，從能夠種植這類作物的土地上獲得的暴利，使制度進一步惡化，即使是社會中的主要群體也認為，掠奪比生產更容易增加財富。

與班迪拉教授強調義大利廢除封建制度對黑手黨崛起的影響不同，奧爾松等人把矛頭明確指向西西里特殊的市場結構。而且，奧爾松等人在搜索歷史資料方面更是不遺餘力，竟然找到1883年由義大利一位下級法院法官對西西里犯罪問題所做的調查資料。這樣一來，奧爾松等人就獲得比班迪拉教授更多的樣本。班迪拉教授的資料樣本僅涵蓋西西里其中70個市鎮，但奧爾松等人的數據則涵蓋所有127個西西里的市鎮。奧爾松等人根據這個新的資料樣本發現，班迪拉教授蒐集到的70個市鎮的土地品質更好、所有權也更加分散，但如果把視野擴大到全部的127個市鎮上，班迪拉教授的理論能解釋到黑手黨活躍程度的變化就很有限了。奧爾松等人基於新的資料，重新回到甘貝塔教授的政治經濟學分析路徑上，在甘貝塔教授指出的方向上，大偵探奧爾松等人在西西里的柑橘和檸檬種植產業中找到對保護性服務的產業需求與黑手黨崛起之間的因果聯繫。

那麼，為什麼柑橘和檸檬這類作物的種植會導致黑手黨這樣有組織的犯罪集團崛起呢？這就要從18世紀以來西方遠洋探險的歷史說起。

19世紀之前，在大海上遠洋奔波的水手們飽受壞血病的困擾，究其原因是人體缺乏足夠的維生素C造成。遠洋的水手由於長期維生素C攝入不足，所以經常患上這種惡疾。這種病的早期症狀是精神萎靡、疲憊不堪，繼而會出現牙齒鬆動乃至脫落、情緒狂暴、高燒不退，甚至導致死亡。正是由於這種疾病的存在，遠洋航行一直都是風險很大的事業。18世紀中葉，英國皇家海軍的隨船醫生詹姆斯·林德無意中發現檸檬可以治療這種疾病，於是，他就在船上做了一次臨床實驗。他隨機將海員分為兩組，一組的食物供應一如平常，這一組就是對照組；另一組則提供檸檬等新鮮水果，以此作為治療壞血病的治療方案，這一組就是實驗組。實驗結果正如他所料，實驗組的海員們病情大有改善。1753年，林德醫生把研究成果發表在《論壞血病》一書中，但一開始卻沒有人把他的發現放在心

上，直到差不多40年後，英國皇家海軍才正式推薦全體海軍成員定期飲用檸檬汁。

　　柑橘類水果能夠治療壞血病，這個消息迅速在歐洲大陸傳播開來。這樣一來，柑橘和檸檬就成為寶貝，價值愈來愈高。西西里是全世界能夠生產新鮮檸檬為數不多的幾個地區之一，早在西元10世紀阿拉伯人統治時，就從西西里溫暖的海岸平原和異常肥沃的土壤中看到機會，引進檸檬和其他柑橘類水果。檸檬這種水果非常怕凍，只能在特定區域生長，所以只有海岸線附近的地方才能種植這種作物。

　　檸檬的新價值改變一切。此後數十年裡，西西里許多農民為了滿足國際市場需求而改種檸檬。然而，大規模改種檸檬談何容易，西西里只有少量土地適合種植檸檬，而且即使能生產檸檬的區域，人們也必須投入大量資金才能收成。播下種子，檸檬樹苗長出幼嫩枝芽後，農民們需要對樹枝精心修剪，還要定期施肥和澆水。種植檸檬的農民通常需要用以馬匹為動力的磨坊來灌溉土地，每週至少要澆水一次。為了防止小偷和大風損壞樹枝，農民經常在果園周圍建起高高的圍牆和柵欄。否則一旦檸檬成熟，沒有圍牆保護的果園便會成為竊賊和強盜的重點下手目標。只需一個晚上，強盜和小偷就會讓農民多年的投資毀於一旦。因此，在西西里柑橘和檸檬出口漸漸開始起飛的19世紀中葉，檸檬果園通常都由佩帶武器的守衛人員負責保護。

　　根據記載，從1837年至1850年間，從西西里港口出發前往義大利城市美西納（Messina）的檸檬數量從740桶成長到20707桶。到了19世紀晚期，西西里出口的檸檬數量已經呈現火箭式成長。英國歷史學家約翰・迪奇在2005年出版關於黑手黨歷史的書中表示，1880年代中期，紐約每年要進口250萬件水果（每件有超過300個產於義大利的柑橘類水果），其中大部分來自西西里的港口城市、西西里首府巴勒莫。[8]

　　一方面，在充斥著不滿情緒的統一環境中，地方政府脆弱無能，無法提供應有的治安和保護；另一方面，檸檬產業又創造大量的現金所得，在這樣的背景下，黑手黨出現了。於是，就有我們前面講到發生在加拉迪

醫生身上的事件。加拉迪的故事顯示一群西西里的黑手黨份子如何成功滲透當地村莊、警方以及政府，最終打入支持和保障檸檬產業健康發展的多個市場領域。很快的，黑手黨就成功掌控檸檬產業鏈中的關鍵環節。他們經常安排自己人出任檸檬果園的看守者，從而使黑手黨成員能夠直接將部分所得納入囊中。接著，黑手黨開始壟斷經營，不斷抬高檸檬的出售價格，有時甚至在巴勒莫的檸檬種植者和美西納的檸檬出口商之間扮演中間商的角色。雖然弊端重重，但在當時混亂的社會局面下，西西里的黑手黨還是要比義大利王國統治下的壓迫政府更受當地人歡迎。檸檬貿易的所得規模十分龐大，因此足以保障地主階級和黑手黨都能有所收穫。

大偵探奧爾松教授及其合作者根據這樣的歷史背景資訊，開始研究黑手黨的存在與檸檬種植業之間是否存在因果關係。在整個計量分析過程中，他們還對控制其他作物的種植範圍、人口密度、土地由多方控制的集中程度等變數條件。奧爾松教授等人的迴歸結果顯示，某市鎮柑橘和檸檬等水果的種植，對黑手黨的出現機率有著顯著的相關性，在加入更多控制變數時，結論依然非常顯著。需要特別強調的是，奧爾松教授等人還加入班迪拉教授引進表示土地分散程度的變數，他們發現，這個變數同樣對黑手黨的出現機率有顯著的相關性。在這裡，奧爾松教授等人只考察柑橘和檸檬的種植規模對黑手黨出現機率的因果關係，所以，此時的土地分散程度雖然也有顯著的相關性，但只是作為控制變數，這種相關性並不能解釋為因果關係。

那麼，如何才能確定柑橘和檸檬的種植規模對黑手黨出現機率的因果關係呢？奧爾松等人使用工具變數這種大偵探常用的「兵器」。關於這一點，我們在稍後的一節再重新回來討論。現在，你只需要記住，奧爾松等人的最終分析結論表明，檸檬種植的普及對黑手黨在19世紀下半葉的出現產生至關重要的因果關係影響。

但是，不得不說，奧爾松等人的這篇文章整體上更加強調對實證事實建立模型，他們給出的資料驗證與班迪拉教授一樣，更多的是給我們吃個定心丸，讓我們對他們的模型更有信心。當然，奧爾松教授還使用工具

變數法，而這個方法對於確定黑手黨起源的因果關係，做出新的貢獻，比班迪拉教授更前進一步。

黑手黨的發展壯大源於 19 世紀末義大利的社會主義運動？

奧爾松等人的研究雖然也能給黑手黨的起源提供較好的解釋，即在弱勢國家的環境下，檸檬等經濟產品的熱銷，使得僱用社會暴力組織來保護產權變得有利可圖，因此催生民間自發的黑幫團體，但這個解釋有一個缺陷。按照奧爾松等人的邏輯，黑手黨應該只分布於商業中心、出口導向的城市或者礦區，但這卻無法解釋後來黑手黨逐漸向整個西西里乃至南義大利擴散的事實。

轉眼間來到2020年，在這一年的4月，頂級經濟學期刊《經濟研究評論》發表一篇由著名經濟學家、大偵探戴倫・艾塞莫魯與他的合作者朱塞佩・德費奧、賈科莫・德盧卡合寫的新文章：〈弱國：西西里黑手黨的起因與後果〉。【9】大偵探艾塞莫魯在世界經濟學界可謂鼎鼎大名，他現在是麻省理工學院經濟系教授，也曾獲得「克拉克獎」，他學究天人，在發展經濟學、勞動經濟學、經濟成長等多個領域都有出色的表現。此人不但奇思妙想，而且產量很高，坊間有人開玩笑說，很懷疑艾塞莫魯有個雙胞胎兄弟躲在家裡幫他一起寫文章，要不然一個人怎麼能寫出這麼多優秀的文章呢！在這篇2020年的文章裡，大偵探艾塞莫魯等人為19世紀最後十年黑手黨在整個西西里的擴張提出一個新的解釋，認為是義大利農民社會主義運動組織（Fasci）的興起推動黑手黨的發展壯大。

文章的研究背景仍然是義大利孱弱的政府控制力，但這次強調的外生經濟衝擊卻與之前不一樣，這次是發生在1893年春天一場極具災難性、引起農作物大規模減產的旱災。儘管黑手黨的歷史可以追溯到1860年代，而且這個組織在1885年已於首都巴勒莫及周邊的富裕地區出現，但是，它在農村地區的大規模擴張卻一直到1890年代初才得以展開。1891年，義大利出現第一個群眾社會主義運動組織，明確提出提高薪資、延長勞動

合約與進行土地重新分配的要求，主要成員是城市中的產業工人和手工業者。但在1892年末，第一個農民社會主義運動組織成立。而正是在1893年義大利嚴重的乾旱之後，由於乾旱導致農業大幅減產，加劇農民的苦難，所以，西西里的農民社會主義運動才蓬勃發展起來。同時，小麥是西西里種植最廣泛的農作物，40％的土地都在種植小麥，用於出口，但在國際市場上，美國和俄羅斯的小麥對西西里的小麥構成雙重夾擊。在這種國際競爭壓力下，這場1893年的大旱災導致當地農業工人和農民生活境遇極為悲慘。嚴峻的經濟形勢給農民和農業工人的生活帶來極大的衝擊，資料表明，農民社會主義運動興盛的地區，恰好也是農作物減產較為嚴重的區域。風起雲湧的社會主義運動，使得土地所有者和有產階級開始感到恐慌，於是，他們開始求助於黑手黨來鎮壓農民的起義。1893至1894年的義大利社會主義運動，最終在義大利軍方和黑手黨的聯合鎮壓下慘遭失敗，這次運動被政府定調為違法行為。有意思的是，此後黑手黨盛行的地區，與1893年社會主義運動頻頻發生的地區高度重合。那麼，這一切巧合的背後，有沒有緊密的因果關係存在呢？

經濟學大偵探艾塞莫魯等人經過研究，認為黑手黨在19世紀末西西里的發展壯大，部分正是由於農民社會主義的興起所致。他們使用的因果推論利器，就是著名的工具變數法。

大偵探的推理神器：工具變數迴歸

我們現在已經提到義大利西西里的黑手黨得以崛起並迅速發展的三個要素：土地改革、柑橘類水果的種植，以及農民社會主義運動組織的興起。問題在於，我們能否斷定什麼才是黑手黨崛起的真正原因呢？接下來，我們就來比較這三篇文章在這個問題上給出的答案。

首先，我們來看土地改革。正如班迪拉教授指出的情況，在對數據進行實證分析上，班迪拉教授明確認識到，她面臨遺漏變數的問題。也就是說，可能有一些變數既會影響土地改革，同時也會影響黑手黨的活躍程度（這是班迪拉教授對黑手黨崛起的衡量指標），但這些因素並沒有衡

量。如果是這樣，我們就沒有辦法把班迪拉教授以簡單的計量迴歸方法得到的土地改革和黑手黨活躍程度之間的相關性解釋成因果關係，因為這種相關性可能是由遺漏變數造成的。想要確定兩者的因果關係，就需要排除這種遺漏變數，但是很可惜，班迪拉教授也承認，她掌握的實證資料無法支持她做到這一點。

　　接下來，我們再來看柑橘類水果種植的因素。根據奧爾松教授等人的解釋，柑橘類水果的種植，尤其是檸檬，需要受到保護，而黑手黨的保護會促進檸檬生產。這個因果關係的解釋同樣面臨遺漏變數的質疑，也就是說，同樣可能有其他因素既影響檸檬的種植，也影響黑手黨出現的機率，但這些因素卻沒有被奧爾松教授等人觀察到。同時，奧爾松教授等人的解釋還面臨另一個質疑，那就是雙向因果問題。什麼是雙向因果問題呢？檸檬的種植需要黑手黨的保護，這是一種解釋，但反過來，可不可以說，正是某個地方有了黑手黨的出現，提供國家沒有提供的保護，當地人才敢種植檸檬呢？畢竟，種植檸檬需要多年的精心培育，最後才能收成。這兩個問題都很棘手，如果不能妥善加以解決，奧爾松等人給出的因果關係解釋很可能站不住腳。正因為如此，奧爾松使用一種因果推論的殺手鐧：工具變數。關於工具變數更多的內容和介紹，讀者諸君可以參考本書終章中最後一個故事「御馬監裡的經濟帳：工具變數解紛爭」，提前獲得更多更有趣的了解。

　　為了識別出柑橘類水果的種植與黑手黨出現之間的因果關係，我們能不能想出一個變數，只對柑橘類水果的種植有因果關係的影響，但與一個地區的其他因素都沒有關係，也不會與被遺漏的因素產生任何關聯，這樣它就只能透過影響柑橘類水果的種植，從而影響黑手黨的出現機率。而且，由於它只能透過影響柑橘類水果的種植而影響黑手黨出現的機率，所以，黑手黨的出現所提供的保護性服務，反過來影響柑橘類水果種植的因果關係就可以被完美地切斷。這樣的變數，可以幫助我們識別出我們想要的因果關係，就像一個用起來很順手的工具，我們把它叫作工具變數。

　　工具變數並不好找，找到一個好的工具變數，很多時候需要運氣。

奧爾松等人找到的工具變數是西西里某個地區所處的「海拔高度」，他們的邏輯鏈是這樣的：一個地區的海拔高度會影響天氣狀況，而不同的天氣狀況會影響柑橘類水果的利潤率。如果一個地區海拔比較高，種植柑橘類水果的利潤率下降，那麼尋求黑手黨保護的意願也就會下降。這裡我們可以看到，「海拔高度」這個變數本身是不由誰選擇的一個外生因素，而且，它可以透過影響柑橘類水果的利潤率而影響柑橘類水果的種植，進而影響黑手黨提供保護的意願。大體來說，這滿足工具變數的基本要求。接下來，奧爾松等人使用地區「海拔高度」這個工具變數再次進行迴歸估計後，確實發現柑橘類水果的種植對黑手黨出現的機率產生更大的影響，這個結果也增強我們對他們這種解釋的信心。

但是，這個工具變數還是存在一些問題，用計量經濟學的術語來說，就是它還不夠「外生」。說白了，就是它還是會影響其他的變數，而這些變數又會影響我們要解釋的變數。在奧爾松等人的文章裡，這個要解釋的變數就是黑手黨出現的機率。具體來說，「海拔高度」這個工具變數可能無法滿足我們前面提到的「它只對柑橘類水果的種植有因果關係的影響，但與一個地區的其他因素都沒有關係，而且也不會與被遺漏的因素產生任何關聯，這樣它就只能透過影響柑橘類水果的種植，從而影響黑手黨的出現機率」這個條件。譬如，海拔愈高的地區，往往地處深山，這裡政府的力量本來就更為薄弱，更容易出現黑手黨，如果是這樣，這個工具變數就有問題，也就是說，地區海拔高度這個因素，本身就會影響一個地區政府力量的薄弱程度，而地方政府力量的薄弱程度又會轉過來影響黑手黨出現的機率。一句話，奧爾松等人對其解釋所做的因果關係識別並不乾淨，這裡面混雜政府力量的薄弱程度等其他遺漏變數的影響，所以他們估計出來的影響參數可能是不準確的。

最後，我們再來看大偵探艾塞莫魯等人的識別方法。艾塞莫魯等人的解釋是，農民社會主義運動組織的興起，使得黑手黨取得極大的發展。在賦予農民社會主義運動組織對黑手黨大發展的因果關係解釋方面，他們同樣要面臨我們前面提出的兩個問題：遺漏變數問題和雙向因果問題。第

一，可能有其他未被觀察到的變數，它們既影響農業社會主義運動組織的興起，也影響黑手黨的發展壯大；第二，黑手黨在一個地區的橫行，可能更加激起農民社會主義運動的深入發展，兩者或許是雙向影響、互相促進的關係。為了解決這些問題，艾塞莫魯等人使用的也是工具變數法，不過他們選擇的工具變數在識別效果上比較乾淨。

他們選擇的工具變數，是義大利在1893年春季發生的一場大旱災。我先解釋一下這個工具變數的絕妙之處，然後再來解釋這個工具變數為什麼在識別效果上更乾淨。

首先，1893年的旱災對義大利的農業生產造成嚴重的負面影響。大偵探們蒐集到1893年義大利24個地區、20種莊稼的農業收成，在控制不同地區的農業生產效率之後，他們先用簡單的計量迴歸法做出來一個結果，這個結果確實證明農業收成受到1893年春季降雨量的負面影響，而且愈是需要春季降雨的莊稼，受到的負面影響愈大。接下來，艾塞莫魯等人再使用計量迴歸法，目的是要看1893年春季的相對降雨量對農民社會主義運動組織發展情況的影響。這個結果非常顯著：一個地區1893年的相對降雨量愈低，農民社會主義運動組織就愈可能在這個地區出現。然後，他們再次使用計量迴歸方法，也就是用第一階段中由工具變數預測的農民社會主義運動的出現情況，來看它對黑手黨發展的影響。這個迴歸結果表明，這個影響仍然非常顯著，無論是否控制各個省份的具體特徵，農民社會主義運動組織的出現都會明顯使該地區的黑手黨勢力增強。

至此，我們可以肯定的說，農民社會主義運動組織的興起對黑手黨勢力的發展具有顯著的因果關係影響。

其次，我們來看一看，為什麼說艾塞莫魯等人找到的「1893年春季的相對降雨量」這個工具變數要比奧爾松等人的「海拔高度」要好呢？原因就在於：前一個工具變數足夠外生！1893年春季的旱災是一場天災，是老天爺不高興，而老天爺高不高興，可不會與義大利各個地區影響黑手黨的其他因素相關。從這個角度看，奧爾松等人的「海拔高度」工具變數就不一樣了，雖然「海拔高度」這個工具變數看起來也不能為我們左右，但

它卻會影響諸如政府治安力量分布這一類的重要變數，同時又透過這些變數來影響黑手黨出現的機率，那麼，這個工具變量就不夠外生了。因此，奧爾松等人識別出來的因果關係就受到其他因素的混淆，受到汙染，這個識別就不如艾塞莫魯等人的工具變數設計來得乾淨。

工具變數的故事非常多，我們這次先講一個，將來還會繼續講述其他具有傳奇色彩的偵探故事。

國家能力不足帶來的教訓：黑手黨的擴張對西西里地區的中長期影響

無論是哪一項研究，也許不同的研究者對不同因素的側重不同，最後揭露出的黑手黨起源和擴散的原因也不全然一致，但它們都指出西西里黑手黨產生的一個主要背景，那就是在西西里地區國家力量的薄弱，而正是國家能力嚴重不足，才是黑手黨崛起的根源。

艾塞莫魯等人在文章的後半部分，分析黑手黨活動對西西里地區的中期和長期影響。他們發現：20世紀初期黑手黨的擴張，使當地的識字率在之後的20年內顯著下降。從數據上看，1900年黑手黨的活動頻繁程度指數每增加1個百分點，1921年的識字率平均下降10個百分點。作者們認為，出現這種局面的原因，是黑手黨的猖獗活動削弱原本發育不足的政府能力所致。政府能力被進一步削弱，無法提供更好的公共服務，包括供給水利資源、降低嬰兒死亡率、分配發展性支出等，這些都造成西西里在經濟發展方面的落後局面。

除此之外，黑手黨勢力壯大之後，開始干預地方政治。艾塞莫魯等人發現，在1900年黑手黨活動頻繁的地區，會顯著影響1909年選舉的政治競爭，不受黑手黨歡迎的政治對手獲選的機率非常低，地方議會選舉中黑手黨的席位顯著上升，這種影響一直持續到當代。作者們甚至發現，1900年黑手黨活動的頻繁程度指數每增加1個百分點，會使1961年與1971年的高中教育水準下降33個百分點。這種惡劣的結果，也是拜黑手黨削弱政府能力、干預地方政治所賜。

在國家能力不足的環境下，地方自治的力量會有所增強，黑幫勢力往往產生在這樣的時期。那麼，從長期來看，國家能力不足帶來的地方自治機制，最終能否取得與正式的國家治理一樣的效果呢？社會自發的產權保護機制最終能否成為一種經濟上的互助機制，從而實現地區的經濟進步和市場繁榮呢？經濟學大偵探們講述義大利西西里黑手黨的故事，在讓我們明辨其起源的同時，也為我們提供對這類問題的某些解答。

本章推薦閱讀文獻

Bandiera, Oriana. 2003. "Land Reform, the Market for Protection, and the Origins of the Sicilian Mafia: Theory and Evidence." *Journal of Law, Economics, and Organization*, 19（1）：218-44.

Dimico, A., Isopi, A., and Olsson, O. 2017. "Origins of the Sicilian Mafia: The Market for Lemons." *The Journal of Economic History*, 77（4）:1083-115.

Acemoglu, Daron, Giuseppe De Feo, and Giacomo Davide De Luca. 2020. "Weak States: Causes and Consequences of the Sicilian Mafia." *The Review of Economic Studies*, 87（2）：537-81.

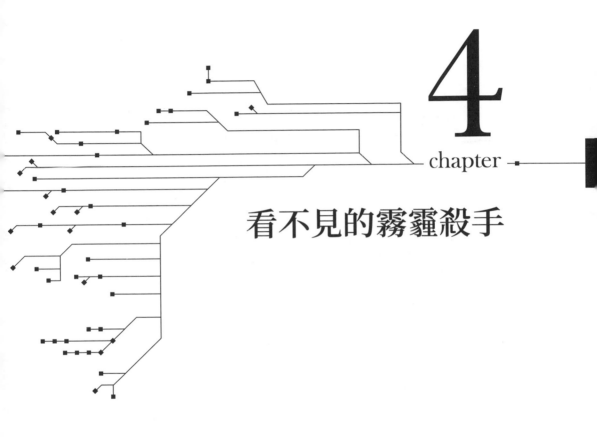

4

chapter

看不見的霧霾殺手

2013年，「霧霾」成為年度關鍵字。

這一年的1月，4次霧霾籠罩全中國30個省（區、市）。在首都北京，整個1月只有5天不是霧霾天。有報告稱，中國500個大型城市中，只有不到1%的城市達到世界衛生組織建議的空氣品質標準。與此同時，世界上汙染最嚴重的10座城市中，有7座在中國。2014年1月4日，國家減災委員會辦公室、民政部首次將危害健康的霧霾天氣納入年度自然災情進行通報。

霧霾天氣對人的健康影響很大。中國工程院院士、廣州呼吸疾病研究所所長鍾南山曾指出，近30年來，中國公眾吸煙率雖然不斷下降，但肺癌罹患率卻上升4倍多，這可能就與霧霾天氣的增加有一定的關係。[1]霧霾的組成成分非常複雜，包括數百種大氣顆粒物。其中危害人類健康的主要是直徑小於10微米的氣溶膠粒子，它可以直接進入並黏附在人體的上下呼吸道和肺葉中，引起鼻炎、支氣管炎等多種病症，長期處於這種環境還會誘發肺癌。同時有研究表明，霧霾天氣還是心臟殺手，空氣中的汙染加重時，心血管病人的死亡率會增高。霧霾天氣中顆粒汙染物不僅會引發心肌梗塞，還會造成心肌缺血或損傷。除此之外，霧霾天氣還會帶來如小兒佝僂病、結膜炎等一系列的疾病。

人類歷史上發生過不止一次霧霾事件，其中最著名的有1943年洛杉磯霧霾事件和1952年倫敦煙霧事件。1943年7月6日清晨，時值二戰期間，當美國洛杉磯市的居民從睡夢中醒來時，眼前的景象讓他們以為是受到日本化學武器的攻擊：空氣中到處彌漫著淺藍色的濃霧，走在路上聞到的都是刺鼻的氣味，很多人不得不把汽車停在路邊，不斷擦拭流淚的眼睛。這是洛杉磯有史以來第一次遭受霧霾「攻擊」，這裡的居民一開始還以為這只是偶然的天氣現象，但最終他們迎來的是長達半個多世紀的霧霾戰爭。1952年倫敦煙霧事件是當年12月5日到12月9日發生於英國倫敦的空氣汙染事件，這是英國歷史上最嚴重的公害事件，發生時能見度極低，煙霧甚至蔓延到室內。不到三天，這場霧霾就導致400人死亡，10萬人以上罹患呼吸道疾病，最後的總死亡人數超過12000人。

中國從2014年起便將對應霧霾汙染，改善空氣品質當成重要政策。2017年，國務院總理李克強就把「堅決打好藍天保衛戰」寫入政府工作報告。

霧霾天氣到底會給我們帶來多大程度的危害，它會減損我們的壽命嗎？如果它真會使我們的壽命減短，又會使我們減少幾年壽命呢？同時，治理汙染並非不需要付出代價，那麼，對汙染的治理又會讓我們付出多大的代價呢？這些問題，我們的經濟學大偵探們經過鍥而不捨的鑽研，再加上奇思妙想的研究設計，為我們提供科學的因果關係解答。

▍淮南為橘，淮北為枳？

《晏子春秋》曾記載這樣一個故事：晏子使楚，楚王讓人綁縛一個齊國的小偷路過。楚王故意刁難晏子：「齊人固善盜乎？」（難道你們齊國人都很善於偷人家東西嗎？）晏子善於辭令，他很機智地回答楚王：「嬰聞之，橘生淮南則為橘，生於淮北則為枳，葉徒相似，其實味不同。所以然者何？水土異也。今民生長於齊不盜，入楚則盜，得無楚之水土使民善盜耶？」[2] 意思是說：橘樹生長在淮河以南的地方就是橘樹，生長在淮河以北的地方就是枳樹，只是葉子相像罷了，果實的味道卻不同。為什麼會這樣呢？是因為水土條件不相同。這個人生長在齊國時不偷東西，一到楚國境內就偷起來了，莫非楚國的水土使百姓喜歡偷東西嗎？結果讓楚王討了個沒趣。

有趣的是，在南北集中提供暖氣這件事上，中國還真有一個以淮河為界的故事。

近代以來，中國逐漸形成秦嶺—淮河一線做南北分界的說法。1935年，竺可楨先生在《中國氣候概論》中明確提到秦嶺—淮河一線為南北分界。此後，秦嶺—淮河線逐漸成為中國公認的南北地理分界線。到了1950年代，它又成為南北集體提供暖氣的分界線。

新中國成立初期，北方主要參照蘇聯模式，初步建立住宅鍋爐集中提供暖氣體系，也是在這個時期，中國開始劃定南北集中提供暖氣的界

限。據說，總理周恩來親自主導以秦嶺—淮河為界，劃定北方為集中提供暖氣區，南方不集中提供暖氣，此即為南北提供暖氣線。彼時，新中國成立伊始，國家能源奇缺，在這樣的背景下劃定秦嶺—淮河這條南北提供暖氣的分界線，此後一直沿用此辦法，在這條線以北實行集中提供暖氣，以南則不提供。

中國南北方在空氣品質上的差異幾乎有目共睹。每年公布衡量霧霾程度的指標——PM2.5濃度，說明雖然南方的空氣汙染也很嚴重，但這種南北方的差距的確存在。每年冬天我們都會看到，京津冀城市群的PM2.5指數經常爆表，但珠江三角城市群則一片蔚藍；長江三角城市群雖然也經常出現嚴重的霧霾天氣，但總體比京津冀城市群還是要好上不少。

造成南北方空氣品質差異的原因可能有很多。首先，北方的經濟發展方式相對粗放，重工業也多分布在北方各省，所以工業發展狀況的差異可能是南北方空氣汙染程度不同的一大原因。其次，眾所周知，北方冬天需要燃煤來提供暖氣，而且由於北方相對乾旱，不像南方可以用水力發電，北方的發電方式多以火力為主，這也造成北方的空氣汙染源比南方更為多樣。此外，還有地形和天氣等因素，也會造成南北方空氣品質的差異。在這些混雜因素的影響下，如果單純比較南方人和北方人的壽命長短，發現北方人的平均壽命低於南方，即以此認定空氣汙染導致北方人比南方人壽命短，恐怕很難令人信服。事實上，南方人與北方人在生活習慣上也存在很大的差異，這些都可能會影響到南北方人的壽命。因此，要想從實證數據上證實這一點，很不容易。

但在因果關係推斷上愈是存在著疑難，就愈是會激發經濟學大偵探們的好奇心和征服欲。而中國在20世紀形成這種南北方提供暖氣以秦嶺—淮河為界的政策，也提供一個天然的檢驗機會。這個機會，再次為斷點迴歸法提供用武之地。

在〈墨西哥毒品戰爭之殤〉一章中，我們曾經領略過大偵探戴爾教授在使用斷點迴歸法上的神乎其技，戴爾教授使用的斷點是墨西哥國家行動黨在全國各自治市投票選舉中勝選的票數。她把以小幅優勢勝出的自治

市和以小幅劣勢落敗的自治市分成實驗組和對照組，這樣就盡可能使兩類自治市在除了國家行動黨執政這個特徵之外的其他因素上保持一致，從而讓兩者的比較有了因果推論上的意義。2013年，北京大學光華管理學院教授、經濟學大偵探陳玉宇和他的合作者格林斯通教授、艾博斯坦教授以及李宏彬教授在《美國科學院院刊》上發表一篇題為〈暴露於空氣汙染對人們壽命的影響：來自中國以淮河為界的提供暖氣政策的證據〉的文章，[3] 巧妙地把淮河這個地理和政策上的分界線作為斷點，估計暴露於空氣汙染下造成的壽命減少時間。

陳玉宇等人蒐集並整理出一份1981年到2000年淮河兩岸90個城市的空氣汙染資料。雖然不時有地方政府空氣汙染指數數據造假的傳聞，但這份數據基本上可以相信。首先，在幾位大偵探研究的時間範圍，對地方政府的政績考核主要是基於經濟成長表現，而非環境指數，所以這些城市的政府沒有作假的動機；其次，這份資料在1998年之前一直都處於未公布狀態，公眾無從知曉，地方政府作假實在沒有必要；第三，大偵探們蒐集的資料位於淮河兩岸，應該不會出現只有其中處於淮河一邊的地方政府進行資料作假的可能性。除了這套空氣汙染資料之外，他們還拿到這些地區的人口死亡資料，並根據是否與空氣汙染相關，把死亡的原因分成兩類。

此外，在中國做這個研究還有一個優勢，那就是中國的戶籍制度。過去，在美國等其他西方國家不是沒有人做過研究環境汙染與健康水準之間關係的文章，但由於美國和其他西方國家人口遷徙非常頻繁，這就會使他們的研究結果遭受汙染，從而不夠準確。但在陳玉宇等人研究的這段時期，中國的戶籍政策大大限制人口的流動性。根據他們對資料的分析，發現在這些城市中大部分人一生都安土重遷、少有遷徙，這就保證空氣汙染這一干預的有效性。

資料準備妥當之後，大偵探們就可以使用斷點迴歸法來進行研究。他們研究的這個問題就變成：淮河兩岸這種室內提供暖氣政策的差異，是否會造成人們壽命長短的差異，大偵探們的研究就是要尋找其中存在的因果關係。在這裡，大偵探們有一個假設，即無論是淮河南岸還是北岸的城

市，除了提供暖氣政策以及可觀察到的因素之外，其他影響空氣品質指數和壽命長短等無法觀察到的因素差不多一樣，因為它們僅僅一河之隔，彼此之間非常相近。這個假設是斷點迴歸法的一個關鍵性假設，對於這個假設，大偵探們自然在研究中也設法做了檢驗，確保沒有疑慮。

陳玉宇等人將這項研究分成兩個步驟：第一步要看這些城市的空氣汙染指數以及人的壽命長短是否在淮河南北岸有明顯的差別，這是第一個階段的迴歸任務。如果以淮河為界提供暖氣的政策只透過它對空氣品質的影響而對死亡率有所影響，那麼淮河分界這個因素在統計上就應該非常顯著。大偵探們發現結果也確實如此。然後，他們在控制其他可觀察到的因素之後，把由此得到的淮河分界提供暖氣政策對空氣品質的估計效果，作為我們最關心的自變數，放到第二個階段的研究。這樣，大偵探們就控制除淮河分界導致空氣品質差異以外的其他因素，從而可以比較純粹的在第二步中識別出由淮河分界提供暖氣政策導致人壽命長短的差異。透過這兩步的研究，大偵探們巧妙地避免混雜因素或遺漏變數對研究造成的偏差性影響，由此得到一個相對可相信的因果關係結論。

中國在北方推行的提供暖氣政策，本是一項利民的福利政策，卻沒有想到，會因為沒有建立足夠能減少汙染的配套設施，使它對生活在北方的人們的身體健康造成危害。

陳玉宇等人的研究表明，中國北方因這項政策導致空氣汙染指數比南方高出55％，北方人的預期壽命因此減少5.52年，其中主要是由於與空氣汙染有關的心肺疾病造成不斷攀高的死亡率所致。在1990～2000年間，中國北方的人口超過5億，因此，按照陳玉宇等人的研究結論，以淮河為界的提供暖氣政策使北方人一共損失25億年的壽命，這項研究對於開發中國家如何尋找經濟成長與環境品質之間的平衡提供政策上的借鏡。

4年之後的2017年，經濟學大偵探艾博斯坦、樊茂勇、格林斯通、何國俊和周脈耕又在《美國科學院院刊》上就陳玉宇等人研究的同個主題發表一篇文章。[4] 這篇文章的研究方法也是以淮河為界作為斷點，研究提供暖氣政策對中國南北方人民壽命差異的影響。不過，艾博斯坦等人對影

響身體健康的空氣顆粒物指數以及對死亡率的測量都更加精細，研究設計覆蓋的人口也多了8倍。同時，他們還從更多方面檢驗結論的穩健性，在估計方法上也進行細緻的選擇。經過他們更為精細的研究發現，中國北方因工業結構、提供暖氣政策等差異，導致北方的大氣汙染濃度比南方高出46％，由此使北方人的預期壽命比南方人少了3.1年。

　　坊間有人笑稱，經濟學大偵探們經過不懈的努力和科學的探究，成功使北方人的壽命提高兩年多。當然，這只是一種笑談。雖然結論上只有兩年多之差，但這中間凝結的卻是幾位經濟學大偵探們數年的研究心血。

　　不過，經濟學大偵探們對這個主題的探討並沒有止步。

冬季燃煤提供暖氣「殺人事件」

　　在開發中國家裡，中國冬季提供暖氣的政策算得上是非常大、也非常昂貴的能源福利政策了。長期以來，主要是以燃煤來滿足暖氣供應，因此，供應暖氣的季節往往伴隨著空氣汙染。以北京為例，從2010年到2014年的五年間，冬季提供暖氣季節的PM2.5濃度平均比沒有提供暖氣的季節高出50％以上。為了緩解這種汙染困局，中國政府在2017年開始大舉推行「煤改氣」政策，但這也造成天然氣價格飆升、供不應求的局面。在經濟飛速發展的今天，藍天白雲不再是免費的大自然禮物，而是需要我們做出權衡決策的結果。

　　那麼，中國北方燃煤提供暖氣的政策究竟導致多少死亡人數增加？「煤改氣」政策到底需要我們支付多大的代價？從成本效益的角度，這項政策是否划算呢？這些問題還是有請我們的經濟學大偵探來解答。

　　2020年，經濟學大偵探、香港科技大學助理教授何國俊及其合作者樊茂勇教授、周脈耕教授在《健康經濟學期刊》發表一篇名為〈窒息的嚴冬：燃煤供暖、空氣汙染與中國的人口死亡率〉的文章。[5] 在這篇文章裡，何國俊等人進一步探討北方提供暖氣造成的危害，並在此基礎上對「煤改氣」政策計算成本效益，從而給出合理的政策建議。有意思的是，他們這次使用的因果關係識別策略還是斷點迴歸，只不過與之前的淮河那

個空間上的斷點不一樣，這一次選取的是時間上的斷點。

筆者是20世紀末在北京讀大學。每年到11月宿舍提供暖氣前後，那種感覺簡直是天差地別，前一個星期還是每天凍得瑟瑟發抖，後一個星期室內溫暖馬上如春。北京的冬天，給人的回憶總是溫暖而祥和的。

何國俊等人這次利用的斷點，就是提供暖氣的時間。他們蒐集2014～2015年北方114個提供暖氣的城市在提供暖氣前後的資料，對提供暖氣前後的空氣汙染與死亡率進行比較。由於提供暖氣的時間選擇與其他可能影響人們身體健康的風險因素沒有什麼關係，所以中國北方冬季燃煤供暖，就提供一個絕佳的自然實驗，可以讓幾位大偵探估計空氣汙染對身體健康的因果關係影響。

經濟學大偵探透過斷點迴歸法，發現三個有意義的結論。

第一，有很強的證據表明，冬季開始提供暖氣後，空氣品質會立即惡化。平均而言，冬季供暖一啟動，空氣汙染指數就上升36％。得出這個結論，有兩點需要關注。第一點當然還是遺漏變數問題。對於這個問題，幾位大偵探首先是盡可能控制住可以觀察到的因素，然後又把雖然無法觀察到、但是作為該城市的特徵不會發生變化的固定效應也控制住，盡可能緩解這個問題。第二點就是我們之前提到的斷點迴歸的關鍵假設：斷點附近的觀測值在無法觀察到的因素上是否受到相同的影響，這會影響時間範圍的選擇。什麼叫時間範圍的選擇呢？舉個例子，假如2020年北京市是11月11日開始提供暖氣，那麼，你是選擇把11月10日的結果與11月11日的結果進行比較，還是選擇從11月1日到11月10日的結果與從11月11日到11月20日的結果進行比較呢？也就是說，你是選擇把斷點前後1天的情況進行比較，還是選擇把斷點前後10天的情況進行比較？這就需要計量經濟學的理論來指導，也需要你根據具體的研究主題進行設定，從而選擇最好的時間範圍。而時間範圍的選擇，自然是以滿足前面我們提到的那個斷點迴歸的關鍵假設為準。

第二，幾位大偵探發現，由冬季提供暖氣導致的空氣品質下降，會立即引發死亡率的上升。平均而言，提供暖氣開始的時候，周死亡率上升

14％。這個結果主要是心肺疾病帶來的死亡人數增加導致，這進一步坐實空氣汙染乃是身體健康的殺手之一。同時，幾位大偵探還分析空氣品質惡化對不同人群產生的不同效果，他們發現，這種死亡率的上升主要體現在老年人身上，年輕人並沒有受到什麼影響。而且，幾位大偵探還發現，死亡率的猛增高度集中在經濟上處於弱勢的群體，也就是居住在農村地區和低所得地區的人群。

第三，幾位大偵探綜合上述結果，又使用模糊斷點（Fuzzy Regression Discontinuity Design）的方法，進一步估計空氣品質變化對死亡率的因果關係影響。他們的分析表明，空氣汙染指數提高10，周死亡率會增加2.2％。根據這個死亡率，幾位大偵探計算出如果沒有燃煤提供暖氣造成的影響，那麼，每年每10萬人中大概可以少死10.98人，北方13省共計6.17億居民，粗略估計，每年可以少死89664人。

那麼，究竟什麼是模糊斷點呢？在〈墨西哥毒品戰爭之殤〉中，我們提到大偵探戴爾教授使用清晰斷點的方法。所謂清晰斷點，就是斷點前後，干預政策是一刀切的。在選舉中，國家行動黨要麼贏了大選，要麼輸了大選，這個點是很清楚的，餘下的就是選擇最好的時間範圍的問題了。但模糊斷點不是這樣，假如某天有部隊到你們學校來徵兵，對應徵者進行體檢，總分100分，60分以上有可能入伍。這時候，60分雖然是一個斷點，但體檢達到60分的應徵者不一定就能入伍，他只是比沒有達到60分的應徵者多些機會而已。比如，體檢達到60分的應徵者，入伍機率是80％，而沒有達到60分的應徵者，入伍機率只有10％，此時60分這個斷點就是一個模糊斷點。身體測試高於60分的應徵者與低於60分的應徵者，不是明顯受到不同干預的兩個群體，而是模糊的以受到干預的機率不同而分成兩個群體。

模糊斷點迴歸法與工具變數法是一樣的。在〈義大利黑手黨的前世今生〉中，大偵探艾塞莫魯使用1893年春天西西里地區的旱災作為工具變數，以此識別農民社會主義運動是否造成黑手黨的迅速壯大，這個情況與模糊斷點是一樣的。西西里地區的某個市鎮雖然遭遇旱災，但遭遇旱災

並不必然導致該市鎮出現農民社會主義運動組織，只不過使該市鎮出現這個組織的機率大大增加而已。在何國俊等人的這個例子裡，提供暖氣開始後，雖然大多數城市都會經歷空氣品質惡化的情況，但這並不是100%篤定的結果，也就是說，提供暖氣開始之後，還是會有些城市在考察的這個年份仍然保持不錯的空氣品質。使用模糊斷點迴歸法，可以讓我們的大偵探在平均意義上識別出空氣品質對死亡率的因果關係影響。

得到這些結論之後，我們接下來要問的問題或許是：既然燃煤提供暖氣會造成這麼多的人死於由此帶來的空氣品質下降，那麼，推行「煤改氣」政策是不是就毫無疑慮呢？2017年冬天，北京及其周邊的多個城市嚴禁使用燃煤提供暖氣，要求必須使用天然氣取而代之。的確，這個政策的效果馬上顯現：與2014年的空氣汙染水準相比，北京2017年12月的PM2.5指數下降50%。

但這裡面並不是沒有爭論。例如在2018年，河北有些農村地區就因為「煤改氣」設施尚未到位，又不被允許透過燃煤取暖禦寒，使許多人不得不忍受北方冬日的嚴寒，引來不少對「一刀切」政策的抱怨。同時，中國是一個多煤的國家，天然氣供應不夠充足。中國使用的天然氣中，近40%依靠進口，預計中國未來還會進口更大規模的天然氣，這又會抬高國際天然氣的價格，從而產生巨額的購買支出。而且，人民還會擔心天然氣的供應不夠穩定，從而不免時不時陷入受凍的困境之中。雖然有這些方面的擔心，中國政府仍然以巨大的雄心，逐步推進「煤改氣」政策的實施。按照中國環保部制定的《北方地區冬季清潔取暖規劃（2017～2021）》，到2021年，中國有超過1.5億噸冬季提供暖氣的燃煤被天然氣取代。

「煤改氣」到底划不划算？要把這筆帳算清楚，首先得知道，因「煤改氣」政策而得到拯救的生命值多少錢？相對於這個問題，「煤改氣」政策推行的成本計算會遇到不確定的國際天然氣價格波動等難題，反倒不是最困難的問題了。

對於生命該如何定價，雖然一直以來都有爭議，但經濟學中有一套關於生命統計價值的現成估算方法。根據這套估算方法，可以把一條生命

的價值用貨幣表示出來。這套估算方法本身有一整套文獻體系，在這裡限於篇幅，我不再進行介紹，有興趣的讀者可以自行查詢。經過嚴格估算，幾位大偵探認為，中國人的生命統計價值在2015年大約為115萬美元。這個數值再乘以前面估算出來得到拯救的人數：89664人，就可以算出放棄使用燃煤提供暖氣每年從救回的生命中所獲得的效益，每年大約是1030億美元。但同時，由於拯救回來的都是老年人，其生命的統計價值會略有下降，所以最後得到的總效益大約為每年720億美元。

行文至此，也許有些讀者會感到不舒服，或許早已皺起眉頭，心裡暗想：「經濟學家怎麼這麼冷血，難道不知道生命無價的道理嗎？」在此，我無意為經濟學家辯護，他們只是在使用一種符合學科規範的科學方法進行估算，努力給出一種可能的答案而已。我只想說，當我們面對有限的資源時，即使目的再崇高，也需要計算它的成本。這世間的一切，都是我們做出權衡後選擇的結果，成本就是你放棄的最高價值。而選擇，就意味著存在成本。

除了上述救回的生命所帶來的價值，空氣品質的改善還會降低發病率，減少昂貴的醫療支出，不過這一塊所占的份額相對比較小。此外，幾位大偵探還考慮了其他的一些支出上的節省。上述這些計算，都是基於空氣汙染的短期影響得出的結果，由此所得的短期總效益是773.5億美元。由於長期暴露於空氣汙染中還會帶來許多慢性病，並降低人的預期壽命，所以幾位大偵探最終估算出，提高空氣品質的長期效益大約為每年3010億美元，遠遠大於短期效益。

同時，幾位大偵探還進一步計算「煤改氣」政策的成本，這個成本大約在每年1560億美元到1700億美元之間。將成本和效益進行比較之後，我們會發現，「煤改氣」政策在短期內的成本大於效益，但長期來看效益大於成本。因此，從長遠而言，這是一項划算的政策舉措。所以，作者們建議政府推行漸進式改革，優先在所得水準較高、對清潔空氣的支付意願較強的地區推行「煤改氣」政策，然後再逐步推向全中國。

秸稈焚燒「殺人事件」

在傳統中國的北方農村，每到吃飯時間，村子裡家家升起幾縷炊煙。村民們端著飯碗，一起在村頭大樹下，一邊吃飯一邊談笑，孩子們往來嬉戲，真是一幅醉人的畫卷！

家家戶戶做飯用的柴草，差不多都是農作物收穫後剩下的秸稈。自改革開放以來，隨著生活水準的提高，家用電器、煤氣等的使用愈來愈廣泛，農民朋友對柴草的需求大大下降。市場經濟以一種史無前例的方式衝擊著舊有的生活方式和社會交往模式，秸稈彷彿一夜之間，在農村地區從有用的資源變成廢棄的垃圾。

近年來，農村秸稈逐漸增多，由於秸稈的綜合利用相對落後，露天焚燒就變得非常普遍。於是，每到莊稼收穫的季節，華北等地總是可以看到陣陣濃煙，氣味嗆鼻，這都是秸稈焚燒帶來的景象。秸稈焚燒不僅有火災的隱患，還嚴重汙染大氣環境，尤其是給北方的霧霾天氣雪上加霜。

中國各省地方政府發布一系列禁止秸稈露天焚燒的規定，取得一定的成效。2015年，河北省率先制定全中國第一部創制性立法：《河北省人大常委會關於促進農作物秸稈綜合利用和禁止露天焚燒的決定》，既確立各級政府應當採取扶持政策，積極推進秸稈蒐集儲運利用專案建設，加快推進秸稈綜合利用科技創新等舉措，也加大秸稈焚燒的處罰力度，最高可處以500元到1500元人民幣的罰款。此後，黑龍江、陝西、四川和江西等地方政府也公布各種措施，建立秸稈焚燒的獎懲機制。

秸稈焚燒到底使空氣品質惡化多少？又使多少人因此死去呢？各地方政府發布的治理秸稈焚燒政策成效又究竟有多大？2020年，大偵探何國俊與他的合作者劉通、周脈耕在《發展經濟學期刊》發表一篇題為〈秸稈焚燒、PM2.5與死亡人數：來自中國的證據〉的文章，提供符合因果關係的答案。【6】

首先，何國俊與他的合作者蒐集到一份有關中國秸稈焚燒、空氣汙染和死亡率的數據。他們先利用高清衛星圖像資料來識別中國在2013～

2015年秸稈焚燒的確切地點資訊。然後，把秸稈焚燒資料與地面上1650個空氣品質監測站的資料聯繫起來，建立起秸稈焚燒與空氣品質的關係。最後，幾位大偵探又從全國疾病監測系統（DSPs）取得各地的死亡紀錄數據，這套數據還包括死者性別、年齡、死亡原因等資訊。他們把這些數據在縣的層級進行配對，這樣就可以估計秸稈焚燒究竟如何影響空氣汙染和死亡率了。

在這幾位大偵探的研究中，他們先是藉由簡單迴歸分析之後發現，在縣城周圍50公里內，每增加10個秸稈焚燒點，PM2.5的濃度就會上升7.62％，即每立方公尺增加4.79微克，該縣的死亡人數則會提高1.56％。但這個迴歸結果給出的只是相關性，也就是說，當我們觀察到秸稈焚燒點增加10個，就會觀察到PM2.5的濃度和死亡人數會相應的提高。

但讀了我們這本《大偵探經濟學》就知道，這還不是因果效應，因為中間也許存在其他的遺漏變數。我們隨手舉個假想的情況，秸稈焚燒的季節一般都是莊稼收穫的季節，繁重的農業勞動或許也會造成死亡人數的上升，同時大型農業機械的使用，也可能會使空氣品質惡化，但這些變數大偵探們都觀察不到。那該怎麼辦呢？何國俊等人把秸稈焚燒作為工具變數，秸稈焚燒就像一把「手術刀」，它把空氣品質惡化這個變數中與秸稈焚燒有關的成分保留下來，把其他如大型農業機械的使用等無法觀察到的因素去除掉。這樣，他們就可以把死亡率中單純由秸稈焚燒導致空氣品質惡化造成的影響清楚地分辨出來。藉由採用這樣一個工具變數法，幾位大偵探發現，每月的PM2.5資料中每增加10微克，就會導致死亡率提高3.25％。而且，他們還發現，秸稈焚燒造成的空氣汙染主要會帶來心肺方面的疾病，對農村地區和貧窮地區40歲以上人口的影響尤其強烈，但對年輕人沒有顯著影響。

但是，對於這個使用工具變數迴歸法得到的結果，我們還是會擔心：秸稈焚燒會不會透過空氣汙染以外的其他管道影響人的健康呢？比如，一個地區的人口健康狀況可能會影響地方政府對待秸稈焚燒的態度，假如該地區原本人們的健康水準就相對較差，從而使地方政府更加擔心秸

秆焚燒造成的可怕後果，地方政府就可能更加積極地禁止農民焚燒秸稈。再比如，秸稈焚燒與一個地區的農業產值可能存在一定的關係，有可能一個地區的農業產值愈高，莊稼收成愈好，農民的所得水準也更高，從而對當地老百姓的死亡率產生正向的影響。這些都是所謂的「內生性」問題，所謂的內生性問題，就是使干預政策的分配顯得不夠隨機而帶來的問題，內生性問題會造成我們的因果效應估計有偏差。為了盡可能免除這樣的擔憂，幾位大偵探又採用兩個經過改良的工具變數識別策略，讓我們對他們給出的結論更有信心。

他們採用的第一個改良策略，是使用非當地的秸稈焚燒作為當地空氣汙染指數的工具變數。由於本地的政府執法部門對於非本地農民的秸稈焚燒行為沒有強制執行力，所以，非當地的秸稈焚燒情況就可以作為當地空氣汙染指數一個良好的工具變數，它可以緩解我們擔憂的內生性問題。

第二個策略更有趣，幾位大偵探拿秸稈焚燒時的風向來做文章。按照風向的不同，他們把秸稈焚燒點分成上風處和下風處兩個地區，然後觀察處於上風處地區的秸稈焚燒點因秸稈焚燒引起的空氣品質下降對死亡率造成的影響，以及處於下風處地區的秸稈焚燒點因秸稈焚燒引起的空氣品質下降對死亡率造成的影響。由於風向是不會根據一個地區莊稼收成的好壞而定，所以它不會由當地的其他特徵決定，這也在一定程度上緩解內生性問題對因果效應的估計所造成的危害。

透過這些策略的使用，讓我們對幾位大偵探給出的結論少了些質疑，多了不少信心。

幾位大偵探根據這些結果，又對中國各地政府對秸稈焚燒實施的舉措進行評估。他們發現，這些政策舉措的確有效提高空氣品質，而且由此取得的健康效益超過成本。他們使用差異中之差異法◆對推行相關舉措的地區與沒有推行這類舉措的地區進行比較，發現這些政策舉措使秸稈焚燒

◆　有關這個因果推斷方法，我們在第六章會詳細介紹，同時，讀者可以跳到終章裡「高老莊與流沙河──差異中之差異法斷奇案」一節了解詳情。

現象大幅下降，年平均PM2.5濃度下降4.33微克／立方公尺。大偵探們估計，這類政策舉措每年大約可以使中國18900人免於因為空氣汙染死亡。

由此可見，中國各地政府推進秸稈焚燒綜合治理和回收利用政策，對秸稈還田的各種方式進行卓有成效的研究，提高秸稈的再利用率是一項利國利民的德政。但如果只是單純以罰款和禁止焚燒了事，效果可能就會大打折扣。

▌隱藏在綠水青山背後的成本

2020年6月，我和幾個朋友一起開車來到麻塞諸塞州的瓦爾登湖。波光粼粼的湖面，一碧如洗。明媚的陽光，和著周圍鳥兒的輕歌在湖面上跳躍。四周赤楊和松柏搖曳，花栗鼠穿行其間，儼然是一片世外桃源。我和朋友們都陶醉其中，不能自已。

從1845年7月到1847年9月，美國詩人梭羅獨自生活在瓦爾登湖邊，差不多剛好兩年零兩個月。之後，他寫出傳誦至今的名作《湖濱散記》。

梭羅生活在19世紀上半葉的美國，當時的美國正處在從農業時代向工業時代過渡的轉型階段。伴隨著資本主義社會工業化的腳步，美國經濟飛速前進。蓬勃發展的工業和商業不僅使拜金主義和享樂主義思潮甚囂塵上，還不斷霸占自然資源，開墾荒地，使得森林大面積消失，水土流失嚴重，生物多樣性持續減少，使整個自然環境受到前所未有的汙染和破壞。

在《湖濱散記》一書裡，有一個貫穿的主題，那就是回歸自然，與自然和諧共存。《湖濱散記》就像是對遠去的農業時代唱的一首輓歌，既喚起我們對生態環境的關注，也讓我們陷入對青山綠水與經濟發展之間關係的沉思。

如今，在像中國和印度這樣的開發中國家，數十億人生活在極度惡劣、被汙染的環境中，但他們卻又無可奈何，因為要生活下去，在經濟上又不得不依靠會造成汙染的製造業。我們每個人都渴望生活在山清水秀的環境中，但在經濟發展的同時，對環境汙染進行治理的經濟成本到底是多少，卻一直成謎。

西方已開發國家在歷史上也同樣經歷經濟發展和環境汙染的過程，因此，現有的研究基本上都集中關注歐美國家，對開發中國家的環境治理成本研究卻少有人問津。那我們能不能直接拿歐美現在的經驗套用在開發中國家身上呢？當然不行。一來，歐美國家與許多開發中國家在產業結構和要素稟賦上存在顯著差異；二來，兩者之間在政治和官僚激勵制度上也存在巨大鴻溝。

那麼，像中國這樣世界最大的開發中國家，在發展過程中，若要治理環境汙染，到底需要付出多大的代價？青山綠水背後又隱藏多大的機會或財富呢？對這些問題的回答，當然還是要請出我們的經濟學大偵探。

2020年5月，大偵探何國俊與芝加哥大學的王紹達、南京大學的張炳教授在經濟學頂級期刊、哈佛大學經濟系主辦的《經濟學季刊》刊登一篇文章，[7] 這篇文章考察中國在2003年左右開始推行一系列針對水汙染的環境管制措施對中國企業生產效率的影響，解答上述的難題。

到了20世紀末，經過將近20年快速的經濟成長，中國工業企業取得前所未有的發展。但同時，這也使中國面臨環境汙染的巨大挑戰，尤其是中國境內各大河川的水環境汙染。根據世界銀行2007年的報告，在2000年，中國大約有70%的河川水質被認定為不宜飲用。嚴重的水汙染還帶來巨大的健康成本，與飲用水有關的癌症發生率和嬰兒死亡率也急速攀升，社會不滿的情緒不斷聚集。在這種情況下，中國中央政府開始嘗試保護水體，逆轉這種水質不斷惡化的過程。

為了獲得水質資訊，中國環保部（現為生態環境部）在1990年代曾建立國家地表水水質自動監測系統，即時監測各地水文資料。在這種背景下，大量的水質監測站開始在中國各地建立起來，即時蒐集各主要河段、湖泊以及水庫的水汙染指標，並公告周知。在1990年代，中國各地優先發展的目標是經濟，中央政府並沒有對地方政府官員設定嚴格的汙染減排和水質改善目標。因此，當時這個監測系統只具有科學上的價值，而沒有環境管制方面的考慮。這些水質監測站修建的位置往往都是一段河川上具有代表性的取水位置，修建位置的選取以能夠更好反映水汙染狀況為標準。

因此，這些水質監測站的修建位置主要是由當地的水文要素（如地表水的深度、流速和寬度以及河岸上的土壤特徵等）決定，地方政府並不曾對這些選址進行干預。

2003年，中共十六屆三中全會提出「科學發展觀」的社會經濟發展指導方針，開始對之前在發展中受到忽視的嚴重水汙染問題進行環境管制。同一年，環保部為了響應號召，對地方政府發布一系列管制文件，凸顯出地表水水質監測資料的重要性。環保部開始更有系統地把這些由國家控制的水質監測站資料對外公布。

在2002～2012年，地表水的水質問題受到極大重視，中央政府制定一套目標減排制度，敦促地方政府主政者進行環境保護。中央政府對每個省份都下達減排要求，省級主政者被要求與中央簽下個人責任書，確保水汙染治理目標能夠實現。在這樣的制度背景下，許多地方政府不惜以「停產」、「暫時關閉」等手段威脅汙染企業，迫使它們大量投資減排設備，並對生產過程進行優化調整。由於這些在減排方面的資本投資只影響企業投入，對企業產出貢獻甚微，所以受到管制的企業的生產效率很有可能會下降。企業的生產效率通常以全要素生產率（TFP）表示，它衡量的是：在要素投入既定的情況下企業的產出量。TFP越大，說明要素投入不變，產量愈大；反之則相反。在地方政府的努力下，中國的地表水水質得到大幅改善，取得良好的管制效果。

由於河川總是由高向低流，所以，水質監測站只能探測到所在位置上游地區的排放情況。同時，中央政府對水質監測資料高度重視，這時候，地方政府官員就有很強的動機去對處於監測站上游一定範圍內的汙染企業進行嚴格管制，但對位於監測站下游一定範圍內的汙染企業就不太有動機進行那麼嚴格的管制。此外，由於嚴格的水汙染控制是從2003年開始實施，所以我們也可以合理預期：在2003年之前，監測站上游的汙染企業與下游的汙染企業在生產效率上應該相差無幾。

聰明的讀者看到這裡，可能已經猜到幾位大偵探所採用的因果識別方法是什麼了。沒錯，正是斷點迴歸。

在這裡，由於只有水質監測站上游一定區域內的汙染企業才能被監測到，而處於下游一定區域內的汙染企業無法被監測到，這就使監測站的位置這個斷點天然地把汙染企業分成兩組：上游的企業受到環境管制的影響更多，是實驗組；下游的企業較少受到環境管制的影響，是控制組或對照組。幾位大偵探經過辛勤的研究，選取水質監測站修建位置這個斷點，真可謂奇思妙想，巧奪天工！

透過這樣的空間斷點迴歸法，幾位大偵探發現，位於監測站上游的企業在TFP上比下游企業要低24％以上，汙染排放量比下游企業低57％以上。

對於這個結果，我們可能馬上會在腦海中浮現許多疑問：上游的汙染企業難道不會重新選址，到下游去生產嗎？或者，會不會上游的企業原本就是生產效率比較低的企業呢？

對於第一個問題，要進行檢驗其實也不難，幾位大偵探使用的是中國工業企業資料庫1998～2007年的資料，處於上游的企業一來不會料到國家政策突然會有這樣的變化，二來搬遷的費用很可能比安裝減排設備更為昂貴，三是即使真有搬遷，也會在資料中留下痕跡，整理起來並不繁雜。對於第二個問題，相對比較好回答是，我們只需要把2003年之前上游和下游的企業在TFP上的表現進行比較，就可以知道結果。事實上，幾位大偵探發現，在2003年之前，這兩個區域內的汙染企業在生產效率或TFP上的表現並沒有什麼差別。當然，在研究的過程中，幾位大偵探對各種可能威脅到研究結論的情況都做了細緻的檢驗，盡可能保證他們得到的因果關係結論的科學性。

在我們接受幾位大偵探的這個估計之後，就可以計算中國水汙染控制政策整體的經濟成本了。何國俊等人估計，水汙染減排10％，汙染類產業的TFP就會下降3.38％至3.81％。這個減排成本意味著，在他們研究的2000～2007年間，中國由於水環境汙染治理政策導致工業總產出損失大約8000億人民幣。

綠水青山的背後，隱藏的是工業產出上的損失，到底該如何抉擇，

是一個必須認真對待的政治和民生問題。

有意思的是，經濟學大偵探們的這個研究，還就中央政府和地方政府的關係這樣的政治經濟學大課題透露出一絲端倪。

在中央集權的政治體制下，當中央政府希望地方政府執行與地方利益有衝突的政策時，中央政府通常會採取目標管理的激勵機制，根據地方政府是否達到一定的標準，對地方政府主政者的表現進行考核，從而決定其仕途上的進與退。然而，如果中央政府不能完美監控到地方政府的執行情況，那麼，地方政府就會在中央政府能觀察到的維度上更下功夫，對於無法寫入責任書、難以觀察到的維度，就會盡可能地偷懶和卸責。

所謂「經是好經，就是讓歪嘴和尚念歪了」，其實說的就是這個意思。像環境治理政策這樣的「好經」，由於和地方經濟發展之類的追求目標存在相互之間的利益權衡，這個時候，不「念歪」可能很難。

綠水青山也是金山銀山

在中國，隨著國家經濟的發展，人民對綠水青山、藍天白雲的渴望也隨之增強。宇宙只有一個地球，人類共有一個家園，呵護和珍愛地球，關愛我們賴以生存的家園，我們責無旁貸。

面對如何解決經濟發展與環境保護兼顧的問題，要知道環境如水，發展似舟；水能載舟，亦能覆舟。尤其值得政府官員深入體會，並體現到施政工作中。

在環境汙染與經濟發展問題上，我們的經濟學大偵探們不辭辛苦，透過各種巧妙的研究設計，為我們揭開其中的真相，既為我們敲響警鐘，也為主政者制定更為合理的政府決策提供堅實的科學依據。

本章推薦閱讀文獻

Chen, Y., Ebenstein, A., Greenstone, M., and Li, H. 2013. "Evidence on the Impact of Sustained Exposure to Air Pollution on Life Expectancy from China's Huai River policy." *Proceedings of the National Academy of Sciences*, 110（32）：

12936-41.

Ebenstein, A., Fan, M., Greenstone, M., He, G., and Zhou, M. 2017. "New Evidence on the Impact of Sustained Exposure to Air Pollution on Life Expectancy from China's Huai River Policy." *Proceedings of the National Academy of Sciences*, 114（39）：10384-89.

Fan, Maoyong, Guojun He, and Maigeng Zhou. 2020. "The Winter Choke: Coal-Fired Heating, Air Pollution, and Mortality in China." *Journal of Health Economics*, Volume 71.

He, Guojun, Tong Liu and Maigeng Zhou. 2020. " Straw Burning, PM2.5 and Death: Evidence from China." *Journal of Development Economics*, Volume 145.

He, Guojun, Shaoda Wang and Bing Zhang. 2020. " Watering Down Environmental Regulation in China." *Quarterly Journal of Economics*, 135（4）：2135-85.

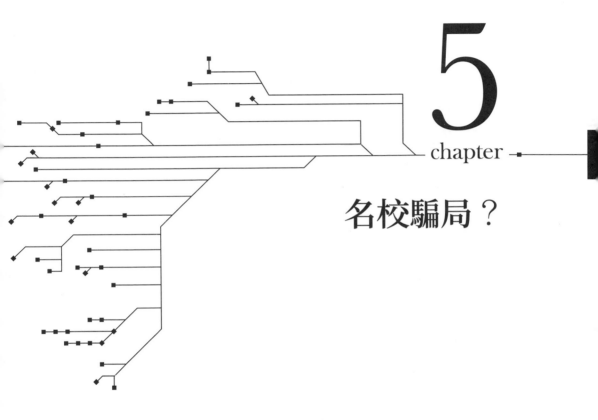

5

chapter

名校騙局？

我在哈佛時聽過關於哈佛大學畢業生的一則笑話，流傳很廣：

兩名剛畢業的哈佛大學學生搭計程車前往波士頓市中心。

他們非常激動，大談將來的計畫。

計程車司機聽了幾分鐘後，問道：「你們是哈佛大學的畢業生？」

兩人驕傲地回答說：「是的，先生！1989屆畢業生。」

計程車司機伸出一隻手到後面，邊同他們握手邊說：「我是1948屆畢業生。」

我們的社會一向有上知名大學的情結，把上名校看成是邁向成功的重要一步，以為只要上了知名大學，未來就會擁有較高的所得，躋身社會上層就有了保障。但這則哈佛大學畢業生的笑話告訴我們，知名大學也不一定是職業生涯取得成功的保障。

廣西學子吳善柳就是一個有名校情結的人。而且，他有的還不只是知名大學情結，而是「清華大學」情結。他發誓一定要考上清華大學，為了實現這個夢想，他前前後後一共花了18年。

2000年，吳善柳應屆高考失利。2001年，重讀一年之後，考入北京交通大學，這已經是中國一流的重點大學了。但他在讀了三年大學之後，放棄唾手可得的學士學位，決定回家鄉繼續考大學。接下來每年的高考中，他分別考進北京師範大學、中山大學、南京大學、同濟大學等多所國內名校，2011年還考上北京大學醫學部，但由於不願意學醫，他選擇繼續重讀。直到2014年終於如願以償，考進清華大學，並於2018年畢業。

吳善柳用了18年，共計參加10次高考，9次考進重點大學，最後終於圓了自己的清華夢。這個別人眼中的「高考瘋子」向我們詮釋什麼叫「名校情結」。

由於吳善柳清華大學畢業時已經36歲，所以沒有選擇和自己專業相關的工作，而是當了一名私立高中的老師，指導學生高考複習。這個職業

應該最適合他不過了。

　　那麼，上知名大學到底對一個人的未來所得有幫助嗎？社會上流行的「讀書無用論」，到底是對是錯？在教育和勞動經濟學中，這些問題可都難倒無數的經濟學大偵探。

教育回報的問題為什麼這麼難回答？

　　中國古代歷來有重視讀書的傳統。

　　北宋著名學者汪洙曾寫過一篇影響廣泛的啟蒙讀物《神童詩》，其中有這樣的句子：「天子重英豪，文章教爾曹；萬般皆下品，惟有讀書高。少小須勤學，文章可立身；滿朝朱紫貴，盡是讀書人。」北宋真宗皇帝趙恒在著名的《勵學篇》中更是寫下「書中自有顏如玉」、「書中自有黃金屋」的詩句，鼓勵士人讀書。這兩首詩在後世廣為流傳，所講的內容幾乎滲入每個中國人的骨髓之中。

　　在中國古代，一個人要想出人頭地，實現人生理想，讀書做官是為數不多的幾條途徑之一。正所謂「男兒欲遂平生志，五經勤向窗前讀」、「朝為田舍郎，暮登天子堂」，讀書的效益當然是巨大的。

　　但是，隨著現代社會教育逐漸普及，甚至高等教育也不再那麼稀奇，人們讀書考入大學的機會比之前大大提高。同時，在改革開放初期，由於分配制度的改革相對落後，人們經常發現，許多有錢人雖然受教育程度不是很高，卻取得驚人的財富，然而有些人雖然大學畢業，甚至讀到博士，所得依然捉襟見肘，這就有所謂的「造原子彈的不如賣茶葉蛋的」說法。

　　在浙江等市場經濟發達的地區，改革開放後崛起的許多富豪只有小學到初中畢業的水準，但經過自己的努力打拚，生意愈做愈大。而反觀許多知名大學畢業生，工作之後按部就班找到一份安穩工作，每月領取正常的工資，買房子還需要家裡人幫忙，情況真是不可同日而語。

　　一時間，「讀書無用論」甚囂塵上。

　　但是，這些觀察很可能存在樣本選取上的偏差。那些學歷不高的富

豪往往更容易吸引我們的眼球，但事實上，只有小學和初中畢業程度的人何其多，這些富豪可能只是其中的幸運兒。而學歷高的富豪同樣也有很多，尤其是進入21世紀，高學歷富豪所占的比例也愈來愈大。

此外，人們對大學生的期待有時候仍然停留在過去的計劃經濟時代。那個時候大學生的比例很低，所以能考上大學就如同鯉魚躍過龍門，非常難得，但現在的情況早已今非昔比。

讀書真的沒有用嗎？學歷真的不值錢？當孩子以「讀書無用」來反駁父母逼他們讀書的時候，家長們一般都會告訴他們：高學歷的人平均來說還是比低學歷的人賺得多，所以讀書還是有用的。

我們以深圳市的資料為例。深圳市人社局每年都會發布《深圳市人力資源市場工資指導價位》，我們來看2018年深圳市公布的學歷工資指導價位：

學歷	工資指導價位平均值
研究生（含博士、碩士）	12389 元／月
本科學	10122 元／月
專科	8059 元／月
高中	5620 元／月
初中及以下	4501 元／月

從這個指導價位列表裡，我們可以看到，研究生的工資指導價位幾乎是初中以下畢業程度的3倍，一個本科生的工資指導價位是初中畢業生的2倍。這時候，家長們似乎就可以用這個工資指導價位來教育拿「讀書無用」給自己找藉口的孩子了：「你看看，讀書還是有好處的吧，學歷高就是賺得多。」

如果這個孩子足夠聰明，他或許可以這樣反駁：「取得高學歷的人可能本身就比較聰明，而不是學歷帶給他們更高的所得，是他們自身的聰

明才智給他們帶來更多的所得。現在，我已經知道自己很聰明了，上不上更多的學又有什麼用？」

我估計，許多家長如果真的遇到這樣聰明的孩子，還真拿他沒辦法。這個聰明的孩子說的一點都沒錯。雖然我們觀察到學歷高的人平均而言賺得的所得比較高，但這只是一種相關性。學歷這個變數有可能混雜許多其他的因素，這些因素你沒有觀察到，卻把它們對所得起的作用一併都算給學歷這個變數。這些混雜因素就是我們一再提起的遺漏變數。

除了個人的聰明才智之外，還可能有其他無法觀察到的因素，它們都與學歷這個因素相關，同時，也對所得水準有影響，在這種情況下，我們又該如何把學歷對所得的因果效應單獨估計出來呢？

經濟學家把教育對所得產生的因果效應稱為教育的回報。這個概念強調，教育乃是一項人力資本投資，它能為投資人取得一份與金融投資相似的貨幣效益。但由於教育與諸多其他無法觀察到的因素混雜在一起對所得起作用，所以，對教育的回報進行準確的估計，一直是一代又一代經濟學大偵探們努力的目標。

芝加哥大學的著名經濟學家雅各·明塞爾在1970年代是第一個使用迴歸法對教育回報問題進行量化研究的人。他把一個人的受教育水準（以年為單位衡量的學習時間）以及以年為單位衡量的工作經驗作為解釋變數，來解釋人們所得的變化。他估計出來的教育回報是11％，也就是說，一個人受教育的水準每提高一年，可以使平均所得提高11％。

但我們知道，受過很高程度教育的人本身可能就比別人更聰明，工作也更努力，對人生懷有更為積極的追求態度，與在教育過程中未能堅持下來而中途輟學的人相比，這些因素本身就會對所得水準產生影響。這就使明塞爾的這個估計結果出現偏誤。我們可以認為，11％的教育回報估計結果可能高估教育水準或學歷帶來的影響。當然，11％這個結果也可能低估教育水準的影響，因為我們對無法觀察的因素實在所知不多，但是，我們知道它們就在那裡，而且透過某種隱祕的途徑發揮著作用。

面對可能存在的個人能力因素對教育回報估計造成的汙染，還有一

個辦法，那就是盡可能尋找個人能力的代理變數，比如使用智商作為能力的代理變數，從而對個人能力這個因素加以控制。加入智商這個控制變數後，計量經濟學家茲維·格瑞里奇斯使用與明塞爾相同的模型，估計出的教育回報率只剩下6.8％了。雖然這個辦法看起來很有意思，也符合我們的預期，但使用智商作為代理變數，還是會忽略個人能力的其他維度，而這些因素可能也都會既對教育水準的選擇有影響，又對所得的變化有影響。因此，這個辦法只是更接近真相，但還沒有發現真相。

最理想的辦法，當然是做隨機控制實驗。假設我們現在可以不計成本，不管倫理審查，甚至不顧是否違法，來做一場實驗。我們從全中國隨機選擇一群孩子，透過抽籤，讓有些人只讀1年書，有些人讀2年書，以此類推。假設所有的孩子都按照實驗要求完成規定年限的學業，幾十年後，我們再來計算他們的平均所得水準。這樣就可以計算教育水準每提高一年，教育回報平均來說大概是多少了。

但這個辦法實在太不現實了。且不說這個實驗會耗時很久，代價高昂，我相信無論是哪一位家長，估計都不會同意讓自己的孩子參加這樣的人生實驗。同時，這樣做不但在倫理上說不過去，還可能會違犯相關法律。

那麼，是不是在估計教育回報這個問題上，經濟學大偵探們就束手無策，再也沒有辦法了呢？當然不是，在這個問題上，我們的經濟學大偵探可一直沒有閒著，接下來，我們就來看看他們是如何破解這個懸案的。

多讀一年書到底能帶來多少所得？

前面我們提到，影響一個人多讀一年書的因素可能有很多，這些因素與多讀一年書這個因素一起對所得水準發揮作用，有的可以被觀察到，有些很難被觀察到。

如果能夠被觀察到，我們就可以把這些因素作為控制變數列入迴歸方程式，這樣就可以保持其他條件不變，從而不影響我們估計出多讀一年書對所得水準帶來的影響。

但是，如果這些因素不能被觀察到，同時又由於各種原因，無法透過隨機控制實驗來估計因果關係，此時，要想清楚識別出多讀一年書這個因素對所得水準帶來的影響，就會困難重重。

　　那麼，有沒有以下這種可能性：假如有一項突如其來的政策，使得某一些人意外地比其他人多讀一年書，那就可以把比較意外多讀一年書的人與另外一些人日後的平均所得，進而估計出多讀一年書對所得造成的因果效應。

　　其實，這個想法闡述的正是工具變數迴歸的基本精神。這個故事裡的工具變數就彷彿是一個意外的因素，它影響著對教育年限的選擇，但又唯一透過對教育年限的選擇，而對所得產生作用。這就像一把手術刀，清楚去除其他無法觀察到的因素對所得變化產生的作用，僅留下教育年限這個因素造成的影響。

　　一個好的工具變數必須滿足兩個條件：第一，它與我們關心的因素相關，在這裡就是與教育年限的選擇相關，即與是否多讀一年書相關；第二，它與其他影響所得變化的因素都不相關。但一個好的工具變數往往很不好找，這需要大偵探們獨具慧眼才行。好在，在多讀一年書會帶來多少所得這個多年的懸案上，我們的大偵探找到一把這樣的好手術刀。

　　1991年，著名的經濟學大偵探約書亞·安格里斯特和亞倫·克魯格在頂級期刊《經濟學季刊》上發表一篇文章，[1]他們找到一個神奇的工具變數：一個人的出生季節。

　　和世界大多數已開發國家一樣，美國很早就頒布義務教育法。美國的義務教育法規定：只要當年年滿6歲的兒童，都需要在9月入學。也就是說，一個孩子如果生日是12月31日，那麼，他和生日是1月1日的孩子一樣，都需要在9月入學。◆平均而言，出生在第一季的孩子，入學時大約

◆　這一點與台灣的入學規定不同，台灣是當年度9月1日年滿6歲的兒童才能入學。如果你出生在9月1日，你就比出生在8月31日的小孩早一年入學。而美國是當年只要年滿6周歲就可以在9月份入學，所以1月1日出生的孩子就比前一年12月31日出生的孩子晚一年入學。

是6.45歲。而出生在第四季的孩子，入學時的平均年齡大約是6.07歲。同時，美國的義務教育法還規定，只有年滿16歲，青少年才可以離開學校，輟學回家。

這樣一來，在第一季出生的孩子，比第四季出生的孩子，理論上可以少上將近一年的學。也就是說，如果一個人的生日是1月1日，那麼，在他16歲到來那一年，過了1月1日就可以輟學去工作；而如果他的生日是12月31日，那麼，他就需要上完全年的學，才能合法地離開學校，離開課堂。

這樣一來，美國的義務教育法就創造一個自然的實驗環境。它把在16歲輟學的孩子分成兩組：一組是生日在一年當中比較早的孩子，我們把他們稱為A組；一組是生日在一年當中比較晚的孩子，我們把他們稱為B組。由於B組的孩子比A組要多上一段時間的學，所以，對於我們估計多讀一年書所帶來的所得差異來說，B組就是實驗組，那麼，A組就自然成為對照組或控制組。

假如有許多人都是1月1日出生，也有許多人是12月31日出生，而這些人都在16歲生日到來那天輟學，那麼，我們把這兩組人未來的平均所得進行比較，其間的差別就是多讀一年書帶來的效益。

在這個研究中，一個人的出生季節或生日，為什麼是一個好的工具變數呢？

首先，兩位大偵探要確定的是，會不會真如我們這裡所講，有一部分孩子在16歲生日到來後就輟學？也就是說，如果一個孩子的生日是1月1日，他會不會真的比出生在12月31日的孩子少上一年學？幸運的是，兩位大偵探透過資料分析確定，情況確實如此，的確有一部分孩子在16歲輟學，而且他們的生日會對輟學時間的選擇有著顯著的影響。

那麼，兩位大偵探接下來要確定的第二件事，就是確定生日與其他影響所得的因素不存在顯著的關聯。一個孩子出生在哪個季節或月份，或許純粹是一種隨機的結果。即使有人選擇讓孩子在某些季節出生，恐怕也很少有人會出於讓孩子長大後賺到更多錢的原因這樣做。如果真有哪個季

節可以讓孩子將來賺取更多所得，我相信家長們一定會湊在一起，把孩子生在那個季節，這樣我們也一定能從資料中觀察到這樣的現象。但事實是，我們從來沒有看到過這樣的現象。

經過對這兩點詳加驗證之後，兩位大偵探讓我們確信，一個人的出生季節或月份是一個好的工具變數，它可以讓我們把多讀一年書對未來所得造成的影響，與其他因素對未來所得發揮的作用區分開來，進而乾淨地識別出多讀一年書對未來所得的因果效應。

大偵探安格里斯特和克魯格分別蒐集美國1920年代、1930年代、1940年代和1950年代出生的孩子在1970年、1980年的所得資訊。由於1940年代和50年代出生的孩子上高中的比例已經很高，所以，16歲即輟學的人數相對較少，再加上在這世代的孩子成長的時期遇到越戰等外部事件的衝擊，同時，所得資訊也只到1980年，所以他們主要比較1920年代和1930年代出生的孩子出生季度的差異對所得造成的影響。對於1920年代出生的孩子，使用的是1970年的所得數據資料，此時他們正好處在40至49歲之間；而對於1930年代出生的孩子，使用的則是1980年的所得數據資料，此時他們也處於40至49歲之間。

兩位大偵探發現，對於1920年代出生的孩子來說，第一季出生的人比其他三季出生的人少上0.126年學，教育報酬率要低0.7個百分點。對於1940年代出生的孩子來說，第一季出生的人比其他三季出生的人少上0.109年學，教育報酬率要低1.02個百分點。

安格里斯特和克魯格真是發現工具變數的天才！他們這個巧妙的研究設計，一下子幫我們破獲多讀一年書到底能帶來多大效益這個多年的懸案。他們的這篇文章被奉為經典，簡稱「AK91」（A和K分別是安格里斯特和克魯格的姓氏首字母，這篇文章發表於1991年），成為後來學習工具變數法的學子們不斷閱讀和研究的典範。

揭開常春藤盟校畢業生所得謎底：神奇的傾向分數配對法

我們現在知道，讀書是有用的，學歷對於一個人日後的所得水準有

正向影響，這個影響不是由其他因素造成，純粹是由教育帶來的回報。接下來，我們的問題是：如果都是上大學，有人上的是清華北大，有人上的是一所普通地方院校，那麼，上名校到底會有多大的回報呢？

這個問題同樣不好回答。

因為能上清華北大的同學與上地方院校的同學本身就有很大的區別，他們彼此之間在天分上可能差別很大，自然不能相互比較。那些考入清華北大的同學，本身就是在千軍萬馬的高考競爭中篩選出來，他們日後如果所得比較高也在情理之中，也許與是否上名校並無多大關係。如果這些人上的是普通院校，可能同樣能取得比較高的所得。

那麼，我們的名校情結到底有沒有這種所得上的因果效應作為依據呢？

在美國，進入四年制私立大學讀書，平均每年要支付3萬美元左右的學費，如果要進入哈佛大學或麻省理工學院這類世界級名校，學費更加高昂。但那些在所在州讀公立大學的學生，支付的學費每年大概只有不到1萬美元。◆

美國的精英私立教育有一群學校，稱為常春藤盟校或常春藤聯盟。常春藤盟校成立於1954年，由美國東北部地區的8所私立大學組成。這8所學校分別是：布朗大學、哥倫比亞大學、康乃爾大學、達特茅斯學院、哈佛大學、賓州大學、普林斯頓大學以及耶魯大學。它們都是美國的名校，也都是美國歷史悠久的大學。除了康乃爾大學成立於1865年之外，其他7所大學都在英國殖民時期成立。其中尤以哈佛大學的歷史最為悠久，成立於1636年。

對於一個普通的美國家庭來說，孩子要不要上常春藤盟校，需要做出艱難的權衡。即使許多孩子成功申請上常春藤盟校，他們也常常會放棄，選擇去讀公立大學，因為學費過於懸殊。

◆　這些學費的數額，都是論文中提到的，如果考慮到通貨膨脹等因素，現在可能更高。

毋庸置疑，像常春藤盟校這類私立大學，班級規模更小、教育設施更新、教師更為傑出、同學更為優秀，這些都會對子女的培養產生良好的效果。但每年相差近2萬美元的學費，還是會讓許多家庭倍感吃力。

　　放棄所在州的公立大學而去讀常春藤盟校到底是否划算呢？這是一個需要嚴肅回答的因果關係問題，我們的大偵探在這個問題上同樣表現出驚人的實力。

　　我們可不可以直接把上過常春藤盟校的畢業生，與公立大學的畢業生在畢業20年後賺取的所得進行比較，如果發現常春藤盟校的畢業生平均所得遠高於公立大學畢業生的平均所得，就認為上常春藤盟校更為值得呢？這可能不行。因為能上得起常春藤盟校的學生，不僅本身比較聰明，而且父母的教育背景、家庭的社會資本也更加深厚，這些都會影響到所得水準。最好的辦法是讓同樣一個人在這兩種狀態下進行比較，一種狀態是上常春藤盟校，一種狀態是上所在州的公立大學，然後比較在這兩種狀態下20年後的平均所得水準。

　　我們回想一下本章開頭那兩位哈佛大學畢業生。假如當年他們沒有進入哈佛大學學習，雖然哈佛大學也錄取他們，但他們仍然選擇麻州大學，這是一所公立大學，學費自然要遠低於哈佛大學。20年後，我們來比較上麻州大學的他們與上哈佛大學的他們在所得上的差別，這基本上就可以得到哈佛大學比普通州立大學的價值差異。但是，這種把主人公換到另一個平行宇宙裡生活的故事，只可能發生在科幻小說中，現實生活裡哪能一見呢！可是我們經濟學大偵探所做的研究，比科幻小說還要刺激！

　　2002年，經濟學大偵探斯塔西・戴爾和亞倫・克魯格在《經濟學季刊》上發表一篇文章[2]，透過神乎其技的配對方法，創造出一個平行宇宙，進而估計常春藤盟校的所得效應。他們的結論令人咋舌：上常春藤盟校與上普通州立大學相比，對於一個人的未來所得水準並沒有顯著影響。

　　我們來看看他們到底是如何做到的。

　　假設有兩個人，一個叫魔丸，一個叫靈珠，他們正在申請美國的大學。他們都參加美國的高考，在數學和閱讀方面的成績（SAT）都是

1400，這是相當不錯的成績，於是他們都向哈佛大學和麻州大學提交入學申請。幸運的是，兩個人都被這兩所學校錄取。

魔丸向哈佛大學提交申請這件事說明，他原本也是有動機去那所大學就讀，而他被哈佛大學錄取的這件事也說明，他有能力上哈佛大學。然而，魔丸由於其他的原因，最終沒有選擇哈佛，而是選擇更為便宜的麻州大學。這個原因可能是麻州大學離家更近，便於照顧某個生病的家人；也可能是麻州大學給了魔丸一筆高額的獎學金；還有可能純屬意外，錯過某個獎學金的截止日期，未能獲得常春藤盟校的資助。這些因素與魔丸未來的所得能力關係不大，但這些偶然事件對魔丸上不上哈佛具有決定性的影響。

靈珠則不出意外的上了哈佛大學。這樣，魔丸和靈珠就成為一組很好的配對。由於我們考察的是上常春藤盟校帶來的所得效應，所以，上哈佛的靈珠就進入實驗組，而沒有上哈佛的魔丸自然也就進入控制組或對照組。

所謂的配對方法，就是從控制組或對照組中選出與實驗組中非常接近的個體，然後進行配對，因而可以使兩組進行比較的方法。那麼，大偵探們又是根據什麼來對個體進行配對呢？當然是根據我們能觀察到的變數，我們可以把這些變數叫作共變數。共變數可能有很多，如果存在多個共變數，可以把這些共變數的數值整合成一個傾向分數。這個傾向分數，也就是被分入實驗組的機率，按照這個傾向分數對實驗組和對照組中的個體進行配對。最後，再對配對後各組之間的表現進行加權比較，這樣就可以得到兩組之間的平均因果效應了。

魔丸和靈珠的分數相近，連性別也相同，而且都曾被這兩所大學錄取，在上不上長春藤盟校這個事情上，兩人的機率相當，所以他們就配對起來。我們可以根據魔丸和靈珠的這套配對程式，對兩組中的許多學生進行配對，然後計算兩組最終的平均所得差距，如此就可以得到長春藤盟校在所得上所具有的價值。

當然，上名校還會有其他不能由金錢衡量的效益，我們僅以所得這

個維度來衡量，未免有失偏頗。但首先，我們還是相信，2萬美元的學費差異不是小數目，因此，很多家庭還是會相對看重常春藤盟校的所得價值。其次，常春藤盟校在其他方面帶來的價值如果能與一定的貨幣所得掛鉤，那就可以把其他方面的價值也換算成貨幣，在理論上，並不影響我們比較兩者的差距，只是我們的資料無法反映這一塊的貨幣所得罷了。

配對方法最重要的地方在於：進行配對的兩組人在本質上做到蘋果與蘋果相比、橘子與橘子相比，魔丸和靈珠就是這種本質上可以相比的學生。這裡，我們把靈珠和魔丸20年後賺取的所得，叫作應變數；把是否進入長春藤盟校這個變數叫作自變數；而其他諸如高考成績、性別、錄取情況等變數叫作控制變數，或共變數。然後，就可以透過迴歸，估計出上不上長春藤盟校這個自變數對20年後的所得這個應變數的因果關係影響。

兩位大偵探的研究結果表明：給定學生的大學申請數量以及所申請大學的選拔水準，同時控制其他一些反映個人能力和家庭背景的控制變數，選擇常春藤盟校或公立大學的學生在未來所得上並無顯著的差別。

兩位大偵探估計出的因果關係結果，至少為宣傳考入名校就可以帶來較大所得優勢的說法提出質疑。

精英高中的幻覺

據說，一個北京的中產階級畢生的夢想，就是在海淀區買一套房子，讓自己的孩子上人大附中。

把孩子送進重點中學是無數中國家長的夢！

在北京海淀黃莊有一座慧聰書院，它坐落在地理位置很好的中關村廣場。這座慧聰書院古稱文聖廟，在明清時期是進京趕考的讀書人必拜的聖地。

今天的海淀黃莊，一個個培訓機構環繞在這座文物建築旁，延續著已經有數百年的求學氛圍。海淀黃莊位於北京中關村東南角，不遠處就是一批中國頂尖的學府，包括北京大學、清華大學、中國人民大學等，這裡也被稱為「宇宙補習中心」。

來海淀黃莊補習的孩子們從來都是步履匆匆，他們享受著全國最優秀的教育資源，仍然汲汲營營，唯恐落後。家長們也拿出金錢、時間和精力，跟著一起坐在補習班裡做筆記，比孩子們還要努力。

　　海淀黃莊這樣的景象在全中國不是特例。筆者居住的杭州市同樣如此。在家長們看來，把孩子送進重點高中已經成為精英的一部分，離上重點大學只有一步之遙，而孩子周圍的同學也都是一時之選，想一想就令人激動。如此的前景，自然讓無數父母趨之若鶩，唯恐讓孩子輸在起跑線上。

　　這種現象東西方皆然，美國也不例外。在波士頓和紐約的公立學校系統中，同樣有一些與中國重點中學類似的精英學校。與大多數其他美國公立學校不同，精英學校的申請者要根據考試成績入選。波士頓精英中學中的旗艦學校是波士頓拉丁學校（Boston Latin School），這是美國最古老的中學，創建於1635年，比哈佛大學的建校時間還早一年。紐約的布朗克斯高中（Bronx High School of Science）和史岱文森高中（Stuyvesant High School）同樣是聞名遐邇的著名中學。為了進入這些中學就讀，美國的孩子一樣要經歷激烈的競爭，才能有機會獲得有限的入學名額。

　　經過殘酷的選拔才能進入波士頓和紐約精英高中的學生，在美國的大學入學資格考試成績方面表現向來不俗，遠遠高於普通的公立高中，這種結果自然也是各個精英高中拿出來自我吹噓的資本。家長們對這些精英中學趨之若鶩也很好理解。無論是哪一項指標，這些精英中學都能把普通公立高中遠遠甩在後面。不可否認，精英中學在教育上確實可能具有某些優勢。

　　第一，精英中學的學生都很優秀，這可能會帶來所謂的「同儕效應」（peer effects）。所謂同儕效應，其實就是「近朱者赤，近墨者黑」。當年孟子的母親為了給兒子創造一個好的環境，三次搬家，留下「孟母三遷」的故事，也是因為孟母相信同儕效應。同是精英學校的學生，大家互相比較，很可能會一起提高成績。

　　第二，這些精英中學在課程體系上與眾不同，開設各種大學先修課

程，以提高學生的學習能力，擴大他們的知識範圍。比如，史岱文森中學就吹噓自己有全美最多的大學先修課程學生。除了這些大學先修課程，這些中學還經常提供一些學術研究機會。精英中學的學生在全美數學大賽與其他類似的獎項上也有豐富的斬獲。

第三，但也可能是最重要的，就是這些精英中學非常有錢，經常可以得到捐贈，並為某些特殊的專案接受金錢資助。這些資源可以用於大學獎學金、教職員工的培訓支出，也可以用來購買各種器材，增建各種設施。比如，紐約的布魯克林高中基金會在2005年一次就為學校籌款1000萬美元，分別用於學校的機器人實驗室、圖書館、健身房等設施的改善。

有意思的是，雖然精英中學的課程更為豐富，設施更為先進，但相較於傳統的公立學校，它們的班級規模卻更大。例如，波士頓拉丁學校的師生比是1:22，也就是說，1個老師照顧22個學生。而在波士頓的普通公立學校，這個比例在初中是1:12，在高中是1:15，都遠低於波士頓拉丁學校。在紐約，精英高中的師生比甚至達到1:31，而紐約的普通公立高中則為1:27。

此外，精英學校的錄取名額原本有一定比例要留給少數族裔。根據波士頓法院在1970年代的裁決，波士頓拉丁學校的註冊學生中黑人和西班牙裔不得低於35％。但這個判決在1996年受到挑戰，從1999年開始，波士頓精英中學招生完全根據測試成績和GPA（前一個學期階段的平均分數）而定。

2014年，大偵探安格里斯特與他的合作者阿提拉・阿卜杜勒卡迪羅盧、帕拉格・帕莎克在經濟學頂級期刊《計量經濟學》發表一篇文章，使用波士頓和紐約前三名精英高中的資料，估計精英高中與普通高中的學生在美國大學入學資格考試成績（SAT等）上的差別。[3] 安格里斯特等人寫的這篇文章目的就是估計精英中學的學生與普通中學相比，在大學入學資格考試成績上是否存在顯著的差異。

精英中學的學生現在在大學入學資格考試成績上的優異表現，是不是都可以歸結為這些學校與眾不同的教育方式呢？恐怕不能。與這一章前

面幾個有關教育回報的估計一樣，這裡存在著所謂「選擇性偏誤」。什麼是選擇性偏誤呢？就是能進入精英中學學習的孩子們本來就天資聰穎，如果把他們放在普通的公立中學，他們未必就比現在的表現差。學生自身的能力，是導致出現選擇性偏誤的遺漏變數。

我們的大偵探安格里斯特及其合作者又是如何解決這個問題的呢？

我們在〈墨西哥毒品戰爭之殤〉中，為了介紹斷點迴歸法，曾經舉一個中國高考的例子，在那個例子裡，只有考上最低分數的學生才能進入重點大學讀書，而如果沒有考到最低分數，哪怕只差一分，也只能名落孫山，不得不上一所普通的本科院校。由此，我們可以估計上重點大學比上一般本科院校對學生未來所得的影響。中國的高考制度非常嚴格，所以，高考成績最低分數的劃分也就自然把學生分成兩組，我們把剛好高出最低分數幾分的學生劃為實驗組，把恰恰低於最低分數幾分的學生劃為對照組或控制組，就可以比較上重點大學對未來所得的影響。這個斷點稱為清晰斷點，因為它非此即彼，非常嚴格。

大偵探安格里斯特及其合作者使用的也是斷點迴歸，不過，這個斷點不是清晰斷點，而是模糊斷點。在〈看不見的霧霾殺手〉中，我們已經介紹過什麼叫作模糊斷點。我們這裡以大偵探安格里斯特等人的研究為例，再來具體說明。

在波士頓和紐約的精英高中錄取過程中，這些學校需要進行一場入學考試。根據考試成績，每個學校確定一個錄取分數。這個時候，如果把剛高出錄取分數幾分以內的考生挑出來，然後再把僅僅比錄取分數低幾分的考生挑出來，把他們分成兩組，那麼，這個錄取分數就是一個斷點。不過，為什麼說這個斷點不是清晰斷點呢？這是因為考過這個分數線的考生最後不一定會進入精英中學，這樣一來，僅僅比錄取分數低幾分的考生也有進入精英中學就讀的機會。所以，超過錄取分數的考生不一定會入學，而那些低上幾分的考生也不是完全沒有機會，只是機會比前面的考生少而已。這個斷點，就是模糊斷點。模糊斷點迴歸法與工具變數迴歸法類似，有關這一點，我們在〈看不見的霧霾殺手〉已經說明，此處不再贅述。

在模糊斷點迴歸法研究下，幾位大偵探最終得到的結論是：進入這些精英中學學習，與在普通公立高中學習相比，並沒有使學生取得更為優秀的大學入學資格考試成績。也就是說，雖然這些精英高中的學生身邊都是同代人中的佼佼者，雖然他們的課程更具挑戰性，但是僅以數分之差進入精英高中學習的學生，與僅以幾分之差名落孫山而進入普通公立學校學習的學生相比，在大學入學資格考試成績上，絲毫沒有更加出色。

不知道為了讓孩子能進入重點中學而挖空心思的家長們，在聽到大偵探這樣的研究結論之後會做何感想？

優秀的綿羊？精英教育的問題

我們現在來反思一個問題：教育的真正目的到底是什麼？

如果我們接受教育的目的是學會思考、掌握知識和技能，那麼，重點高中和知名大學的意義又是什麼呢？

在許多家長的眼中，接受教育的真正目的似乎早已被拋在腦後。他們認為只要拿到重點高中或知名大學的敲門磚，孩子就算拿到通往更高社會地位、更多財富、更成功人生之門的金鑰匙。此時，能夠上多好的高中、多有名的大學，完全是為了滿足炫耀的需求。我們的孩子其實非常可憐，他們為了家長那一點可以炫耀的資本，不得不拚盡全力，甚至忘記什麼是幸福的人生應該有的樣子。

那麼，這樣培養出來的孩子又如何呢？

2016年，美國教育家威廉‧德雷西維茲寫了一本書《優秀的綿羊》，對美國從20世紀後半葉開始形成的精英教育體系提出批判。[4]

德雷西維茲的大學生涯始於1981年，當時，美國的精英教育體系剛剛開始成型。這套體系各個環節緊密相扣，儼然是一套嚴密封閉的系統。這套體系還不僅僅包括哈佛、耶魯、史丹福、威廉姆斯等名校，還包括所有與之相關的一切，比如精英高中和私立學校，以及如今蓬勃發展的補教業和學習諮詢服務、考試輔導以及各種榮譽項目等。當然，這背後還有拚命把孩子推進這台龐大機器的父母和社區。這就是美國的整個精英教育體

系。

　　德雷西維茲可以說是這套體系的幸運兒，他大學唸屬於常春藤盟校的哥倫比亞大學，並一路讀到博士，後來在另外一所常春藤盟校耶魯大學任教十餘年。但他發現，這個精英教育體系培養出來的學生，雖然大都很聰明，也很有天分，且鬥志昂揚，但同時又充滿焦慮，膽小怕事，對未來一片茫然，極度缺乏好奇心和目標感。他們生活在一個巨大的特權泡泡裡，所有人都很老實的朝同一個方向前進。他們善於解決手頭上的問題，但對於為什麼要解決這些問題卻一無所知。在德雷西維茲眼裡，他們就是一群優秀的綿羊。

　　究竟什麼才是真正的教育？真正的教育，是讓我們學會獨立思考，學會明智選擇，懷抱信念，心向自由。真正的教育，目的應該是學習一種思考的方式。真正的教育，應該能讓我們掌握獲得幸福的終極能力。

本章推薦閱讀文獻

Angrist, Joshua D., Alan B. Krueger. 1991. "Does Compulsory School Attendance Affect Schooling and Earnings?" *Quarterly Journal of Economics*, 106（4）：979-1014.

Dale, Stacy B., Alan B. Krueger. 2002. "Estimating the Payoff to Attending a More Selective College: An Application of Selection on Observables and Unobservables." *Quarterly Journal of Economics*, 117（4）：1491-527.

Abdulkadiro.lu, Atila, Joshua Angrist and Parag Pathak. 2014. "The Elite Illusion: Achievement Effects at Boston and New York Exam Schools." *Econometrica*, 82（1）： 137-96.

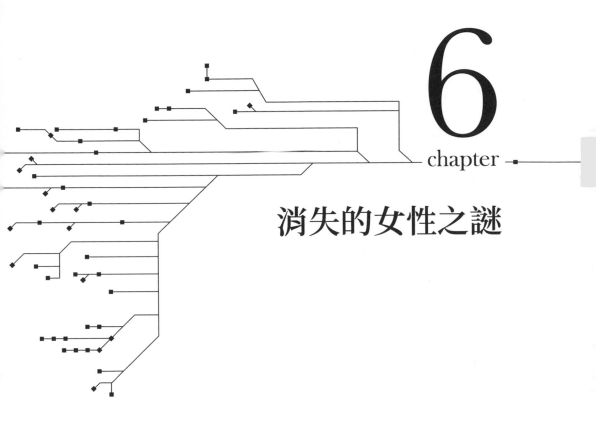

6 chapter

消失的女性之謎

1992年，印度裔著名經濟學家、後來因對貧困和經濟發展問題的研究而獲得1998年諾貝爾經濟學獎的阿馬蒂亞・沈恩，在《英國醫學期刊》上發表一篇題為〈超過1億女性消失無蹤〉的文章。[1]

　　阿馬蒂亞・沈恩寫道：「人們一向以為女性在世界人口中占多數，但事實並非如此。」他認為，之所以大家會有這樣的看法，是因為我們錯把在歐洲和北美的情況推廣到全世界。在歐洲和北美地區，女性與男性的比例大約為1.05:1或1.06:1，女性顯著多於男性。但是，在南亞、西亞、北非以及中國，女性與男性的比例只有0.94:1，有的地方甚至更低。雖然亞洲、非洲和拉丁美洲的具體情況差異很大，但女性在總人口中所占的比例普遍低於男性。

　　由於生物學方面的原因，男孩的出生率會高於女孩，出生率大約是105或106個男孩對100個女孩。但是，在孩子出生之後，如果男孩和女孩得到同樣的營養和醫護條件，那麼女孩存活下來的機率會更高。總體來看，女孩抵抗疾病的能力要比男孩好。同時，到了40歲以後，女性的優勢更加明顯。尤其到了老年階段，女性普遍比男性更加長壽。在歐洲、美國和日本，雖然社會上也存在著對女性的某些歧視，比如受教育歧視、晉升歧視等，但在基本的營養和醫護方面卻幾乎沒有這樣的差別待遇，而男性由於社會和環境差異等原因，死亡率要高於女性。男性死於暴力的機率更高，死於與抽煙、酗酒等相關疾病的人數也更多。綜合考慮這些因素之後，女性的生存優勢要明顯高得多。

　　但在亞洲和非洲的許多地區，女性的命運卻截然不同。在這些地區，女性很難享受到與男性同樣的醫護和營養條件，所以與西方國家相比，女性的存活率要小得多。阿馬蒂亞・沈恩給出一個粗略的計算：在南亞、西亞、北非和中國，如前所述，女性與男性的人口比例為0.94:1，也就是女性比男性少6個百分點。如果無論男孩還是女孩都能得到相同的營養和護理條件的話，這個比率本應該是1.05:1，前前後後這樣一算，女性的缺口就達到11個百分點。因此，在阿馬蒂亞・沈恩寫下這篇文章的1990年來看，僅僅中國一個國家「消失的女性」人數就達到5000萬，如果再

加上南亞、西亞和北非的情況，那麼，全世界「消失的女性」人數不止1億。隱藏在這個數字背後的，又是多少因為不平等和性別歧視導致的悲慘故事啊！

這就是學術界著名的「消失的女性之謎」。

▌都是 B 肝病毒惹的禍？

對於「消失的女性之謎」，經常給出的是以下這兩個簡單的解釋。一種是東西方文化差異說，認為西方文化相對來說不像東方文化那樣重男輕女，正是這種不一樣的偏好，使得西方社會性別比例相對比較均衡；另一種是經濟發展階段說，認為未開發階段的一個特徵就是女性無法享受到平等的營養和護理條件，女孩出生後得不到足夠的營養和有效的護理，因而死亡率較高，這種解釋認為這是貧窮國家普遍存在的一個共同點。

這兩種說法可能都有真實的成分，但也都存在問題。某種程度上，東西方文化差異說和經濟發展階段說本身就相互交錯，無法截然分開。因為歐美國家本身既具有西方文化傳統，同時又處於經濟發達階段。我們先來看東西方文化差異說，這裡有一個明顯的例外，那就是日本。日本是典型的東方國家，但它的男女比例卻與歐洲或北美沒有什麼差異，日本的情況似乎更加支持經濟發展階段說。從1899年到1908年，日本的人口普查資料顯示，日本同樣出現女性比例低於男性的情況，但到了1940年，日本男女比例基本持平。到了二戰以後，日本一舉成為富裕的工業化國家，女性比例開始像歐美國家一樣比男性要高。日本的情況似乎更支持經濟發展階段說。

那麼，經濟發展階段說在解釋「消失的女性之謎」上表現又如何呢？的確，所有女性比例低於男性的國家，多多少少都是窮國，至少算不上富裕國家。如果經濟發展階段說是正確的，那麼我們就有理由相信，隨著經濟的發展進步，女性的死亡率應該趨於下降才對。然而，還是有其他的例外情況，比如撒哈拉以南非洲地區，這些國家同樣貧窮，同樣是未開發地區，但是女性比例卻超過男性。即使是東南亞和東亞（中國除外），

雖然這些國家都存在著女性比例失衡現象，但程度也不一。在印度，最富裕的旁遮普邦和哈里亞納邦反而女性比例失衡最嚴重，女性與男性的比例低到86：100，而相對貧窮的喀拉拉邦這個比例則是103：100。所以，與東西方文化差異說一樣，經濟發展階段說同樣存在著諸多無法解釋的謎團。

到2005年，當時還在哈佛大學經濟系攻讀博士學位的艾蜜莉・奧斯特在經濟學界的頂級刊物《政治經濟學期刊》上發表一篇文章，題目為〈B型肝炎與消失的女性」，[2] 這篇文章是她博士論文中的一章。在這篇文章中，奧斯特告訴我們：亞洲地區傳統上男女比例失衡的情形，主要的原因並非眾人認為的重男輕女觀念造成的墮胎、殺嬰和歧視性的養育，而是和亞洲國家盛行B型肝炎有關。她透過研究告訴我們，B型肝炎帶原者的婦女比一般婦女誕下男嬰的機率要高1.5倍，自然使男女比例失衡。此文一出，顛覆傳統學界對男女比例失衡原因的認知，一下子吸引大量的關注。作為當年的學術明星，奧斯特畢業後就到經濟學重鎮芝加哥大學經濟系任教，之後轉入美國布朗大學，現在早已是布朗大學經濟系的正教授。

奧斯特似乎對醫學方面的問題頗有研究興趣，她後來一度把研究工作的重點放在非洲的愛滋病上面，發表多篇衛生經濟學方面的論文。她看到B型肝炎帶原者生男孩的比例高於非攜帶者這類醫學方面的文獻之後，聯想到男女比例失衡國家往往是B型肝炎高流行的地區，於是開始就兩者之間的關係進行研究。她的研究結論認為，B型肝炎至少能解釋75％中國女性消失的原因，對於印度、巴基斯坦和尼泊爾等國，則至少能解釋20％的原因，其他國家處於兩者之間。

奧斯特如果僅僅提出B型肝炎與男女比例失衡具有相關性，顯然不能說服我們相信她的結論。統計學中有一句名言：「相關不是因果。」她若想證明兩者具有因果關係，就需要找到其他條件都一樣，只有B型肝炎高流行這個因素不同的反事實對照組，來看看這樣的反事實對照組是否存在男女性別比例失衡現象。也就是說，如果你在中國某個地區發現，這裡B

型肝炎盛行，而且男女比例失衡，那麼，你需要再找一些除了沒有B型肝炎盛行的情況外，其他方面與前面那些地區非常相似的地區，然後再來比較這兩類地區男女比例是否有差異。但這樣的情況非常難找，幸運的是，奧斯特在美國阿拉斯加州找到證據。

在奧斯特的文章裡，她使用發生在1970年代後期的一個自然實驗，那就是接種B型肝炎疫苗。奧斯特拿到阿拉斯加州的資料表明，阿拉斯加原住民從歷史上看來是B型肝炎高流行地區，而且住在阿拉斯加的白人是後來才遷移到該地，B型肝炎的攜帶者比例較低。這樣，阿拉斯加的白人就是阿拉斯加原住民的控制組，也就是說，如果我們是在做實驗，阿拉斯加的原住民就好像感染B型肝炎病毒那樣，而阿拉斯加的白人則沒有感染的一群，所以可以作為前者的控制組，然後給兩組都打疫苗，來看結果如何。奧斯特發現，在接種B肝疫苗之後，阿拉斯加白人孩子的出生性別比幾乎沒有什麼變化，但阿拉斯加原住民的性別比則大幅下降。從這樣的證據來看，如果這個結論適用全世界，那麼，奧斯特的研究就沒有什麼問題。

難道消失的女性之謎真的主要是由於B型肝炎的病毒導致的嗎？在中國農村地區生活過的人們，可能會對這個問題抱有很大的疑問。

事實上，爭論確實沒有停止。

▎B 肝病毒可沒有要背這個黑鍋

2008年，臺灣大學經濟系的林明仁和駱明慶兩位教授在經濟學頂刊《美國經濟評論》上利用台灣的資料對奧斯特的觀點進行反駁。[3]

從1986年起，台灣全面要求剛出生的嬰兒接種B肝疫苗，並對懷孕婦女進行B肝帶原檢驗，若被檢驗出B肝病毒為陽性反應者，新生兒必須在出生後12小時內接種免疫球蛋白，因為這項措施，使得台灣衛生署疾病管制局保有自1988（1986～1987年的資料遺失）年以來B肝帶原的懷孕婦女數據。林明仁和駱明慶兩位教授的這篇論文就是根據這份資料進行研究，他們的研究結論表明，B肝帶原婦女和正常婦女的新生兒男女比例並無顯

著差異，與奧斯特的論點大相徑庭。

其實，在林明仁和駱明慶兩位教授的文章發表之前，並不是沒有人反駁奧斯特教授的觀點。馬里蘭大學社會學系的莫妮卡·達斯·古普塔教授在2005年和2006年就曾連續發表兩篇文章反駁奧斯特教授的論點。古普塔教授指出，在中國，第一胎的性別比例其實是在正常範圍內，女孩和男孩的出生比是1:1.05至1:1.06，這與西方國家並沒有什麼差別。但是，如果第一胎生育的是女孩，之後生育的孩子是男孩的比例會更高，這也與同時期超音波技術的推廣有很大關係。古普塔教授揭露的這些事實強烈表明，消失的女性可能主要是這些地區對生養男孩的偏好造成的。據此，古普塔教授認為，如果把B肝作為中國這些地區性別失衡的原因，奧斯特教授的觀點還需要更為複雜的生物學機制作為基礎，否則無法令人信服。但古普塔教授的文章雖然引進大量的統計性事實，卻沒能解釋這些事實背後的因果關係，也就是說，她沒能把更偏好生育男孩的文化因素放進因果關係框架中進行解釋。

然而，要把這種文化上喜歡生養男孩的偏好對性別失衡造成的因果關係影響準確識別出來，其實非常困難。我們看看能不能先在腦海中設計一個理想的實驗：假設有兩組地區，在經濟、政治、種族等各項特徵上非常相近，但只有一點不同，那就是一組喜歡生養男孩，另一組則沒有這種偏好。那麼，比較這兩組最後的男女性別比例之間的差異，是否可以證實這種文化解釋所蘊含的因果關係呢？

很遺憾，還是沒有辦法做到這一點。因為，喜歡生養男孩的偏好是由其他特徵內生出來的，也就是說，有一些因素不但影響經濟和政治等其他因素，同時，它們也會影響文化上的偏好，而這些因素是什麼，我們卻說不清道不明。這個看似理想的實驗設計仍然存在著類似的問題。而且，我們甚至連一個家庭是否喜歡生養男孩也無法得到明確的答案，它本身就構成一個遺漏變數。這個問題，就是因果關係識別中的內生性問題，這可是所有計量經濟學家最關心、也最頭疼的一項重要問題。可以說，我們這本《大偵探經濟學》中的所有偵探們，都是處理內生性問題的高手。

正因為這樣，奧斯特教授在2006年針對古普塔教授的回應文章中認為，僅僅憑藉這些對文化解釋看似有利的支持，並不能排除生物學解釋存在的可能性。

　　相反的，林明仁和駱明慶兩位教授使用的資料則可以把對於生養男孩的偏好與B肝這兩個誘因分離開來，他們以此回答以下幾個問題：第一，B肝疫苗對整體的出生性別比有什麼影響？第二，這種影響會不會因為是第幾胎而有所不同？第三，如果一名B肝帶原者婦女的第一胎和第二胎生育的都是女孩，那麼，對於後續出生的孩子性別會不會有不同的影響？

　　這兩位教授的研究結論表明：B肝帶原者產婦相對於非帶原者生育男孩的機率最多也只多出0.0025。而且，這個數值並不會因為第幾胎與之前孩子的性別而有所改變。這樣一來，B肝病毒只能解釋1.8％中國消失的可憐女性而已。最後，他們的結論還表明，男孩出生比例更高的情況主要出現在之前已經生女孩的產婦身上，這個證據與喜歡生男孩的文化偏好解釋相吻合。林明仁和駱明慶兩位教授透過手中的資料和嚴謹的計量手法，終於揭開B肝對生育的真實影響。

　　2010年，奧斯特教授與她的合作者陳剛、郁新森、林文堯在《經濟學快報》發表一篇新的文章，[4] 經過進一步的資料研究，正式承認她在2005年文章中的結論不成立，之前的論文是一篇錯誤的論文。

　　關於B肝與「消失的女性」相關性的爭論，終於落下帷幕。但這個「消失的女性之謎」仍然沒有充分解開，還在不斷激起經濟學家攻克它的熱情。接下來，我們隆重請出經濟學大偵探錢楠筠教授，她給我們帶來另外一番奇妙的解答。[5]

大偵探的推理神器：差異中之差異法

　　在B肝病毒問題上繞了一大圈之後，我們重新回頭看前面對男女性別失衡的兩種解釋：東西方文化差異說和經濟發展階段說。

　　我們說過，這兩種解釋其實難分彼此，因為它們之間有很多重合的

部分，也就是說，東方國家相較於西方國家，大多處於尚未開發的經濟發展階段，這就使得我們很難分清這兩種解釋誰對誰錯。尤其是東西方文化差異說，特別不能令經濟學家滿意，畢竟文化上的偏好也許還有更深的經濟根源，而且，把骨子裡就歧視女性這樣的帽子扣在文化的頭上，也讓生活在該文化中的人感到難以接受。於是，經濟學家從1980年代就開始建構一系列模型，把性別失衡的原因歸結到經濟狀況上，其中最著名的莫過於寫過名著《家庭論》的芝加哥大學經濟學教授蓋瑞‧貝克，後來貝克教授也因為把經濟分析擴大到家庭等社會行為上而榮獲1992年諾貝爾經濟學獎。【6】

但是，中國的情況卻與貝克教授的研究結論完全不符。在1982年，中國的改革開放剛剛起步時，中國的性別比反而與美國非常接近，並不存在多大差距。但到了1990年，中國經濟經過快速發展，人民所得得到顯著提高之後，人口普查資料顯示，14歲以下的人口比例中，男性開始占盡優勢。這樣弔詭的結果又該如何解釋呢？

緊接著，又有經濟學家提出，性別比可能取決於因性別本身極為相關的經濟狀況，而不僅僅取決於總體經濟所得水準的提高。如果一個地區女孩子出嫁，娘家人要陪送的嫁妝較多，那麼，這個地方的家庭就會認為女孩是「賠錢貨」，從而更加偏愛生男孩。但是，要想在性別比和這類經濟條件之間建立因果關係，卻困難重重，因為性別比例和經濟狀況可能都受到喜歡男孩與否的性別偏好影響。而這個偏好我們卻觀察不到。

現在，讓我們思考一下，如何來解決這個因果關係難題。如果有兩個地區一直以來有著相同的發展趨勢，那麼，我們基本上就可以把這兩個地區看成是相似的地區，其中一個地區就可以作為第二個地區的控制組。然後，我們在第一個地區推行一項經濟政策，而這項政策並沒有在第二個地區推行，那麼在這項政策推行之後，第一個地區產出發生的變化，減去第二個地區產出發生的變化，就可以說是這項政策的因果效應。因為我們可以把第二個地區後續的發展變化，看成是第一個地區如果沒有接受這項政策也會出現的後續發展變化。這樣，兩個變化之差，就彷彿是接受這項

政策的第一個地區產生的變化，減去沒有接受這項政策的第一個地區發生的變化，這個結果就是該項政策的因果效應。這裡的關鍵在於，這兩個地區要非常相近，無論這項經濟政策在哪個地區推行，並不會影響最後的結果。使用因果推論的術語，這個方法就叫差異中之差異法。

這樣說可能還是太過抽象，那我就再拿前面新娘陪出嫁送多少嫁妝的事情來說明。現在假設有兩個村子，一個叫高老莊村，一個叫流沙河村。兩個村子相隔很近，據說連老祖宗都是兄弟倆。以前，這兩個村子的女孩出嫁，娘家陪送的嫁妝都差不多，折合現銀大概10兩。大家經濟狀況還不錯，都覺得還過得去，女孩子嫁出去，結成一家親，女婿時常幫忙農活，這嫁妝還挺合算，生女孩不吃虧。就這樣，兩個村子過著男耕女織的快樂生活，男孩不愁娶不到老婆，女孩不愁沒人嫁。但是自從高老莊的高翠蘭與一個姓豬的妖怪結了親，要結婚的男人們聽信謠言，不敢娶高老莊村的女人。為了把女兒嫁出去，高老莊村的人家在嫁女兒的時候不得不多拿10兩銀子的嫁妝。從此之後，高老莊村的人都知道，這個村子的人家生的女兒都是「賠錢貨」，不久就有了村裡人家殺女嬰的傳說，雖然傳說不知真假，但村裡的女孩子是愈來愈少。那個姓豬的妖怪從天上貶入凡間，是到高老莊村還是流沙河村完全是隨機的，但流沙河村就比較幸運，那裡的人們仍然像以前一樣過著快樂的生活，男孩不愁娶不到老婆，女孩不愁沒人嫁。在這個故事裡，流沙河村就是高老莊村的對照組，或者叫控制組，高老莊村就是實驗組，所接受的處理就是豬八戒投胎。我們這樣就可以把豬八戒的投胎，看成是導致高老莊村男孩愈來愈多、女孩愈來愈少的原因。這就是差異中之差異法。

經濟學大偵探錢楠筠教授使用的正是這種差異中之差異法。她利用1978～1980年的中國農村改革舉措，觀察這項改革導致與性別相關的農業所得增加情況。由於當時中國的農村改革基本上可以看成是一場突如其來的重大變革，因此，它就提供一個良好的自然實驗，把仍然只適合種植糧食作物的地區變成對照組或控制組，因為這些地區在勞動投入的不同性別上並沒有發生太大變化。但是，如果一個地區的種植業更適合女性，比

如種植茶葉而非糧食作物，那麼女孩子的存活率可能就會大大提高。如果一個地區的種植業更適合男性，比如種植果樹，那麼男孩子的比例就會提高。如此一來，這些地區就可以看成是實驗組，因為不同經濟作物的種植導致對不同性別勞動力的需求出現差異，從而對女孩和男孩的存活率發生影響。在種植茶葉的地區，由於女性生產效率的提高，導致所得水準也相應得到提高，相較於對照組或控制組依然在種植糧食的地區，兩者性別比例的差異基本上就可以歸為女性所得提高帶來的結果。錢楠筠教授正是運用這種差異中之差異的計量識別方法，利用中國農村改革這個自然實驗，讓我們更接近這個爭論數十年的「消失的女性之謎」的真相。

▌自然實驗：中國 1980 年代初的農村改革

在1978年之前，中國農業的一個最大特徵就是非常重視糧食生產，農業政策的主要目的是以低廉的糧食和農產品價格來補貼工業發展。

1953年，中央政府開始實行一項旨在控制糧食、棉花等農產品資源的計劃經濟政策，政府在農村實行糧食計畫徵購，在城市實行定量配給政策，簡稱統購統銷。當時的中央計畫委員會把農產品分為三類。第一類包括穀物、所有的油類作物和棉花。第二類包括39類農產品，其中包含牲畜、蛋類、魚類、糖類作物、藥材和茶葉等。第三類包括其他農產品，主要是一些地方性的農作物。對於這些農產品，中央政府每年給各省市下發一定的採購配額，農民們可以留給自己的很少。

在經歷1959～1961年的三年困難時期之後，中國中央政府高度重視糧食作物生產，透過強制要求擴大種植面積來提高穀物產量。這種「以糧為綱」的政策，導致中國的農業生產出現嚴重的「逆專業化」現象，許多更適合種植經濟作物的地區也不得不把大量土地用於完成中央的穀物生產指標。而這種對糧食作物的片面強調，卻是以其他經濟作物受到沉重打擊為代價，進而導致適合種植茶葉和水果地區的農民只能獲得較低的所得。

改革開放之後，農村改革主要圍繞在提高農民所得、增加農產品的供給，透過調整相對價格和利潤率使農產品生產多樣化而展開。這個時期

主要有兩項改革措施影響深遠。第一項是逐步降低農業生產中的計畫成分，透過調整農產品採購價格來控制生產。在1978年和1979年，糧食和部分經濟作物的價格上漲20％至30％。到了1980年，所有農產品價格都有提高，雖然第一類農產品價格也有提高，但經濟作物及副產品價格的提高得到更多重視。第二項政策就是家庭聯產承包責任制改革。1978年，家庭聯產承包責任制在安徽鳳陽縣小崗村首次出現，在1980年代早期逐漸推向全中國。家庭聯產承包責任制允許農戶充分根據採購價格的變化，決定種植糧食還是其他經濟作物。

　　這兩項改革都提高農民的所得，受到廣泛的歡迎。而且，農產品供應更加充足，也更加多樣化。地區性的專業化種植水準大大提高，其中表現最為搶眼的就是經濟作物種植規模快速和顯著的提高。在這兩大改革政策的影響下，包括茶葉在內等各種經濟作物的產量和市場價格都有大幅增加。

　　這兩項改革提供一場難得的自然實驗。在改革之前，中國各個地區都堅持「以糧為綱」，所以經濟作物的種植都受到抑制。改革之後，由於種植何種作物交給農戶決定，所以出現三種情況：有的地區多種植像茶葉這種對女性所得提高更為有利的作物，有的地區多種植像果樹這種對男性所得提高更為有利的作物，而其他地區則和以前一樣多從事糧食作物的種植，糧食作物對女性和男性勞動力並沒有特別的需求，但由於糧食收購價格提高，所以一段時期裡種植糧食作物的家庭，所得也有增加。同時，在錢楠筠考察的1980年代初期，勞動力在不同地區之間的流動還非常罕見，這就很好的控制人員流動的因素，可以更為清晰的辨別女性所得變化對女孩存活率的影響。

▎消失的女性與茶葉的種植

　　在中國，乃至在整個亞洲地區，採茶主要都是由女性完成。儘管成年女性在茶樹的種植和照護方面並不比男性占有優勢，然而，茶葉生產的主要勞動力投入在於採摘環節。成年女性在採茶環節比成年男性和兒童都

更具有絕對優勢，原因在於採茶需要小巧靈活的手指，茶芽愈嫩愈值錢，但兒童通常被認為更加粗心，容易損傷嫩芽，而茶樹普遍不高，這使得身材更高的男性採摘較為不便。此外，採茶工作非常精細，這要求採茶人不能有任何偷懶和馬虎，因此抑制僱用家庭外勞動力的可能，因為監督成本太高。這樣一來，種植茶葉的家庭，由於茶葉價值的提高，不僅增加家庭的總所得，也提高成人女性在家庭中的經濟地位。與之相對，由於身高和體力的不同，男性在果樹種植上更有優勢。種植果樹的家庭，由於水果價值的提高，既增加家庭的總所得，也相對提高成年男性的相對價值。

在適宜種植茶葉的地區，男性通常從事完成國家收購任務的穀物種植，而女性則由於在茶葉生產上的生理優勢，多轉向茶葉生產。這樣便導致改革後，在種茶的農戶家庭內部形成這樣一個情況：茶葉價格的上升不但增加家庭總所得，而且提高女性勞動力的所得在家庭總所得中的比重，換言之，提高女性勞動力相對於男性勞動力的經濟價值。

由此，錢楠筠就可以根據種茶地區和非種茶地區農戶家庭內部女性所得比重不一樣的變化，來衡量女性經濟地位是否會影響不同地區家庭的女孩存活率。但要想確定這兩者之間的因果關係，還需要排除其他的可能因素，比如種植茶葉的地區是否本來就有更加偏愛女孩的文化傳統呢？如果真有這樣的文化因素存在，那就和之前一樣，無法分清楚是這種文化因素導致該地區女孩的存活率提高，還是由於經濟地位的提升帶來的結果。

錢楠筠拿到的資料還包括這兩項農村改革之前兩種地區的男女出生比例資料，透過比較發現，在改革之前，種茶地區的女性出生比例並沒有更低，事實上那裡的男性出生比例還要更高。但在這場改革之後，種茶地區男性出生比例就低於非種茶地區了。

接下來我們可能要問，茶葉價格的提高以及由此導致的成年女性相對所得的提高，究竟在多大程度上影響女孩的存活率呢？根據錢楠筠教授的研究，在成年男性對家庭的所得貢獻相同的情況下，如果成年女性的所得增加幅度達到家庭總所得的10％，那就可以使女孩的存活率提高1.3個百分點。這個資料到底該怎麼理解呢？錢楠筠進一步解釋道，如果女性的

所得增加幅度達到20%，那麼，由此導致的女孩存活率提高，就可以完全消弭中國和西方國家在男女性別比例上的差異。換句話說，如果女性所得增加幅度達到20%，中國數千萬消失的女性就能「回來了」。

那麼，如果男女經濟地位不變，家庭總所得的提高會不會同樣產生改善男女性別比例的效果呢？錢楠筠分析種植對男女勞動力投入影響中性的經濟作物地區的家庭所得資料，卻沒有發現這種效果。也就是說，簡單的提高家庭總所得，並沒有改變女性的所得地位，也不會對性別比例產生影響。此外，錢楠筠還分析種植有利於男性經濟地位的水果地區的資料，結果發現，男性經濟地位的提高，顯著降低女孩的存活率。

為什麼茶葉價格的提高能夠讓更多女孩活下來呢？錢楠筠首先從理論上分析茶葉價格的提高可能會影響女孩相對存活率的四種途徑。第一種途徑是，茶葉價格提高會使父母認為，與兒子相比，將來女兒的所得更可能得到改善，進而增加擁有女兒的意願；第二種途徑是，如果女兒對父母而言是一種奢侈品，那麼家庭總所得的提高將增加擁有女兒的意願；第三種途徑是，增加偏向女性的所得會提高母親在家庭中的談判地位，假如與父親相比，母親可能更偏愛女孩的話，則女性談判地位的提高也會改善女孩的存活率；第四種途徑是，成年女性勞動力的價值提高後，會導致性別選擇成本的提高，因而父母不願意遺棄生下來的女兒。

隨後，錢楠筠透過縝密的計量方法表明，第二種途徑並沒有得到實證資料支持，而第一種途徑和第三種途徑似乎是更加合理的解釋，第四種途徑則由於資料缺乏，無法得到明確的檢驗。這意味著，女兒在父母心裡並不是消費品，而是投資品，因為成年女性所得的提高，會使父母對女兒未來的相對所得有更好的預期，因此父母更願意把撫養女兒長大作為一種具有經濟意義的投資行為。由於第二種途徑被否定，所以茶葉價格提高，因而改善女性在家庭中談判地位的假說，似乎得到更強的實證資料支持。對於這個假說更進一步的實證資料支持還來自錢楠筠發現女性經濟地位的提高，會同時改進女孩和男孩受教育的時間長度，男性經濟地位的提高會減少女孩的受教育時間，而對男孩受教育的時間則沒有影響。這也意味

著，由於母親和孩子待在一起的時間更長，並且母親往往比父親更重視教育，因此，一定是母親的經濟地位提高後，她利用自己談判地位的提高，為所有孩子爭取到更多的受教育機會。

錢楠筠的這項研究，政策意義非常清楚：要想扭轉開發中國家男女性別比例不合理的狀況，提高成年女性的相對所得水準是可行的途徑。但是，錢楠筠教授同時也提醒我們，在成年女性的相對所得水準沒有改變的前提下，產前性別鑑定技術的推廣將會大大降低父母對孩子性別選擇的成本，也許這會進一步加劇開發中國家男女性別比例失衡的狀況。她的這個猜測在之後也得到證實，而完成這項工作的是另外一位經濟學大偵探：史丹福大學的李宏彬教授及其合作者們。

農村土地承包制度改革、超音波技術、計劃生育與性別失衡

2019年4月，《政治經濟學期刊》刊登李宏彬教授及其合作者道格拉斯・艾蒙德、張爽寫的一篇文章〈土地改革與中國的性別選擇〉。【7】這篇文章告訴我們，在中國農村實行家庭聯產承包責任制之後，隨著農村土地承包制度的實施，男孩的出生比例隨即出現上升趨勢。中國農村的一對夫婦如果第一胎生育的是女孩，那麼在改革之後的四年裡，第二胎是男孩的比例就從1.1：1上升到1.3：1。他們認為，之所以會出現這種性別選擇傾向，部分是因為有些省會城市可以透過超音波技術預先探知所懷孩子的性別；還有一部分原因是一胎化的計劃生育政策對於這種性別失衡也發揮顯著的作用。根據李宏彬他們的估計，總體而言，僅在1978～1986年，因中國農村性別比失衡而導致女性消失的人數就達到大約100萬人。

世界銀行在2012年曾發布一份調查報告，該報告顯示，經濟發展在校正全球性別失衡問題上發揮重要作用，女性在受教育程度、預期壽命以及勞動參與等方面都取得長足的進步。儘管如此，經濟發展並沒有同時消除這種失衡，李宏彬等人發現，中國在1980～2000年間的表現與全球的趨勢並不一致。圖6.1就給出這種演化趨勢，其中的圖6.1a顯示，雖然自1980

年以來GDP成長速度非常快，但男女出生性別比卻從1978年的1.06:1擴大到2000年的1.20:1。到2010年，中國人口中的性別比保持在1.19:1的高峰，與正常情況相比，中國每年出生的男孩人數要比女孩人數多出50萬左右。而同個時期，中國人口的死亡率在不斷下降，最後保持在相對穩定的低水準上。

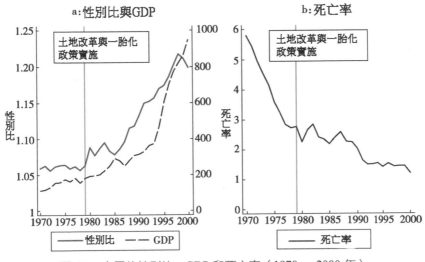

圖 6.1　中國的性別比、GDP 和死亡率（1970 ～ 2000 年）

　　中國這種與全世界的趨勢相反的情況，到底是怎麼回事呢？

　　李宏彬及其合作者發現一個新的因素，竟然還是1978～1984年發生在中國農村的土地承包責任制改革。要知道，這個改革覆蓋中國86％的人口，影響不可謂不深遠。前文已經提到，家庭聯產承包責任制改革主要是將土地的使用權交給農民，國家和集體保留所有權。這項改革卓有成效，它使中國數以千萬計的農村家庭擺脫貧困。但是，家庭聯產承包責任制在激發中國農民生產潛力的同時，也使他們更加偏好在大多數農村地區表現出更高生產力的男性家庭成員。而且這種性別選擇現象多集中發生在父母受教育程度更高的家庭，以及改革後所得成長更快的縣市，這也能解釋這些家庭和縣市由於具有更高的生產力和更高的經濟成長速度，反而對更具

生產力的男孩比較偏好。這個結論不但與錢楠筠的分析不矛盾，還證實錢楠筠的猜想，即當像超音波之類能夠提前檢查出孕婦所懷孩子的性別這類技術得到推廣，加上一胎化的計劃生育政策推行到農村地區時，男女出生性別比很可能會出現較大的失衡現象。家庭聯產承包責任制改革的這一層機制，可以稱為所得效應。

如果只有家庭聯產承包責任制改革導致這種所得效應，尚不足以造成性別比例的嚴重失衡，畢竟在超音波等產前鑑定性別的技術尚未在中國農村應用時，殺嬰和遺棄女嬰的成本還是很高的。李宏彬教授及其合作者拿到1980年代超音波在各省省會開始使用的時間資料，以及1980年代的鐵路網資料，他們發現，在鐵路有通往省會城市的縣市，產婦更有可能做超音波檢查胎兒性別，那裡的性別比失衡更嚴重。可以想見，經濟發展速度愈快、農村家庭經濟條件愈好的縣市，往往也更容易使用超音波檢查，兩種因素相結合，使得這些地方的人口失衡反而更加嚴重。

此外，計劃生育政策的推行，也加劇這種偏好男孩的趨勢，在多種因素的共同作用下，使得中國農村改革對性別失衡造成的影響進一步放大。具體的結果可以看圖6.2。

在圖6.2a和圖6.2b中，橫軸表示當地推行土地改革前後的年份，縱軸表示出生性別比。圖6.2a表示第一胎的情況，大家可以看到，無論是改革前還是改革後，第一胎出生的孩子基本上沒有出現性別失衡的現象。圖6.2b表示第一胎是男孩或女孩時改革前後的出生性別比。我們看到，如果第一胎是女孩，那麼第二胎生男孩的機率就會大大提高。而且即使是第一胎，改革之後性別比也開始出現失衡現象。

圖6.2顯示的情況與李宏彬及其合作者闡述的邏輯非常接近，基本上闡明他們的邏輯：1980年代初的農村土地改革，在提高農民所得和農村生產效率的同時，也增強農戶對具有更高生產力的男性勞動力的偏愛，進而引發出生性別比的失衡，這是根本動機。同時，超音波等產前鑑定性別技術的推廣以及一胎化的計劃生育政策，在這個過程中發揮推波助瀾的作用，最終導致在1980年之後中國的性別比持續失衡。

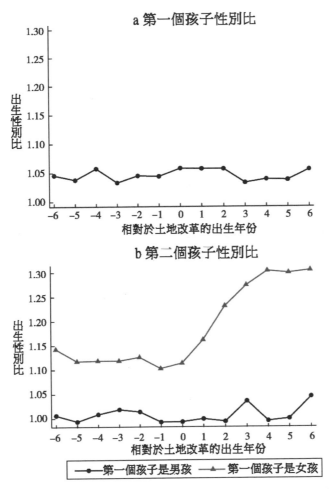

圖 6.2　農村土地承包制度改革前後的出生性別狀況

▎「消失的女性」帶來的社會苦果

　　經過將近30年的研究，學術界對「消失的女性之謎」逐漸揭開謎底，說來說去就是一句話，在貧窮的社會或剛剛起飛的社會經濟體中，男女之間的相對所得水準是帶來這個悲劇的根本原因。同時，現代化的產前性別鑑定技術以及不當的生育政策，又加劇這個悲劇的發展趨勢。

根據國家統計局公布的相關資料，僅僅「00後」這個年齡階段，就有可能在適婚年齡期間出現1300萬的光棍，這個數字已經非常令人擔憂。但讓人更加擔憂的還在後頭，2000年以後中國的人口性別比失衡現象愈來愈嚴重。2004年人口男女性別比更是遠超2000年的119：100，達到121.18：100，之後略有下降，但也都保持在高峰。有人預計，到了筆者寫下這篇文章的2020年，中國的「剩男」人數總規模將達到兩千多萬，接近澳洲的總人口，這些人中絕大部分將要一生「打光棍」。此外，性別比失衡還帶來一系列社會問題，長期來看不僅會降低結婚率和生育水準，還會導致一系列的違法犯罪問題，因此尤其值得政府和社會加以關注。

　　在這樣的背景下，在揭開「消失的女性之謎」這個問題上，經濟學大偵探們的工作讓我們認清問題的實質，可以為政府和社會思考有效的應對之法提供借鏡，政策意義非常大。

本章推薦閱讀文獻

　　Oster, Emily. 2005. "Hepatitis B and the case of the Missing Women." *Journal of Political Economy*, 113（6）：1163-212.

　　Lin, Ming-Jen, Ming-Ching Luoh. 2008. "Can Hepatitis B Mothers Account for the Number of Missing Women? Evidence from Three Million Newborns in Taiwan." *American Economic Review*, 98（5）：2259-73.

　　Qian, N. 2008. "Missing Women and the Price of Tea in China: The Effect of Sex-specific Income on Sex Imbalance." *Quarterly Journal of Economics*, 123（3）：1251-85.

　　Almond, Douglas, Hongbin Li and Shuang Zhang. 2019. "Land Reform and Sex Selection in China.*Journal of Political Economy*, 127（2）：560-85.

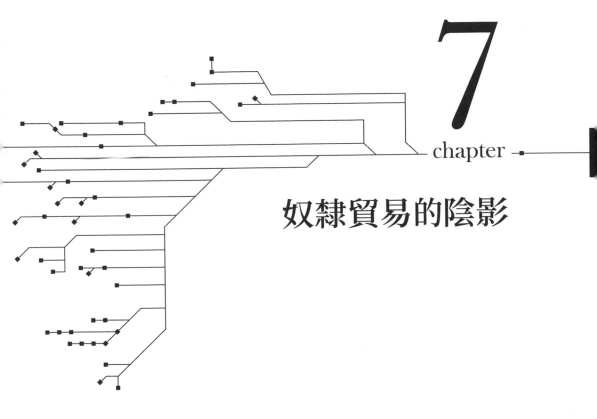

7
chapter

奴隸貿易的陰影

19世紀的古巴有句俗話：「糖是用血造出來的。」

這句俗話，揭露的是人類近代史上最可恥、最卑劣的一頁：跨大西洋的奴隸貿易。

跨大西洋的奴隸貿易是指從16世紀到19世紀，在環大西洋地區將非洲大陸的黑人作為廉價勞動力提供給美洲大陸殖民地區的一種貿易。400年間，歐洲殖民者把人數眾多、具有熱帶作物種植技術，又能適應熱帶勞動的非洲黑人作為貿易的對象，從塞內加爾河口到剛果河口的廣闊地帶，用一艘艘歐洲殖民國家的販奴船，持續不斷地把大批黑奴運送到歐美各國殖民地。根據資料統計，在這400年中，因奴隸貿易而被殺掉的非洲黑人數以千萬計。按照每運送到美洲1名奴隸，最少要犧牲10個左右的非洲黑人計算，奴隸貿易使非洲損失差不多1億人口，這個數字相當於1980年非洲人口的總和。

面對這血淋淋的歷史事實，人們不禁會問：為什麼發展出高度現代文明的歐洲人，會熱衷於蓄奴這種極度落後的生產制度呢？其實，正如美國密西根大學資深非洲史專家麗莎‧琳賽所說，這個龐大的貿易體系背後，是歐洲人日益強盛的航海、探險、貿易和殖民能力，以及這些能力所帶來對人力資源的強烈需求。[1]在展開跨大西洋的奴隸貿易之前，美國的種植園主們不是沒有想過其他獲得人力資源的辦法。他們曾經試圖僱用當地的白人，或者奴役美洲土著，但長期的實踐表明：美洲土著在鞭打和奴役之下很容易死亡，而白人勞動力不但價格昂貴，還經常不聽使喚。他們都不如黑人奴隸既相對結實、力氣大，還非常溫馴，這就使種植園主們的人力成本可以降到最低，從而實現獲利最大化。

值得一提的是，雖然上述理由會讓我們不可避免把矛頭指向歐洲的白人，但令人意外的是，在非洲海岸從事奴隸貿易，將黑人同胞們送到歐洲白人販奴船上的，主要不是白人，而是非洲黑人。對跨大西洋奴隸貿易的歷史研究發現，歐洲白人殖民者買進黑奴，基本上都不是深入非洲內陸運用武力劫掠精壯的黑人，而是在非洲的海岸直接從黑人賣主那裡購買奴隸，買賣雙方竟然都是出於自願貿易。

之所以會出現非洲黑人出賣自己人做奴隸，原因還在於非洲大陸複雜的民族狀況和落後的政治制度。其實，在每個非洲民族的認知裡，自己人的範圍是非常狹窄的，而他們的政治文化本來就廣泛接受奴隸制度。一直到今天，位於西非的尼日和茅利塔尼亞等世界上最未開發的國家，實際上還是有奴隸制，在這些國家，消滅奴隸制度依然是未竟的事業。在跨大西洋奴隸貿易時期，出售奴隸是部落首領打擊敵對部落、增強部落實力的低成本途徑。實際上，大多數被販賣的奴隸都不是來自自己所屬的部落，而是在政治、經濟和個人原因下發動戰爭時被俘獲的戰俘，或者綁匪綁架其他部落的黑人。奴隸主或者販賣黑奴者，可以從販賣黑奴中獲得槍支、酒類、煙草以及歐洲的工業品等，這些販奴所得作為獎勵，又被用來鞏固自己的權力地位。

　　同時，更值得一提的是，歐洲人的人權觀念也引導他們不斷質疑奴隸制度存在的合法性。伴隨著法國大革命、美國獨立戰爭中體現出來的人權觀念普及，以及英國不斷推動的制度改革，跨大西洋奴隸貿易逐漸絕跡。在解放黑人的長期鬥爭中，也存在著諸多白人的努力。廢奴運動，是人權思想和平等觀念的結果，是人性光輝的體現。

　　400年的跨大西洋奴隸貿易，不僅徹底改變非洲和美洲的人口與政治格局，對西方國家經濟的興起做出重要貢獻，同時，它所帶來的危害也並未隨著奴隸制度的廢除而消滅。直到今天，經濟發展落後的非洲大陸，依然籠罩在奴隸貿易所帶來的歷史陰影下。

▌哭泣的黑非洲

　　在1400～1900年的500年間，非洲大陸一共經歷過四波奴隸貿易，四波奴隸貿易在時間上有重疊。在這四波奴隸貿易中，規模最大、也最為惡名昭彰的當然是前面提到的跨大西洋奴隸貿易，除此之外，還有跨撒哈拉奴隸貿易、紅海奴隸貿易和印度洋奴隸貿易，這三波奴隸貿易的歷史比跨大西洋奴隸貿易更為久遠。在跨撒哈拉奴隸貿易中，奴隸是從撒哈拉以南的非洲地區被販賣到北非地區。在紅海奴隸貿易中，奴隸是從紅海內陸被

販運到中東和印度。在印度洋奴隸貿易中，奴隸是從東非被販運到中東和印度，或者販賣到印度洋中的種植園島嶼。

　　非洲奴隸貿易與歷史上其他地區的奴隸貿易有著諸多不同。首先，被販賣的奴隸數字大得驚人，可謂史無前例。單單一個跨大西洋奴隸貿易，就有大約1200萬奴隸從非洲運走；其他三波奴隸貿易共販運大約600萬黑奴。正如我們前面所說，這些數字還沒有包括在獵殺他們的時候所造成的傷亡，以及死於販運途中的黑奴們。根據歷史學家的統計，在經歷數百年的奴隸貿易之後，到1850年，若是沒有發生過奴隸貿易，非洲的人口原本可以達到當時人口的兩倍。也就是說，幾百年的奴隸貿易使非洲人口減半。

　　同時，非洲的奴隸貿易也是獨一無二的。因為它與之前歷史上其他的奴隸貿易不同，在非洲奴隸貿易中，相同族群或部落群體的成員甚至會彼此出賣，把對方作為奴隸販賣出去。這種情況帶來的後果尤其具有破壞性，它使得非洲在社會和族群層面支離破碎，政治上高度不穩定，國家的力量被大大弱化，司法制度嚴重腐敗。

　　獲取黑奴最主要的方式是在部落或國家之間彼此的劫掠上。原本有些部落或村莊之前已經發展成大規模的部落聯盟，但奴隸貿易使這種政治上的文明演化出現嚴重倒退，讓不同部落之間的關係逐漸轉向相互敵對和仇視。結果，部落與部落之間、村落與村落之間的聯繫被大大弱化，而這反過來又進一步阻礙更大規模社群的形成，以及更大範圍內身分的認同。奴隸貿易帶來普遍的不安全感，把人限制在狹小的族群界限之內，相互之間的互動空間也大大縮小。正是由於這樣的過程，非洲奴隸貿易可能是解釋今日非洲民族林立且歷史恩怨難解的一個重要原因。在民族林立和長期經濟成長之間的關係不變下，民族愈多、歷史恩怨愈複雜，經濟發展就愈容易受到掣肘。

　　由於奴隸貿易造成這種不確定性和不安全性，非洲大陸人人自危，他們首先需要的就是保護自己和親人的武器，比如鋼刀、長矛、火器等。而從哪裡可以得到這些武器呢？只有透過把奴隸賣給歐洲人來換取這些武

器。怎麼才能抓到奴隸呢？通常只能透過在當地綁架其他的黑人。別的部落的人不易綁架，那就只能拿自己的同胞「開刀」。這就進一步推動奴隸貿易，加重奴隸貿易帶來的不安全感，反過來又進一步擴大把抓別人當作奴隸來販賣以保護自己的需求，這就是西方歷史學家所說的「武器與奴隸的惡性循環」。這種惡性循環的結果不僅使一個社群為了獲得奴隸而劫掠其他社群，還造成哪怕是一個社群中的個體也會為了個人利益而襲擊和綁架同社群中的成員。歷史上，同胞相殘的紀錄比比皆是。

　　一般而言，這種內部衝突的結果總是會造成政治上的不穩定，在很多情況下會導致先前好不容易建立起來的政府體制崩潰。非洲大陸複雜的國家體系原本在正常的演化過程之中，但經過奴隸貿易的衝擊，這樣的演化不僅僅止步不前，還出現大幅倒退，民族分裂愈演愈烈，國家認同再難形成。其中最為令人矚目的例子，莫過於中西非的剛果王國。早在1514年，當地居民為了出賣奴隸給葡萄牙人，綁架成風，嚴重威脅到社會秩序和國王的權威。1526年，剛果國王阿方索（Affonso）寫信給葡萄牙政府表達抗議，結果當然是無濟於事。葡萄牙殖民者毀滅這個國家。每一天都有許多剛果人民淪為奴隸，即使是貴族，即使是王親國戚，也難逃被販賣的命運。剛果王國法律和秩序的崩潰，使這個昔日屹立在非洲大地上的強大國家不斷被削弱，最終倒在歷史的塵埃當中。

　　在這樣的歷史背景下，先前的政府治理結構被諸多小型的販奴集團取代。各地軍閥紛起，弱肉強食，文明出現大幅倒退。而且，這些小型的集團一般都未能發展成大型、穩定的國家。劫掠成性的販奴集團始終無法實現從劫掠到生產的轉型，難以維繫權力的穩固，興起很快，衰亡也很快，不斷上演著同樣拙劣的政治表演。

　　奴隸貿易還使先前建立起來的法律體系陷入腐敗的泥潭中，進一步破壞政治的穩定性。為了獲取更多的奴隸，之前犯罪往往採用罰款、流放或打上幾十大板作為懲罰措施，現在統統改為販賣奴隸了事，而且誣告成風，法律上的量刑失當也使得司法不得人心。這些地區的領導者對此往往睜一隻眼，閉一隻眼，甚至公開支持這種腐敗的司法體制。

種種的歷史似乎表明，奴隸貿易的影響可能是造成今天非洲經濟發展緩慢的重要原因。但也有人認為，非洲國家發展緩慢可能是這些國家在殖民歷史開始之前就已經存在虛弱而不穩定的政治結構使然，即使非洲的奴隸貿易是影響政治發展的重要因素，但它可能只是非洲國家能力不足的一個結果罷了。

那麼，奴隸貿易到底是不是造成現代非洲國家經濟發展停滯不前的真正原因呢？國家能力不足與奴隸貿易，到底誰是因，誰是果呢？這當然還是要請出我們的經濟學大偵探來為我們一探究竟。

持續數百年的奴隸貿易是非洲經濟發展落後的罪魁禍首？

2008年，哈佛大學經濟系的經濟學大偵探南森・納恩在經濟學頂級刊物《經濟學季刊》發表一篇題為〈非洲奴隸貿易的長期影響〉的文章，[2]為我們揭開非洲奴隸貿易歷史陰影投射在經濟發展上的因果關係面紗。

自1415年葡萄牙帝國占領非洲的休達地區（Ceuta）◆，歐洲殖民者就正式開始對非洲的殖民。到了19世紀末、20世紀初，歐洲列強殖民非洲達到最高潮，其中約有95％的非洲領土被列強侵占，只有衣索比亞、賴比瑞亞還保持獨立。到了20世紀下半葉，非洲國家相繼擺脫殖民統治，開始陸續獨立。截至1960年，多數非洲國家都擺脫歐洲列強的統治，這一年被稱為非洲獨立年，這也意味著歐洲對非洲的殖民時代宣告結束。

雖然非洲國家在政治上取得獨立，但在20世紀後半葉的經濟表現卻依然非常糟糕。眾人往往把非洲這種經濟上的糟糕表現歸因於非洲過去兩個悲慘的歷史遭遇：奴隸貿易和殖民主義。歷史學家也都曾就殖民主義對非洲經濟的不良影響進行很多研究，但也有歷史學家認為，殖民主義固然難辭其咎，但奴隸貿易更應承擔主要的責任。許多實證研究都對殖民主義帶來的影響給出肯定的回答，但是，有關奴隸貿易帶來的影響，仍然缺少

◆　編注：摩洛哥北部，與西班牙安達盧西亞及英屬直布羅陀市隔海相望，目前是西班牙的領土。

基於實證資料的研究。在「哭泣的黑非洲」這一節中，我們知道，非洲的奴隸貿易歷史長達近500年之久，而歐洲列強全面殖民非洲不過是從1885年才開始，到1960年的非洲獨立年，時間總共也才75年，所以，奴隸貿易對非洲經濟表現的影響或許更為深遠。

但是，要研究500年間的奴隸貿易對今天非洲經濟表現的因果關係影響談何容易，其中最大的困難首先在於資料。但正像民國時期創辦中央研究院史語所的傅斯年先生所說，做這種社會科學研究就要「上窮碧落下黃泉，上天入地找數據」。我們的大偵探納恩教授就是這樣「上天入地找數據」的高手。

為了尋找非洲奴隸貿易在塑造日後非洲經濟發展方面的因果關係證據，納恩教授首先建構一套非洲每個國家在每個世紀中出口奴隸的數字指標，時間橫跨1400年到1900年。這套指標需要使用兩類資料。第一類資料可以告訴我們非洲每個港口或地區輸出的奴隸數目，納恩透過歷史檔案中的販奴船紀錄，找到這批資料。比如對於跨大西洋奴隸貿易來說，這套數據包含從1514年到1866年長達350餘年共34584次的販奴船航行紀錄。找到這批資料實屬不易，因為關於販奴船隻的各種歷史檔案和紀錄散布在世界各地，需要借助歷史學家們的工作加以蒐集。好在，在歐洲的大部分港口中，當地政府一般都會要求販奴者註冊船隻的資訊，並報告航行次數、販運的貨物名稱以及數目，留下大量註冊資訊和歷史檔案。

有了前面這批資料，我們雖然可以計算從非洲各個沿海地區輸出的奴隸數目，卻不能得到確切的奴隸來源資訊。從同一個非洲港口輸出的奴隸，可能來自不同的非洲內陸地區。為了估計各個港口輸出的奴隸來源，納恩還使用第二類資料，這些資料能告訴我們被販運的黑奴部族身分資訊。這些資訊散落在各種貿易紀錄、奴隸登記檔案、法庭檔案、教堂紀錄檔案等各種歷史檔案中。不過，即使從這些檔案中查到這些方面的資訊，還是需要做出識別。最簡單的辦法是透過奴隸的名字來識別，從事奴隸買賣的人通常會給奴隸取一個新的姓名，其中的姓氏代表的就是他所在的部族。此外，給奴隸們烙上不同烙印，或理不同的髮型等，也都代表這名奴

隸來自不同的部族。而且，由於黑奴都是合法的財產，所以，從事奴隸買賣的人有著很強的動機來正確識別奴隸們的出生地或「祖國」。這些都可以幫助識別黑奴所在的非洲國家和地區。比如，作者隨機抽取跨大西洋奴隸貿易中的54個樣本，包含奴隸人數為80656人，就來自229個不同的非洲部族。抽取印度洋奴隸貿易的6個樣本，共包含奴隸人數21048人，來自80個不同的非洲部族。

在費盡辛苦蒐集這兩類資料之後，納恩又是如何把這些資料結合起來建構數字指標的呢？我們下面透過一個例子來說明。

從第一類販賣奴隸的人數資料中，納恩先計算出從非洲每一個沿海國家輸出的奴隸人數。我們假定從A國輸出10萬名奴隸，從C國輸出25萬名奴隸。但這時我們發現，來自C國的奴隸中有許多可能來自被A國圍住的內陸B國。這個時候，就需要用到第二類關於奴隸部族的資料，這樣就可以計算出來自每一個非洲沿海國家輸出的奴隸中，任何一個內陸國家的奴隸比例。在這個過程中，需要借助許多歷史學家、語言學家和人類學家既有的研究，來幫助納恩完成這樣的計算。從這裡我們可以看出，想要做一名優秀的經濟學大偵探，不僅需要經濟學知識、統計學知識、計量經濟學知識，還需要許多跨學科的知識，涵蓋面非常廣，到底需要涵蓋多少學科的知識，要視你進行的研究主題而定。從這個意義上講，我們的經濟學大偵探知道的東西比大偵探福爾摩斯還要多得多呢！

假設從A國輸出的奴隸與B國輸出的奴隸比例是4：1，這意味著這些奴隸中有20％實際上來自B國，因此，就可以得到A國輸出的奴隸中來自B國的為2萬人，來自A國的為8萬人。同理可以計算C國輸出的奴隸中來自其他國家的人數。因為部族往往很小，所以透過部族來識別一名奴隸來自的國家，一般來說很少遇到什麼問題。這樣，納恩就計算出今天非洲各個國家在歷史上的奴隸輸出資料了。

建構出這套奴隸輸出資料之後，納恩估計在1400～1599年、1600～1699年、1700～1799年、1800～1900年間非洲經歷的四波奴隸貿易中每個國家輸出的奴隸資料。例如，在跨大西洋奴隸貿易中，奴隸輸出最多的

是「奴隸海岸」（貝南和奈及利亞）、中西非（薩伊◆、剛果和安哥拉）以及「黃金海岸」（迦納）。在紅海奴隸貿易和跨撒哈拉奴隸貿易中，伊索比亞和蘇丹表現最為突出。南非和納米比亞輸出的奴隸最少，歷史學家幾乎找不到這些地區輸出奴隸的紀錄。

在整理好資料之後，納恩發現，每個國家輸出奴隸的數量與之後該地區的經濟表現呈現出穩健的負相關關係。今日非洲最貧窮的國家，往往就是輸出奴隸最多的國家。

但是，單單是這樣統計上的相關性，尚不足以說明就是奴隸貿易導致之後非洲各國不同的經濟發展程度。比如，有人會質疑說，也許這些陷入奴隸貿易的國家在歷史上原本就是經濟最不發達、社會發展程度最低的地區，所以它們至今才依然維持在尚未開發的狀態。換言之，奴隸貿易可能與這些國家無法觀察到的其他特徵相關，這才使我們得出奴隸貿易對經濟發展具有負向影響這種有偏差的估計。這就是我們一直在講的遺漏變數偏誤問題，也是因果識別中最大的障礙之一。

現在來看納恩教授怎麼解決這個問題。納恩教授找了幾個辦法，來幫助我們理解奴隸輸出與今天非洲各國經濟表現的關係。首先，納恩從非洲史學者那裡尋找有些國家會捲入奴隸貿易的原因。然後，納恩教授再使用奴隸貿易之前這些不同地區的人口密度，以此檢驗它們是不是非洲最不發達的地區，並因此才被捲入奴隸貿易。從這兩個方面找到的證據表明，事實上反而是當時非洲最發達的地區才會被捲入奴隸貿易。那麼，又該如何解釋這種歷史事實呢？納恩教授幫我們進一步找到原因。

在非洲與歐洲早期的貿易中，雙方貿易的對象主要是貨物，而不是奴隸。在這個時期，往往是制度相對發達的社會，才有機會與歐洲人進行更多的貿易。在1472～1483年間，葡萄牙殖民者沿著非洲西海岸一路向南航行，他們嘗試在多個地點登陸，尋找交易夥伴。在剛果河以北的各個部落，他們幾乎找不到可以貿易的對象。直到葡萄牙人在剛果河以南發現

◆ 編注：Zaire，1971-1997 年剛果共和國使用的國名

剛果王國，這才算找到可以保持長期貿易關係的非洲地區。因為剛果王國當時建立了中央政府，有統一的貨幣，有發展得比較良好的市場和貿易網路，所以能與歐洲人保持這種貿易關係。當歐洲人的需求轉向奴隸時，這種貿易的關係得到維持。由於愈是繁榮的地區，往往也是人口最為密集的地區，所以，如果能在這些地區引發內戰或衝突，就可以有效獲得大量的奴隸。相反的，愈是充滿暴力和敵意、愈是沒有開發的地區，也最容易使歐洲人望而卻步，不敢從事奴隸貿易。歷史的弔詭之處在於，當初愈是文明進步的非洲地區，愈是容易受到奴隸貿易的荼毒，而當年愈是野蠻、愚昧的地區，反而因此受到保護。

除了這種從歷史研究的角度來尋找反駁的證據之外，納恩教授還使用工具變數法來嘗試把其他因素剔除出去。由於奴隸貿易這個因素可能混雜從事奴隸貿易的國家其他方面無法觀察到的特徵，所以，我們需要找到一個變數，這個變數或因素只透過奴隸貿易影響經濟發展，而不會透過從事奴隸貿易的國家其他任一可能因素影響經濟發展。

這就相當於我們先給奴隸貿易這個因素做一個「手術」，用工具變數這個「手術刀」，把混入奴隸貿易因素中的其他因素剔除出去，只保留最純粹奴隸貿易對經濟發展的影響。納恩教授使用的工具變數是每一個非洲國家距離奴隸需求地的地理距離。雖然奴隸需求地的地理位置會影響對奴隸供給地區的選擇，但奴隸供給地區一般不會影響奴隸需求地的地理位置，而且，奴隸需求地肯定不會與非洲各個國家的特徵有什麼關聯，這樣，距離奴隸需求地的遠近，基本上只會影響對奴隸供給地區的選擇，並透過這種影響而使非洲各地區的經濟發展產生影響。使用工具變數所得到的結果，再一次證實奴隸輸出與今天非洲各國所得之間存在著負向因果關係。

透過歷史背景、迴歸分析和工具變數法，納恩向我們證明非洲各國歷史上的奴隸貿易與今天的經濟表現之間存在負向因果關係。但是，大偵探納恩並沒有就此停步，他還想進一步探究在這個神祕的因果關係背後，到底是什麼樣的中間機制在發揮作用。

奴隸貿易的歷史陰影：信任的喪失

　　經濟學大偵探們的工作其實非常具有挑戰性，擺在他們面前的有三座大山。第一座，就是「上天入地找資料」時的艱辛；第二座，是在因果關係識別上存在的各種障礙；第三座，則是探究因果關係背後的運作機制。每一座大山都不容易搬，但經濟學大偵探們卻個個都是搬山的好手。

　　我們繼續回到大偵探納恩教授的工作，他已經搬掉前兩座大山，現在希望繼續探究的是，奴隸貿易影響經濟發展的管道到底是什麼。根據既有的理論以及其他研究，這中間的管道或運作機制大概有以下幾種：第一，奴隸貿易的一個重要後果是弱化村落之間的關係，這就不利於形成更大的社群和更為廣泛的族群認同。納恩教授透過資料也發現，奴隸出口與族群分散度之間存在正向關係，而族群愈是分散的地區，經濟往往也愈不發達。第二，奴隸貿易的另一個後果是造成國家能力不足，因而使國家陷入未開發狀態。國家能力是否為經濟發展的重要決定因素，一直是近年來研究的重要主題。納恩教授發現奴隸貿易的確使許多非洲國家陷入國家能力不足的境地，或許這也是造成這些國家經濟未開發的原因之一。但是，這些發現雖然可以提供一些猜測，卻都不是這些機制存在的鐵證，畢竟，現有的資料還不能讓納恩教授得出令人信服的因果關係結論。這一切還需要納恩教授繼續探索，終於，經過三年的努力，他給出一個更令人信服的因果效應中間機制：奴隸貿易使非洲大陸缺少信任，從而導致今天經濟上的糟糕表現。

　　2011年，納恩教授及合作者李歐納‧旺奇康在經濟學頂級期刊《美國經濟評論》上發表一篇題為〈奴隸貿易和非洲信任喪失的起源〉的文章，[3] 終於為我們搬掉這第三座大山。

　　非洲大陸剛開始奴隸貿易的時候，主要是透過國家有組織的劫掠和戰爭行為來取得奴隸。但隨著奴隸貿易進一步加劇，無所不在的不安全感使每個人都把魔爪伸向身邊的人，包括自己的朋友和家庭成員，綁架、誘騙，無所不用其極地把身邊人送到販奴船上。就這樣，非洲大陸人際間的

信任被破壞了，而這種信任關係一旦被破壞，往往很難在短時間內得到修復，因此一直延續到今天。

此外，納恩教授還從文化人類學中得到靈感。在文化人類學中有一種說法：在傳統社會中，資訊取得不像現代社會這樣便捷，總是面臨不菲的成本或不夠完美的局面，因此傳統社會往往選擇相對簡單的人際交往模式，相互之間彼此信任，從社會的人際網路中取得必要的資訊就顯得非常重要。而捲入奴隸貿易的地區，人與人之間的信任關係受到破壞之後，這種降低人際交往成本而擴大資訊取得的管道就大大受阻，這就使這些地區的經濟很難得到充分的發展，始終面臨較高的交易成本，因而無法建立完善的市場機制。

為了檢驗這個假說，納恩教授及合作者使用2005年一個與信任有關的調查資料，他們發現，在捲入奴隸貿易較多的族群中，成員們對親人、鄰居、族人和地方政府的信任程度都處於更低的水準。這個發現與奴隸貿易的後期非洲人經常被自己的鄰居、朋友和親人販賣為奴的歷史事實頗為相符。

但只有這個證據，尚不足以說明缺少信任的結果就是由奴隸貿易造成的，也許原來愈是信任度不高的地區，愈是容易從事奴隸貿易！缺少信任可能是奴隸貿易的原因，而非結果，所以，要想確認納恩教授的假說，我們還需要更多的證據。

對此，納恩及合作者採用三個策略，並蒐集一系列的旁證，來證實奴隸貿易對非洲地區缺少信任的因果關係影響。

第一個策略是盡可能控制其他的影響因素，尤其是殖民文化的影響。

根據非洲的歷史環境，最重要的潛在影響因素就是殖民文化。如果受奴隸貿易影響至深的非洲地區也同樣受殖民文化影響至深，那麼，不控制殖民文化這個因素，就會導致我們把原本應由殖民文化來解釋的影響都錯誤的歸咎在奴隸貿易。因此，納恩教授首先控制決定殖民文化的兩個主要因素：早期歐洲殖民者在非洲殖民地環境中的死亡率，以及該地區被殖民之前的繁榮程度。關於前一個因素，即早期歐洲殖民者在非洲殖民地的

死亡率，我們在〈白人殖民者的意外死亡〉中還會詳細討論，這個因素可以充分說明該地區的殖民文化強弱。試想，如果歐洲殖民者到了一個非洲定居點，死亡率很高，那麼這個地方的殖民者倖存下來的比例就非常低，該地區的殖民文化就不會很強盛。至於後一個因素，即一個地區被殖民之前的繁榮程度，則可以從另一面說明該地區沒有受到殖民文化影響之前的一些特徵，這些特徵可能也會影響殖民者是否到該地區進行殖民，這些因素當然都要控制。透過這樣的策略，納恩教授就捕捉到排除奴隸貿易因素之外，歐洲人對非洲地區長期信任程度的潛在影響。將這些潛在的影響控制住之後，納恩教授發現，奴隸貿易對非洲地區缺少信任的影響仍然是負面的，而且在統計上高度顯著。

第二個策略，透過可以觀察的因素，而對無法觀察到的因素造成的估計效應偏差進行評估，盡可能減少估計上的偏誤。

雖然納恩教授控制了像殖民文化這類可以辨識出來的可觀察因素，但他們估計奴隸貿易對缺少信任的影響結果，仍然可能會受到其他無法觀察到的因素汙染，進而出現估計上的偏差。這第二個策略做起來似乎很複雜，但理解起來其實很簡單，納恩與合作者把可以觀察到的全部影響因素做成一個母集合，然後再取這個集合中的一部分因素組成一個子集合，做完這些之後，分別把母集合和子集合中的因素控制起來，看兩種情況下奴隸貿易對缺少信任的估計效應有多少偏差。這就彷彿是一個猜測，也就是說，先故意把有些可以觀察到的因素拿掉，估計出一個效應，然後再把所有的因素都放進去，再估計出一個效應。根據這兩個估計出來的效應之間的比較，大偵探們按照一定的規則，大體推測遺漏的變數對估計效應造成的偏差會有多大。這當然不是非常準確的做法，但至少可以讓我們對大偵探的估計結果多一些信心。這樣一番操作之後，納恩發現，在奴隸貿易對缺少信任的估計效應中，受無法觀察到因素的影響並不會太大。

第三個策略使用的還是工具變數。

一個好的工具變數，就是一把好的手術刀。它既和一個族群的奴隸輸出數量有關，又與該族群的其他特徵都沒有關係，只有這樣，它才能清

晰地把奴隸貿易與該族群的其他特徵切割開來。納恩與合作者這次選擇的工具變數，是一個族群在奴隸貿易過程中居住地離海岸的距離。一方面，住得離海岸愈近，一個族群中的成員被販賣為奴的可能性就愈大，這滿足好工具變數的第一個條件；另一方面，一個族群住得離海岸是遠是近，和這個族群的其他特徵似乎扯不上什麼關係。而且，為了驗證這兩個條件，納恩教授及合作者還不辭辛苦地查閱大量歷史研究資料，證實這個工具變數確實符合要求。使用工具變數這個「手術刀」，把其他因素切割出去之後，納恩發現，奴隸貿易依然在統計上非常顯著地影響非洲地區間的信任差異。

納恩教授對非洲奴隸貿易的歷史陰影所做的研究，讓我們可以更加理解文化、歷史遺產以及人的信念是如何影響一個社會的經濟決策。一般來說，人類已然認識到，文化上的差異確實會帶來經濟上的影響，但對於文化差異得以形成的原因，尚且缺乏了解，從納恩教授對歷史精細入微的研究之中，提供部分的答案。

歷史對於今天的我們非常重要。它透過文化規範的演化，對我們今日的經濟發展依然有著深刻的影響。幸運的是，有了我們的經濟學大偵探，我們可以更加清晰地認清這其中的因果關係與運作機制。

▌白人的負擔？

1899年，英國詩人吉卜林（Joseph Rudyard Kipling）◆為了紀念當時英國維多利亞女王80歲生日，寫下一首名為〈白人的負擔〉的詩歌。在這首詩裡，他這樣寫道：

◆　約瑟夫・魯德亞德・吉卜林是英國作家、詩人。相較於同時代作家把文學創作與個人政治觀點區別開來，吉卜林則多次公開宣稱自己為大英帝國服務的決心，這對吉卜林來說不僅是一種政治觀點，更是他對理想世界的表達方式。正是在這種帝國主義中，吉卜林看到世界統一而有序的希望，並且把文明的傳承和發揚的重擔放在肩上。

挑起白種男人的負擔！
把你們最優秀的品種送出去，
捆綁起你們的兒子們，將他們放逐出去，
去替你們的奴隸服務。

挑起白種男人的負擔！
讓他們背負著沉重馬韁，
去伺候那些剛被抓到
又急躁，又野蠻，又慍怒，
一半像邪魔、一半像小孩一樣的人們。

挑起白種男人的負擔！
堅持著耐心，
掩飾起恐懼，
隱藏起驕傲，
用公開與簡易的語言，
不厭其煩地說清楚，
去替別人謀福利，
去為別人爭利益。

　　在當時那個殖民主義盛行的時代，吉卜林這首詩甫一問世，就廣受世人關注。對於這首詩的意境，大家也有著不同、甚至相反的理解。表面上看，這首詩是呼籲白人為了所有人的利益去征服和殖民野蠻國家，這就成為歐洲中心主義、種族主義和帝國主義的象徵之一。一種觀點認為，吉卜林在這首詩中表達一種對落後文化和經濟居高臨下的倨傲姿態；也有人認為，作者是在說明，富人有義務幫助窮人，白人理應對消除世界上的貧困肩負起自己的責任。

　　1885年，在歐洲殖民者瓜分非洲的柏林會議上，列強像孩子們搶糖果一樣搶占非洲殖民地。但是，即使如此，柏林會議仍然充滿著無私和利

他的言論，他們聲稱，殖民者的行為旨在指引原住民，貸給他們文明的福佑。19世紀，歐洲的白人認為他們就是上帝的選民，有責任和義務去拯救世界其他地方。而西方社會經歷的崇尚自由、平等、博愛的啟蒙運動更是讓他們相信，除了西方以外的世界就像一塊白板，沒有任何有意義的制度基礎，正好可以讓西方在這上面實踐先進的理念，畫出最優美的現代畫卷。18世紀啟蒙運動時期法國著名博物學家布豐伯爵（Comte de Buffon）曾言：「文明降臨到歐洲，恰恰是因為它的優越，文明人應該承擔起責任，去改造這個世界。」法國著名哲學家孔多塞（Marie Jean Antoine Nicolas de Caritat）更為直接：「這片荒蕪的土地，只需要我們的援助，就能變得文明開化。」[4]啟蒙時代的思想家在看待這個世界上其他未經啟蒙的地區和國家的人民時，總是帶有這樣的文化優越感和改造世界的欲望。

當然，不能不承認，西方在這些方面的確進行一些有益的改革，其中最為重要的成果，莫過於廢奴運動。英國保守黨領袖羅伯特・皮爾爵士（Sir Robert Peel）1840年在英國議會的一次演講中稱，除非白人停止奴隸貿易，否則他們永遠不會使非洲人相信歐洲同胞們的優越性。廢奴運動的另一位領袖人物威廉・威伯福斯（William Wilberforce）更是呼籲白人努力讓可憐的黑奴擺脫悲慘的境地。也正是在這樣的思潮下，林肯總統宣布解放黑人奴隸，由此引發的美國南北戰爭，更是從制度上摧毀美國南方各州的蓄奴制度，從法律和制度上解放美國的黑奴。

第二次世界大戰以後，西方的輿論氛圍發生改變。種族優越論、落後民族需要託管論、人民無法自治論，都被扔進歷史的垃圾堆。自治和反殖民成為一項全球通行的準則，「欠文明」搖身一變成為「未開發」，「原始民族」也變成「第三世界」。摒棄種族主義，提倡人人平等，尤其是民族之間的平等，這是人類歷史朝向文明的一大轉變。但是，未開發國家和第三世界，不管改成什麼樣的名字，貧窮落後卻是不爭的事實。一如大偵探納恩教授的工作所表明的情況，這些國家和地區之所以有今天貧窮落後的局面，西方殖民者對其歷史進程的破壞，難辭其咎。

不管出於白人的雄心、人道主義，還是出於對歷史負債的償還心理，二戰之後，美國總統杜魯門開闢一個新的領域，就是對外援助，尤其是對未開發非洲地區的援助。1949年1月20日，他在總統就職演說中說道：「全世界一半以上的人民生活條件極端困苦……有史以來第一次，我們用人性支配著知識和技能，去為這些人解除痛苦。」世界銀行前行長詹姆斯·沃芬森（James Wolfensohn）更是把「我們的夢想是一個沒有貧窮的世界」的字樣掛在世界銀行總部大廳的牆上。哥倫比亞大學經濟學教授、以「休克療法」聞名於世的著名經濟學家傑佛瑞·薩克斯曾在《終結貧窮》中提出一個「大推進」計畫。他認為，全世界的貧困問題是糟糕的健康、落後的教育、匱乏的基礎設施建設相互作用所形成的惡性循環，導致掉進「貧困陷阱」所致。只要推行大規模的政府援助，將這些貧困地區推離「貧困陷阱」，它們就大有希望走上富裕的道路。[5]

　　在這種歷史背景下，西方國家很多左派人士認為，非洲的貧困是西方富裕國家缺乏同情心、沒有給予足夠援助的結果，甚至認為，七大工業國應該各自拿出國民所得的0.7％援助非洲才算公平。這些左派人士不知道是用了什麼樣的理論，把這個數字計算得如此精確，真是難為了他們。事實上，近50年西方富裕國家對非洲的援助高達2兆美元，不可謂不高。但結果呢？非洲不僅仍是全球最貧困的大洲，很多國家還比20年前還要貧窮。非洲女學者丹碧莎·莫尤曾出版過一本轟動一時的著作，評價對非援助的政策，書名叫《無用的援助》。在這本書裡，她毫不客氣地指出，西方援助害非洲。此書更引發人們對「援非」的討論和爭議。莫尤出生於非洲，曾在哈佛大學接受教育，擔任過世界銀行的非洲專家。在她的書中，她以大量實例指出，西方對非洲的援助，不僅無法解決非洲的經濟問題，反而會使非洲一直貧困下去，援助把非洲推進火坑。[6]

　　與二戰之後美國對歐洲的援助不同，歐洲雖然屢經戰亂，可是民主體制和文化傳統並沒有被摧毀，但非洲國家多數並無健全的民主制度，所以西方的援助多半都被政府官僚貪汙挪用。許多非洲國家的部長們開的都是世界上最好的車，住的也是最豪華的房屋，但非洲人民仍然生活在水深

火熱之中。

　　西方國家對非洲的援助是否真的帶給非洲更多的災難？非洲內部的戰爭與衝突到底是不是因國外的援助而加劇了呢？白人的雄心或人類的善良願望，給非洲人帶來的到底是什麼樣的結果？這中間的因果關係，還需要經濟學大偵探們來釋疑解惑。

美國的食物援助給開發中國家帶來內戰？

　　人道主義援助是國際社會為減少開發中國家遭受饑饉與痛苦而採取的重要政策，其中最重要的是食物援助。然而，近年來，這些人道主義援助受到愈來愈多的批評。批評人士認為，這些援助不僅無效，事實上還帶來衝突和戰爭。若果真如此，那真是大大違背援助者的初衷。但現在這些批評基本上都缺乏量化的證據，而且也缺乏因果關係的嚴謹分析。

　　想要識別食物援助與地區衝突的因果關係，最大的障礙就是雙向因果問題。所謂雙向因果問題，你可以把它理解為「雞和蛋」之間的關係，到底是先有雞還是先有蛋，這當然是一個千古謎題。一個地區愈是容易遭遇衝突和戰爭，肯定就愈容易引發災難、導致饑荒，當然也就最容易成為人道主義援助的對象。所以，你如果抱怨不該進行人道主義援助，認為人道主義援助帶來戰爭，那麼援助者或許會疑惑地問你：「這難道不是它們本來遇到戰亂，所以我們才去援助的嗎？」面對這樣的回答，再加上進行人道主義援助本身所具有的正義性，你可能會無言以對，難以反駁。不過，這可難不倒我們的經濟學大偵探，他們在處理這類難題上一向很有辦法。

　　2014年，經濟學大偵探納恩教授與另外一位華裔大偵探，在〈消失的女性之謎〉已經登場的錢楠筠教授合作一篇標題為〈美國食物援助與內戰衝突〉的文章，[7] 這篇文章發表在經濟學頂級期刊《美國經濟評論》上，為我們揭開食物援助與地區衝突的因果關係面紗，尤其是非洲地區的內戰與衝突。

　　兩位大偵探巧妙使用兩個不同的變化，把不同國家在不同時期的內

戰衝突情況與外部援助聯繫起來。

　　第一個變化是美國小麥生產豐收與歉收的年度變化。美國的小麥豐收與否基本上與天氣有關，乾旱或者水災會導致小麥減產，風調雨順則會帶來小麥大豐收。美國有一項價格保護政策，要求政府以設定的價格向美國農場主收購小麥，這就會使美國政府在豐年時累積大量的小麥庫存。於是，美國政府就會把大量的小麥運到開發中國家，作為食物援助給它們。所以，美國小麥豐收與否，就和美國的食物援助掛鉤。一般來說，如果今年是小麥豐收年，那麼美國明年對開發中國家的食物援助就會增加。

　　由於美國的天氣狀況不可能被人為操控，所以它就為我們提供一個天然的外生條件，可以讓我們觀察在小麥豐收和歉收的年份，美國對外食物援助的變化。

　　第二個變化是每個開發中國家收到美國食物援助的不同頻率。如何計算這個頻率呢？兩位大偵探蒐集到1971～2006年共36年間某國收到過美國食物援助的情況，把收到美國食物援助的年數除以36，就可以得到該國獲得美國食物援助的頻率。

　　兩位大偵探把這兩個變化綜合在一起，構成一個交互作用項，即用美國上一年的小麥收成情況乘以一個開發中國家過去獲得美國食物援助的頻率，然後用這個交互作用項作為在給定年份某個開發中國家收到食物援助數量的工具變數。雖然這個工具變數看起來更為複雜，但原理和之前提到的工具變數並沒有什麼差別。首先，這個交互作用項可以告訴我們，在給定一個開發中國家接受國外食物援助的頻率時，該國某年收到的食物援助多寡，將取決於美國小麥生產的豐收和歉收情況。其次，這個工具變數中美國小麥生產的收成情況是由美國的天氣狀況決定，這個天氣狀況人們無法控制，它不會受到接受援助的地區本身的內戰衝突狀況影響，這樣，雙向因果關係就變成單向因果關係。也就是說，這個方向只能是美國天氣狀況影響美國小麥收成的情況，美國小麥收成的情況影響對開發中國家的食物援助，反過來是不成立的。這就把雞生蛋還是蛋生雞的問題給解決了，工具變數就像一把「手術刀」，只留下雞生蛋這一條路徑，把蛋生雞

那條路徑給去除掉了。工具變數都是大偵探們發揮想像力，奇思妙想得到的，正所謂「工具本天成，妙手偶得之」，真是一點不假！

即使我們直覺上認為兩位大偵探選擇的這個工具變數不大會透過其他途徑影響開發中國家的內戰衝突，但他們還是體現經濟學大偵探嚴謹的素養，充分考慮其他的可能性。第一個可能性是，美國小麥生產的豐收和歉收程度會不會與發生衝突戰爭地區的天氣相關，如果相關，那這個工具變數的「手術刀」就會顯得不夠精準，在做手術時會受到汙染。為了解決這個問題，兩位大偵探還控制接受食物援助國家的天氣狀況。第二個可能性是，美國小麥產量的變化可能會與國際小麥價格相關，而國際小麥價格也可能會影響接受食物援助國家的內部衝突。但這方面的擔憂，一方面可以透過美國的農業保護政策中設定的小麥收購價不受國際市場波動的影響來緩解；另一方面，大偵探們還控制特定接受食物援助地區每一年的固定因素，以及國際小麥價格的變化等變數，從而解決這個問題。

經過更多精心的研究設計，以及資料蒐集工作之後，兩位大偵探的研究向我們表明，對國際人道主義援助持批評意見的人士是對的，美國的食物援助平均而言的確引發接受援助國家更大的內戰衝突。美國食物援助的增加，會增加接受援助國家武裝衝突的發生率。而且，食物援助的增加並未減少其他形式的援助，所以可以肯定的是，這種武裝衝突的增加確實是由於食物援助的增加所致。

真相大白之後，也讓我們陷入痛苦的反思。

人道主義者懷著一片好心，抱著為全人類消除貧困和痛苦的美好願望，為什麼獲得的卻是這樣悲劇的結局呢？看來，在人類消除貧困的道路上，只有一顆善良的心還遠遠不夠。

也許，正如著名發展經濟學家威廉‧伊斯特利在《白人的負擔》一書中所說的：我們人類，尤其是西方富裕國家和國際援助機構，該好好反思這種靠著人為的推動計畫來消除開發中國家的貧困，推動其經濟發展的政策了。也許，還是應該像我們的經濟學大偵探納恩教授那樣，透過更為深刻地對開發中國家的制度和文化加以研究，尋找更為可行的道路才是正途。

本章推薦閱讀文獻

Nunn, Nathan. 2008. "The Long-Term Effects of Africa's Slave Trades." *Quarterly Journal of Economics*, 123（1）: 139–76.

Nunn, Nathan, Leonard Wantchekon. 2011. "The Slave Trade and the Origins of Mistrust in Africa." *American Economic Review*, 101（7）: 3221-52.

Nunn, Nathan, Nancy Qian. 2014. "US Food Aid and Civil Conflict." *American Economic Review*, 104（6）: 1630-66.

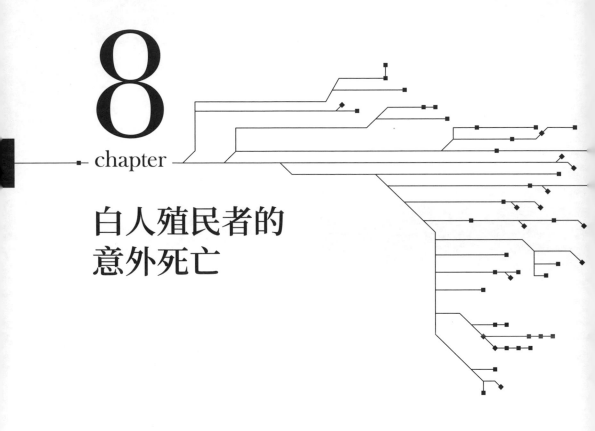

8
chapter

白人殖民者的
意外死亡

當今世界，為什麼有的國家富裕，有的國家貧窮？這是經濟學家們一直在苦苦追尋答案的謎題。

根據國際貨幣基金組織（IMF）公布2017年世界人均GDP資料，世界上最富有的10個國家分別是：卡達、盧森堡、阿拉伯聯合大公國、挪威、新加坡、美國、瑞士、荷蘭、愛爾蘭和奧地利。這些國家的人均所得非常高，居民的生活水準和人均壽命也很高。它們之中除了卡達、阿拉伯聯合大公國和新加坡位於亞洲，其他都位於歐洲和北美地區。這些國家大多實行資本主義民主制度，推行市場經濟。

而最貧窮的10個國家分別是：辛巴威、剛果民主共和國、賴比瑞亞、蒲隆地、索馬利亞、尼日、厄立垂亞、獅子山、中非和阿富汗。其中除了排在第10名的阿富汗之外，全部位於非洲。它們在歷史上飽受奴隸貿易和殖民主義之害，極度貧窮，人均壽命也非常短。其中排在第1位的辛巴威，人均年所得才0.1美元，女性的平均壽命只有34歲。

這就是現代世界的現實。這個世界的貧富懸殊極大，地區分布也極不平衡。

200多年前的1776年，經濟學的奠基人、偉大的亞當‧斯密在傳世名作《國富論》中這樣寫道：「在一個施政完善的社會裡，分工之後，各行各業的產出大增，因此可以達到全面富裕的狀況，將財富普及到最下層的人民。」[1]《國富論》的英文是「The Wealth of Nations」，其中的Nation可以翻譯為「國家」或「民族」，請讀者們仔細看，亞當‧斯密在這個書名中使用Nation是複數形式。也就是說，在這位經濟學之父的心目中，他在上述這句話中所描述的美好前景不限於某一個國家和民族，而是人類所有的國家和民族都可以實現。

既然所有國家和民族都有機會實現富裕的夢想，那麼，到底國家富有或貧窮的根源何在呢？傳統的經濟成長理論認為，技術進步是推動經濟成長至關重要的因素。

著名經濟學家、1993年諾貝爾經濟學獎得主道格拉斯‧諾思的一系列開創性研究認為，產權制度、生產的組織能力，才是西方國家經濟起飛

的重要原因。諾思尤其重視產權制度的重要性，他認為只有產權明晰，才會使有效率的經濟組織出現，因此才能進行知識創新，推動科技進步。【2】

近些年來，以著名經濟史學家迪爾德麗・麥克洛斯基以及喬・莫基爾等人為代表的新經濟史學派，對既有與經濟成長有關的原因探究進行批判。他們認為，不僅科技進步是經濟成長的結果，就連產權制度也一樣，都只是經濟成長的結果，而非原因。他們認為，西方之所以會有工業革命，會有這場持續數百年的經濟成長，根本原因在於啟蒙運動帶來的身分平等與對個人尊嚴的尊重。【3】

對於經濟成長原因的謎底，至今仍沒有真正揭開。

著名經濟學家、1995年諾貝爾經濟學獎得主小羅伯・盧卡斯曾說：「一旦你開始思考經濟成長，就無法再想別的事情了。」經濟成長之謎是如此誘人，所以，我們的經濟學大偵探在這個領域也一直躍躍欲試，嘗試著給出自己的實證答案。

▌新教倫理與資本主義精神，韋伯是對的嗎？

宗教信仰與經濟成長之間的關係一直受到學術界的關注，這是社會科學中長期懸而未決的難題之一。

從1904年到1906年，德國著名哲學家、社會學家馬克斯・韋伯在《社會學和社會福利檔案》期刊上連載一本重要的社會學著作《基督新教倫理與資本主義精神》。這是馬克斯・韋伯的代表性作品，在出版至今的100餘年中，曾經引起過好幾波論戰。

韋伯在這本書中主要討論的便是「基督新教倫理」和「資本主義精神」這兩個概念，他要研究的正是基督新教倫理與資本主義精神之間的關係。

韋伯認同美國開國先賢之一的班傑明・富蘭克林的意見，認為資本主義精神指的乃是一種帶有功利主義色彩、以增加資本本身為目的、累積個人財富的責任意識。這種資本的累積，為的是用於社會再生產，而非個

人消費。資本家只要在經濟制度下以合法的管道賺錢，就是實行某種天職（Calling）的表現。「天職」是基督教新教教派的核心倫理觀念，從中世紀的宗教改革家馬丁‧路德（Martin Luther）而來。所謂的「天職」，不是指人以苦修、超越世俗道德的禁欲主義方式來追求上帝的應許，反而應該在俗世中，完成個人在其所處職業位置上的工作責任和義務。

韋伯描述的資本主義精神具有理性計算的特徵，以嚴格、小心謹慎且富有遠見的計算為基礎，進而謀求經濟上的成功。所謂的基督新教倫理，一方面強調消費上的節制，一方面強調自願勞動的重要性，鼓勵人不可虛度光陰，否則會浪費掉上帝賜予的寶貴時光。韋伯認為，正是這種節制消費和強調勞動的觀念，使資本家階級的資本逐漸得到累積，累積起自己的財富。用韋伯的原話就是：「在構成近代資本主義精神，乃至整個近代文化精神的各種基本要素之中，以『職業』概念為基礎的理性行為這個要素，正是從基督教禁欲主義中產生出來的，這是本書力圖論證的觀點。」[4] 由此可知，韋伯認為，「基督新教倫理」與「資本主義精神」之間存在著某種因果關係。這就是學術界著名的「韋伯命題」。

馬克斯‧韋伯一向以思想深刻、學識淵博著稱。他觀察到，自16世紀開始，西歐受宗教改革影響的地區與資本主義蓬勃發展的地區有相當程度的重疊，他認為這不是單純的歷史巧合。因為基督教新教教派對高利貸、利潤等觀念的改變，解除人在追求利潤時蒙受的文化壓抑與潛意識上的道德焦慮感。韋伯認為，基督教新教教眾在信仰上有一種新的心態，這是一種典型的資本主義心態。正是這種心態的產生，導致近代資本主義的興起。韋伯的這部《基督新教倫理與資本主義精神》在1958年由哈佛大學著名社會學家塔爾科特‧帕森斯翻譯成英文，一時風靡英語學界。後經由英譯本而轉譯成各國譯本，在全世界產生較大的影響。

後來，馬克斯‧韋伯的基督新教倫理說屢經發展，出現許多變種，但基本宗旨總結起來不外以下三點：[5]

第一，1517年馬丁‧路德發動宗教改革，催生基督新教，改變教眾對世俗利益的態度，鼓勵新教信徒透過追求經濟成就來榮耀主。新教鼓勵

信徒直接與神溝通，不再相信宿命說、奇跡論，促進理性主義的發展。這種理性精神對於追求經濟成就和累積資本，有著長期的推動作用。

第二，基督新教倫理精神改變信徒的世界觀，信徒更加勤奮、節儉，重財富和資本累積。18～19世紀工業革命的成功，就是因為基督新教倫理精神於16～18世紀在工作態度和資本累積上做好準備所致。所以，工業革命發生的地區，與信仰基督新教的地區具有地理上的高度重疊性。

第三，信仰天主教的地區，教眾認為追求財富的人想上天堂，比駱駝穿過針眼還難，所以，這些地區的人很難形成積極的工作倫理，神權的限制會使這些地區很難產生理性主義與科學態度，不積極向海外發展，很難產生資本主義和工業革命。

事實上，在韋伯去世後不久，英國著名經濟史學家理查‧陶尼就曾在1926年撰寫過一部名為《宗教與資本主義興起》的著作反駁他的觀點。[6] 陶尼認為，韋伯揭露的因果關係其實剛好相反。宗教信仰確實會影響人生觀，從而改變人對社會的看法，但是，反過來也可以說，經濟與社會的變遷更會影響宗教的觀點。陶尼的批評頗類似我們提到過的雙向因果關係，兩者相互影響，你中有我，我中有你，至於孰為因、孰為果，在理論上難以釐清。

後來，法國年鑑學派的歷史學大師費爾南‧布勞岱爾也反對韋伯的說法，他更是從地理變遷的角度來解釋資本主義在北海地區（恰好是新教教區）經濟發展的原因。[7] 而且，布勞岱爾還認為，使用歷史社會學的方法不但不能解決韋伯命題，反而會把這個問題複雜化。

歷史與社會學者對韋伯提出的命題爭論長達百年，始終難以使對方信服，對於該命題的真與偽，莫衷一是。雖然也有一些歷史學家和社會學家從歷史統計資料中進行實證資料分析，但由於難以解決因果關係難題，得到的結論也是有的支持、有的反對，始終不得要領。[8]

直到2015年，經濟學大偵探大衛德‧坎托尼在《歐洲經濟學會會刊》發表〈新教改革的經濟效應：以德意志為例檢驗韋伯假說〉的文章，[9] 揭開謎底，為我們提供可信的因果關係證據。

大偵探坎托尼深入探討早期現代德國歷史，研究基督新教倫理與經濟成長之間的因果關係聯繫。他巧妙地借助歷史上的《奧格斯堡國家及宗教和約》（簡稱《奧格斯堡和約》）導致神聖羅馬帝國（大致相當於早期的德意志地區）境內不同教派的教區之間的差異，建構一個自然實驗，研究神聖羅馬帝國內新教和天主教教區之間在經濟成長模式上的不同表現。

《奧格斯堡和約》是神聖羅馬帝國皇帝查理五世與日爾曼新教諸侯在奧格斯堡的帝國會議上於1555年簽訂的和約。這個和約提出「教隨國立」的原則，第一次以法律的形式正式允許路德宗（新教教派）與天主教共同存在於德意志。

坎托尼選中的這個歷史環境對於他展開因果關係的實證研究頗有幫助。第一，在早期的德意志境內，宗教信仰的選擇存在異質性，也就是自16世紀開始，在德意志境內有的諸侯國信奉基督教新教教派，有的信奉天主教派，而且是整個諸侯國都只信奉一個教派，這種局面一直維持到19世紀。

這就為我們提供實驗組和控制組，因為我們考察的是基督新教倫理與經濟成長的關係，所以在德意志境內信奉新教的諸侯國就是實驗組，信奉天主教的就是控制組。第二，這種宗教信仰的選擇是由《奧格斯堡和約》強制推行的，一個人的宗教信仰不是自由選定的，而是根據「教隨國立」的原則必須信守的法律。

坎托尼分析早期德意志境內信仰新教的地區和信仰天主教的地區在6個世紀（1300～1900）中的長期經濟發展。這段時期的選擇既包含《奧格斯堡和約》訂立前各地區的信仰狀況以及經濟狀況，也包括訂立後的相關資訊，這就方便控制該和約訂立前這些地區的其他因素。坎托尼以城市規模作為地區經濟發展的代理變數，衡量一個地區的經濟發展程度。同時，他還廣泛蒐集盡可能多與地區和城市特徵有關的其他變數，以及制度和經濟上的不同特徵，從而保證估計的精確性。

透過一番嚴謹的歷史資料分析之後，坎托尼發現，基督新教倫理在600年的漫長歷史中對經濟成長並不存在統計上顯著的正向效應。事實

上，天主教地區和基督教新教地區的經濟成長表現幾乎不分軒輊。

韋伯命題引發的百年爭論，至此基本上宣告終結。

人文知識份子向來強調對經典哲學和社科著作的閱讀，這種老派的閱讀導向的確很有吸引力。但正如中國知名的青年政治學者劉瑜所說：「大多哲學和社科經典都寫作於『實證』幾乎不可能的時代，比如，在二戰之前，基本上不存在大規模的民意調查、完整的總體經濟和社會資料、科學上嚴謹的統計技術等等，所以大多數經典的寫作方式只能從概念到概念，從推斷到推斷，從靈感到靈感。這種寫作方式往往能創造出很多很漂亮、很有啟發性的理論框架，但是很難檢驗這些理論的有效性，又因為不能檢驗它的有效性，即沒有『證偽』它的可能性，知識很難有效累積。」[10] 回顧對韋伯命題百年來的爭論過程，讓人不能不對劉瑜的這番話表示認同。

思想和資料應該是互相印證、互相激發的關係。片面強調其中的任何一個方面，都不是正確的解讀方式。

愈冷的國家愈富有，孟德斯鳩說對了嗎？

在發展經濟學中，有一個看似被廣泛接受的事實：一個國家愈是靠近赤道，人均所得水準就愈低。

中國素來有北人和南人之爭。魯迅先生曾在《北人與南人》這篇雜文中刻薄地評價道：「北方人是飽食終日，無所用心；南方人是群居終日，言不及義。」[11] 從地理上把人分為南北，頗有認知偷懶的嫌疑。有趣的是，在有關經濟成長的諸多學說中，有一種學說叫作「地理決定論」，與這種南人北人的爭論頗為相似。這個學說宣稱，富國和窮國的巨大分野是由地理差異所決定。當今世界的窮國大多位於非洲、中美洲和南亞地區，這些地方多處在南北回歸線之間，位於熱帶。而對比之下，富國往往位於溫帶地區。

認為地理上位於熱帶和溫帶是導致國家富有或貧窮的原因，看起來似乎是一種再膚淺不過的說法。中國南方和北方的發展就提供一個反例，

至少近代以來，相對炎熱的南方地區經濟發展水準就遠高於相對寒冷的北方地區。有趣的是，這種說法還頗為流行，歷史上竟有不少學者大佬為之背書。其中最有名的人物當數《論法的精神》的作者、偉大的法國啟蒙思想家孟德斯鳩。

孟德斯鳩是法國啟蒙運動的代表，是近代西方國家學說和法學理論的奠基人。他於18世紀上半葉出版的《論法的精神》（中文初譯名《法意》），耗費他14年的光陰，是法學和政治學中的不朽名著。在這本書的第三篇，他討論各種法律與氣候性質的關係。他認為：「精神特點和內心情感如果在不同氣候條件下確實迥然有異，那麼，法律就應該考慮這些內心情感和精神特點的差異。」[12]

他還進一步論證道：「人在寒冷的氣候時精力比較充沛……一個人若處在悶熱的氣候中，有鑑於我在前面說到的原因，心神就會高度萎靡不振。若在這種情況下請他做一件需要勇氣的事，我相信他肯定難以答應，因為，虛弱使他的心靈沮喪，他覺得自己什麼也幹不了，所以什麼都怕。炎熱地區的人怯懦如同老人，寒冷地區的人驍勇如同少年。」「我們不難發現，北方氣候下的人惡習少而美德多，非常真誠和坦率。一旦接近南方地區，你簡直就以為遠離道德，強烈的情欲導致罪惡叢生，人人都竭盡全力攫取其他人的好處，用以為情欲加薪添火。」最後，孟德斯鳩甚至認為，這種氣候的差異使處於熱帶地域的人更願意受人奴役，「氣候炎熱到極度時，人就渾身乏力，萎靡狀態於是侵入精神，沒有任何好奇心，沒有任何高尚的抱負，沒有任何慷慨豁達之情，一切偏好都相當消極，怠惰就是享福；與其動腦筋，不如受懲罰，與其用心思指導自己的行為，倒不如被人奴役好受些。」

如此這般的言論，說孟德斯鳩搞地域歧視，大概絲毫也不過分。但是，我們又要看到，他在講述每個結論時，都貌似有一套在他看來理性的解釋，這其實是一種不訴諸神靈的啟蒙精神。比如，他在論述人在寒冷的時候為什麼精力比較充沛時，先論證人體外部纖維的末端因冷空氣而收縮，從而有利於血液從末端回流心臟，「寒冷使纖維的長度縮短，從而增

強力量。反之，熱空氣使纖維末端鬆弛，長度增加，因而使彈性和力量縮小」。當然，今天再看這些解釋，就會讓人忍俊不禁了。說實話，我看到這裡都快笑出來，孟德斯鳩讓我知道，這個世界上到底什麼叫一本正經地胡說八道。其實，到底是不是胡說八道並不要緊，關鍵是要一本正經，因為在一本正經中體現科學的進步。

很抱歉我這樣說話，孟德斯鳩的思想有深刻的地方，但這不意味著他說的話全都對。敢於質疑權威，本來就是啟蒙運動思想家教給我們的信條。即使在這裡，孟德斯鳩也體現啟蒙運動的理性精神。

那麼，到底孟德斯鳩的這番言論有沒有合理之處呢？我見過一些把先賢的話奉為圭臬的人，他們自然認為孟德斯鳩說的一點也沒錯。到底是對是錯，我們還是把這個問題交給經濟學大偵探來回答吧。

2020年，經濟學大偵探羅伯特·馬斯蘭德與合作者阿布杜拉·烏默爾、哈里·蓋瑞森在《經濟行為與組織期刊》上發表一篇題為〈孟德斯鳩說對（一半）了嗎？〉的文章，[13] 從一個新穎的角度為我們做出回答。

大偵探馬斯蘭德等人要驗證孟德斯鳩的說法是否正確，主要分兩個步驟。第一步，他們要研究人們的工作態度與氣候之間存在的關係。為此，他們採用一種由馬斯蘭德發明的新方法，來衡量處於不同氣候條件下的人對待失業的主觀福利感受，以此來表示人對待工作的態度。第二步，他們把由此計算得到的工作態度指標作為解釋變數，來研究它們對經濟發展差異的影響，從而就可以評估出氣候條件是如何透過工作態度這個管道來影響經濟發展。雖然幾位大偵探發現，氣候確實對工作態度有明顯的影響，但是，氣候和經濟發展之間的關係中，卻只有很小一部分是由這個管道造成。

由此，他們認為，氣候條件確實會影響諸如工作態度之類的文化風氣，但是透過這條途徑影響經濟發展的效果非常微弱，雖然不能說孟德斯鳩全錯，但支持他觀點的證據並不充分。

馬斯蘭德等人這個研究的意義在於，他們透過一種新穎的衡量方法，把氣候條件透過文化影響經濟發展的效應給清楚估計出來，提供新的

認知。

白人殖民者的意外死亡：一個巧妙的工具變數

既然宗教文化決定論和地理決定論都不足為據，那麼，國與國之間在人均所得上的差異，到底是由什麼原因造成的呢？

雖然我們對於經濟成長背後最深層的機制尚不清楚，不明白為什麼工業革命率先出現在歐洲，特別是英國，但我們卻知道所有的富國都具有一些制度上的特徵，尤其是財產權利保護制度。在人均所得上表現更為優秀的國家，對財產權利的保護常常更為充分，所發布的經濟政策往往更能激勵人們在實際資本和人力資本方面進行投資，而這些因素都是帶來良好經濟效益的重要保證。

在〈義大利黑手黨的前世今生〉已經登場的經濟學大偵探艾塞莫魯教授2012年與哈佛大學政治學教授詹姆斯·羅賓森共同寫作出版一本書，名字叫《國家為什麼會失敗》。[14] 這本書2015年在中國出版中文版（2013年出版繁體中文版），引起不小的轟動。在這本書的開頭，作者向我們描述一個關於諾加雷斯市（Nogales）的故事。

諾加雷斯市被一道圍牆分為兩半，這一隔就分屬於兩個國家。就像當年的柏林圍牆，一邊是聯邦德國，一邊是民主德國。如果你站在諾加雷斯市的圍牆上，往北看就是美國亞利桑那州諾加雷斯市，位於聖塔克魯茲郡境內。這裡的家庭年均所得約3萬美元。大多數青少年都在學校讀書，居民們的預期壽命超過65歲。此外，政府不但提供醫療保險計畫，還提供電力、電話、汙水處理系統、公共衛生以及公路網等服務，當然還有不可或缺的治安服務。亞利桑那州諾加雷斯市的市民每天從事生產活動時，無需擔心生命危險或其他安全威脅，也不用擔心隨時被偷竊、被徵用，還不用擔心有什麼能危及在事業與家庭上的投資。

而僅僅幾英尺之外圍牆南邊的情況卻大不相同。墨西哥索諾拉省諾加雷斯市的居民雖然已經生活在國家相對富裕的地區，但他們的家庭年均所得只有約1萬美元，是亞利桑那州諾加雷斯市居民的1/3。索諾拉省諾加

雷斯市的許多青少年不在學校就讀。落後的衛生條件使居民的預期壽命遠不及圍牆北邊的鄰居。這個地方的道路狀況極差，治安水準很低，犯罪率奇高。在這裡，創辦企業是一件風險極高的事情，且不說可能會遭到匪徒劫掠，為了取得各種許可，就需要賄賂許多地方官員，只是開業就已經相當不容易。

從諾加雷斯分為兩半的城市來看，地理、氣候條件幾乎沒有差別，哪怕是當地流行的疾病種類都一樣，但居民們的生活條件和健康狀況卻大不相同。那麼，是不是圍牆兩邊的居民來自不同的種族和文化呢？難道北邊的居民都是歐洲移民的後裔，南邊的居民都是當年美洲土著阿茲特克人的後代？情況並非如此。事實上，圍牆兩邊人民的背景非常相似。墨西哥在1821年脫離西班牙獨立後，諾加雷斯附近地區就成為墨西哥舊加利福尼亞省的一部分，甚至在1846～1848年美墨戰爭後依然如此。直到1853年被美國買下部分土地後，美國的邊界才延伸到這個地區。兩邊的居民有著共同的祖先，他們享用的食物、流行的音樂都一樣，可以說是同文同種。

一個城市的兩邊為什麼會有如此大的差異？沒錯，就是那道隔開兩邊的圍牆。圍牆的北邊實行的是美國的制度，生活在這裡的人可以自由選擇職業、接受教育和學習技術，企業家們也受到激勵，因而可以投資在生產設備，支付員工薪資，並賺取利潤。而在美國的政治制度下，政客們會向市民提供從公共衛生到法治在內的基本服務。而圍牆南邊的索諾拉省諾加雷斯市的居民就沒有這樣的幸運。所以，艾塞莫魯等人認為，是制度為兩邊的居民和企業家製造出不同的誘因，是制度的差異造成兩邊經濟繁榮程度的差別。

艾塞莫魯等人在《國家為什麼會失敗》中把經濟制度分為兩類：一類叫榨取型經濟制度，一類叫廣納型經濟制度。美國實行的就是這種廣納型經濟制度，它容許並鼓勵絕大多數人民參與經濟活動，發展才能和技術，讓每個人能做想要做的事情。而要成為廣納型經濟制度，「必須具備安全的私有財產、公正的法律制度，並提供公共服務讓所有人可以在公平的規則下交易和締結契約；經濟制度必須允許新企業進入，並讓人們自由

選擇職業」。所以，廣納型經濟制度助長經濟活動、生產力成長和經濟繁榮，其中安全的私有財產權制度是核心。而墨西哥和許多拉丁美洲國家則是榨取型經濟制度的代表。在歷史上，拉丁美洲許多國家都曾經是西班牙的殖民地，西班牙人的私有財產受到高度保護，而原住民的財產則相對不安全。在拉丁美洲殖民地，政府專注於脅迫原住民，缺乏公平的競爭環境或公正的法律制度，他們的法律就是用來歧視廣大人民的。

這類制度的設計，目的就是為了向社會的一部分人榨取所得和財富，以使另一部分人獲利。

雖然歷史學家、經濟學家和政治學家們發現，制度在經濟成長方面確實發揮著至關重要的作用，但我們仍然缺乏制度對經濟績效因果關係影響的可靠證據。也許正如麥克洛斯基和臭基爾等學者所說，良好的經濟制度可能是富國發展之後得到的結果，而不是推動它們走向經濟成功的原因。而且更為重要的是，也許隱藏在良好的制度和高所得水準背後還有其他的因素，這些因素既能為一國帶來高所得水準，也能引發良好的經濟制度。因此，要想估計出制度對經濟績效的因果關係影響，我們就需要制度由於某種原因而發生外生的變化。所謂外生的變化，就是那個原因只能引起制度發生變化，不會導致其他影響所得水準的因素發生改變。沒錯，讀者也許閱讀前面的章節後，可能已經猜到，這個原因就是工具變數。

2001年底，艾塞莫魯與他的合作者西蒙・詹森、詹姆斯・羅賓森在經濟學頂級期刊《美國經濟評論》上發表一篇題為〈比較發展的殖民起源：一個實證研究〉的文章[15]，提出一個理論，從歐洲殖民國家的制度差異入手，巧妙引入殖民者的死亡率作為工具變數，為我們估計出制度對經濟成長的因果關係影響。

他們的理論有三個基本前提：第一，不同類型的殖民政策會創設出不同的制度體系。一個極端情況是，歐洲殖民者建立的是一套榨取型經濟制度，目的只為盡可能榨取殖民地國家的各項資源。其代表就是比利時對非洲剛果王國施行的殖民統治政策。這些制度既不對該地區的私有財產提供保護，也不對政府的剝削行為做些政策上的平衡和校正。榨取型的殖民

策略，目的就是盡可能把殖民地資源轉移到母國。但這只是一種極端情況，更多的歐洲國家則是選擇向殖民地移民，並在當地定居，在殖民地複製母國的經濟制度，創造出一個翻版的「新歐洲」來，這是一種移植型的殖民策略。定居到殖民地的殖民者非常在意對私有產權的保護，對政府的權力大多進行限制，這樣的例子有很多，例如澳洲、紐西蘭、加拿大和美國等。第二，一個地區是否適合歐洲殖民者生活，會大幅影響殖民者對該地區採取的是榨取型的殖民策略，還是移植型的殖民策略。如果殖民地非常不適合白人殖民者生存，原因可能有很多，或者是疾病或瘟疫橫行不利於白人生存，或者是當地土著反抗激烈、極端仇視殖民者，都可能導致歐洲殖民者在這些地區生存艱難，死亡率大大提高。而在歐洲殖民者愈不適宜生存的地區，他們定居下來的欲望愈低，移植本國制度就愈不積極，更有可能建立榨取型的經濟制度。第三，殖民地的經濟制度和國家治理模式在獨立之後仍然得到延續。從歷史資料上看，這三個前提都站得住腳。

有了這三個前提，幾位大偵探就把第一代白人殖民者在殖民時期的死亡率作為這些國家當前制度的工具變數，這樣就可以估計制度對經濟成長的影響。這個方法的好處在於，第一，它把制度中其他影響經濟成長的混雜因素都剔除出去；第二，它還把制度影響經濟成長、經濟成長又影響制度的雙向因果關係中的後一條路徑給斬斷了。如此一來，我們就可以更為精確地估計制度對經濟成長的因果關係影響了。

現在，我們來重新思考這樣的邏輯關係：殖民者在殖民地的死亡率會影響他們是否願意在當地定居下來，而定居與否，會影響殖民者對殖民地採取榨取型經濟制度還是移植對本地經濟發展更有利的母國經濟制度，這種經濟制度的選擇又會影響殖民地國家獨立後經濟制度的形成與延續，最後，這些國家的經濟制度會影響它們的經濟表現。

這篇文章剛剛問世時，大家紛紛嘆為觀止！因為制度與經濟成長的因果關係，一直都是學術界的難題，這次能夠以如此巧妙的研究設計，並從歷史資料中給出相對嚴謹的驗證，確實讓人有驚豔之感！

艾塞莫魯等人使用這個工具變數迴歸的方法，估計出制度對人均所

得水準存在極大的正向影響。他們還發現,這種因果關係並不是由一些表現特別好的國家造成的,在控制緯度、氣候條件、流行疾病、宗教、自然資源、土壤品質、語言多樣性程度以及種族構成等因素之後,依然顯著。幾位作者還特別強調,這個結論並不代表今天的制度是由之前的殖民政策決定,然後就不會改變,他們只是強調,殖民文化是影響制度的諸多因素之一。

艾塞莫魯等人的這項研究雖然肯定制度對經濟成長的因果關係作用,但正如他們所說,關於制度與經濟成長的關係,仍然有一些問題尚未解決。他們基本上把制度視為一個「黑匣子」,只是告訴我們,這個「黑匣子」對人均所得水準有因果關係的影響,但至於這個「黑匣子」裡面到底有什麼東西,仍然有待我們進一步探尋。

▍榨取型殖民經濟制度一無是處嗎?

上一節我們講到,榨取型經濟制度是使某些地區持續比其他地區更為貧窮的一個重要原因,在這些地區的殖民歷史中,殖民者唯一的目的就是盡可能榨取殖民地的資源,所以他們不會有強烈的動機去建構保護財產權利等促進當地經濟發展的制度,那些地區也就出現今天的落後局面。

筆者曾經應新竹清華大學黃春興老師的邀請到台灣訪問一段時間,期間與經濟思想史專家賴建誠教授、經濟史專家劉瑞華教授交往頗深,結成忘年之交。訪台期間,我順便走訪一些日本的工業舊址,其中最有名的莫過於台灣糖業公司(以下簡稱「台糖」)遺址,現在的台糖已經是一個遺址博物館。由於台灣礦產資源相對短缺,只能用來種植農作物,所以日本人占領台灣之後感到沒有其他資源可以榨取,就勒令台灣種植甘蔗。日據時期,蔗糖非常寶貴,所以台糖曾經是台灣最有名的企業之一。為了方便甘蔗的種植與運輸,以及蔗糖的加工和運送,日本殖民者在台灣也修建不少基礎設施。一部台糖的歷史,幾乎是台灣半部早期工業史。從這個例子來看,殖民者為了得到想要榨取的資源,創造更多的剩餘產品,也經常會建造複雜的經濟體系,這些會潛在有利於長期的經濟發展。

以殖民地的農業發展為例，殖民者讓當地種植莊稼，然後榨取他們的糧食，並把這些糧食運回母國，都要在當地培植起經濟勢力來，對當地的各種生產組織形式進行改造，修築道路等基礎設施，進行技術轉讓和教育培訓等。這樣的例子不僅包括台灣，當年英國在印度也是如此。

　　2020年，在〈墨西哥毒品戰爭之殤〉中已經登場的經濟學大偵探梅麗莎·戴爾教授與合作者班傑明·歐肯在經濟學頂級期刊《經濟研究評論》上發表一篇文章〈榨取型殖民經濟的發展效應：爪哇島的荷蘭種植園體系〉。【16】這篇文章利用19世紀荷蘭東印度公司在爪哇島的殖民事件，考察殖民統治對地區發展的長期影響。

　　19世紀時，荷屬東印度群島（今天的印尼）是荷蘭在全世界最重要的殖民地之一，其中爪哇島更是這個殖民地的核心地區，一直到今天，這裡也是印尼的經濟和人口中心。在1830年代到1870年代，荷蘭殖民者為了榨取更多的資源，在爪哇島建立一項重要的殖民經濟制度：荷蘭種植園體系。這個種植園體系是工業與農業的結合體：荷蘭殖民者設立蔗糖工廠進行甘蔗加工、蔗糖生產，與台灣的情形一樣，荷蘭殖民者把這些蔗糖運回母國，出口到歐洲。而距離蔗糖工廠半徑7公里以內的農業區就成為工廠的「控制區」，荷蘭殖民者強迫爪哇島的農民為他們種植甘蔗，為工廠提供原材料。這個體系為荷蘭殖民者帶來巨額的所得。蔗糖生產的所得一度占到荷蘭政府總所得的1/3，這也使得爪哇島成為荷蘭最富庶的殖民地，是名副其實的「甜蜜王國」。【17】不過，1930年代的經濟大蕭條使印尼的蔗糖種植業徹底崩潰。伴隨著該產業的崩潰，蔗糖種植園體系這個生產制度也被廢除。今天的印尼從曾經的「甜蜜王國」，變成一個食糖進口國。

　　在種植園體系形成之前，爪哇基本上是一個農業國，主要生產大米，而且只供本地消費，鮮有出口。種植園體系的建立需要對這裡的經濟生活進行重新組織，才能讓荷蘭殖民者有效榨取蔗糖產品。荷蘭殖民者在爪哇島修建94座以水力為動力的蔗糖廠，負責生產蔗糖。在這個體系的運行過程中，數以百萬計的爪哇農民投入其中，負責蔗糖的生產和運輸。為什麼蔗糖廠周圍半徑7公里以內被劃為甘蔗生產的農業區呢？原因在於，

甘蔗這種作物非常重，而且收割之後需要儘快加工煉糖，否則容易腐壞，甘蔗種植區不能離蔗糖廠太遠。

荷蘭種植園體系對爪哇島經濟組織的改變有兩個：第一，在先前主要種植農作物的地帶，透過設立蔗糖廠改造產業結構，形成製造業產業體系；第二，強迫蔗糖廠周圍7公里以內的控制區生產甘蔗，並為工廠供應勞動力。但是，要研究荷蘭種植園體系對爪哇島經濟的長期影響，最大的困難就是找不到反事實的對照組，也就是說，我們無法重新找到一個完全沒有受到荷蘭殖民者入侵的爪哇島，歷史不容許我們做出這種假設。那怎麼辦呢？既然歷史上沒有另外一個爪哇島可以作為反事實的對照組，我們的大偵探就決定自己創出一個這樣的反事實情形來。

荷蘭殖民者在爪哇島共設立94座蔗糖廠，這些蔗糖廠的分布非常講究，它們彼此之間的距離大小、周圍的區域是否適合種植甘蔗，以及是否能夠比較好的利用水力，都是考察的因素。同時，如果其中一座蔗糖廠的位置發生變化，比如向一條河流的上游移動5公里，那麼其他的蔗糖廠位置也需要做出相應的移動。也就是說，現實歷史中的蔗糖廠分布位置狀況是一種均衡狀態，但這種均衡狀態不是唯一的，我們只需要調整其中一些蔗糖廠的位置，就會形成一個新的均衡狀態。不過，新均衡中許多蔗糖廠的位置是我們假想出來的，雖然它們也同樣適合設立蔗糖廠，但實際在歷史上並沒有出現。而這些原本也適合設立蔗糖廠卻沒有設立的地區，就可以作為現在歷史上設立蔗糖廠地區的對照組。如此一來，我們就找到荷蘭種植園體系的對照組，這些地區原本同樣有條件設立這套體系，只是因為偶然沒有這樣的機會。

有了對照組之後，接下來的任務就是確定19世紀的種植園體系在1930年代的大蕭條之後仍然得到延續。作者們找到2001～2011年間印尼的家庭調查資料，她們發現，生活在歷史上蔗糖廠控制區的人們，與生活在更遠、沒有被蔗糖廠控制區的人們相比，更少從事農業部門的工作，更多被製造業或零售業所僱用。而且她們發現，這種情況由來已久，基本上不是由印尼自1980年以來的工業化導致。

對照組以及資料選好之後，大偵探戴爾教授和她的合作者接下來就可以研究：在荷蘭殖民時期，爪哇島的一個地區是否設立蔗糖廠，那個地區1980年代以後的經濟發展狀況。研究發現，與對照組的樣本相比，設立蔗糖廠地區的居民擁有更多的人均所得和消費水準，蔗糖廠的經濟控制使這裡的居民受益至今，享受著經濟發展的成果。那麼，這種因果關係是從哪些管道發生的呢？

　　戴爾教授與合作者認為，可能的管道有三個，她們分別對這三個管道或運作機制進行檢驗。

　　第一個管道是投入—產出之間的連結。1950年代到1960年代，有一群發展經濟學家認為，開發中國家不同經濟部門的連結為經濟結構的變遷提供關鍵性的運作機制。爪哇島受蔗糖廠經濟控制地區的產業構成也的確表明，透過投入—產出之間的連結而實現的聚集經濟確實是其中的一個重要機制。荷蘭殖民者想要的是高品質的蔗糖，但這些蔗糖廠也被允許生產低品質蔗糖，這類蔗糖的運輸成本很高，只適合在當地銷售。這樣，蔗糖的製造業與銷售業就在當地紮根下來。

　　第二個管道就是交通運輸基礎設施的修建和維持。在1830年，爪哇島幾乎沒有什麼道路基礎設施，唯一的一條道路也是出於軍事目的修建。到了20世紀早期，爪哇島的公路網和鐵路網已經是全亞洲最密集。這些基礎設施的修建，都與荷蘭的種植園體系有關，他們需要把蔗糖運到各個港口，然後運向歐洲市場。這種基礎設施建設的差異一直維持下來。

　　第三條管道就是人力資本累積上存在的差異。大偵探戴爾教授與合作者還特別使用斷點迴歸法，對蔗糖廠農業區邊界內外的區域進行比較，她們發現，邊界以內的地區政府會提供更多的公共財，這其中自然也包含學校等教育方面的投資。她們還發現，處於蔗糖廠經濟控制區以內的居民，受教育的程度普遍更高一些。這種情況從1920年代後出生的人們有記載的資料中可以清楚地看到。

　　此外，荷蘭殖民者並沒有足夠的官員對涵蓋大約10000個村莊的種植園體系進行直接管理，只能把管理工作委派給爪哇島的地方首領，賦予他

們對土地和勞動力的控制權比以前更大。這些村莊為了得到更多的所得，被激勵在生產和組織管理上表現更好。荷蘭種植園體系得到的效益並非都被榨取為私人利益，殖民者還幫助這些村莊克服集體行動的困境，為公共財提供資金。這些也都有歷史記載可以提供佐證。

總而言之，戴爾教授與合作者的研究表明，荷蘭種植園體系透過多種方式改變爪哇島的地方經濟形態，從而帶來持續至今更高的發展水準。這就打破榨取型經濟制度是造成許多國家長期成長表現不足的原因這種傳統觀點，她們為此提供一個凸出的反例。有意思的是，戴爾教授在麻省理工學院攻讀博士時的導師就是艾塞莫魯教授，做徒弟的推翻老師當年做出的研究成果，透過一代又一代人的努力，讓我們對經濟發展背後的真相又近了一步。

殖民地的文化遺產

2017年，學術界一起期刊撤稿風波引發歐美學界對殖民主義遺產的激烈辯論。

這一年，美國波特蘭州立大學政治科學系副教授布魯斯·吉列在《第三世界季刊》發表一篇名為〈殖民主義的狀態〉的文章。[18]他認為，近代西方殖民事業不應當在任何時候都被認為是壞事，而且強調殖民主義的歷史作用基本上是正面的，認為當今第三世界國家發展緩慢的一個原因，就是殖民者撤離得過於迅速。此文一出，立刻引起軒然大波，眾多學者連署反對，最終迫使期刊撤稿。

不得不說，吉列的文章存在諸多的問題，文獻引用出現錯誤，論述也頗為武斷，邏輯上甚至都有不少混亂之處，不算是一篇好的學術文章。但是，純粹從道德義憤的層面進行抗議，仍然值得商榷。

2020年，《經濟學文獻期刊》發表一篇名為〈歷史遺產與非洲發展〉的綜述文章，[19]隨著非洲在全球化過程中的角色愈來愈重要，理解這片大陸的經濟和政治背後歷史陰影產生的影響，自然也變得愈來愈重要。這篇文章把近一、二十年來關於這個領域的各種跨學科研究進行分類

評述，為我們提供在非洲經濟的演化過程中，歷史延續性發揮作用的強烈證據。大偵探納恩教授2020年也在《科學》雜誌上發表一篇題為〈經濟發展的歷史根源〉的文章，[20] 簡單地綜述透過歷史的視角如何更深刻理解各國當代經濟成就背後更深層的脈絡。

　　我們的經濟學大偵探在嚴格的科學意義上同樣在推進著對殖民地文化和歷史遺產的理解。需要強調的是，殖民文化中確實有血腥暴力的一面，殖民者在非洲、南美洲、亞洲等地犯下的罪行罄竹難書。但是，有時候一種制度的長期後果殊難預料，對於不同的歷史文化遺產，我們需要以辯證的角度加以看待。同時，作為社會科學工作者，我們也有責任和義務從科學的角度對這類問題進行嚴謹的研究，並做出客觀的回答。

本章推薦閱讀文獻

Acemoglu, Daron, Simon Johnson, and James A. Robinson. 2001. "The Colonial Origins of Comparative Development: An Empirical Investigation." *American Economic Review*, 91（5）：1369–401.

Cantoni, Davide. 2015. "The Economic Effects of the Protestant Reformation: Testing the Weber Hypothesis in the German Lands." *Journal of the European Economic Association*, Vol. 13, N. 4（August）：561–98.

Oumer, Abdella, Robbert Maseland, and Harry Garretsen. 2020. "Was de Montesquieu（only half）Right? Evidence for a Stronger Work Ethic in Cold Climates.*Journal of Economic Behavior & Organization*, 173：256-69.

Michalopoulos, Stelios, Elias Papaioannou. 2020. "Historical Legacies and African Development." *Journal of Economic Literature*, 58（1）：53-128.

Nunn, Nathan. 2020. "The historical Roots of Economic Development." *Science*, 367: 6485.

Dell, Melissa, Benjamin Olken. 2020. "The Development Effects of the Extractive Colonial Economy: The Dutch Cultivation System in Java. *Review of Economic Studies*, 87（1）：164-203.

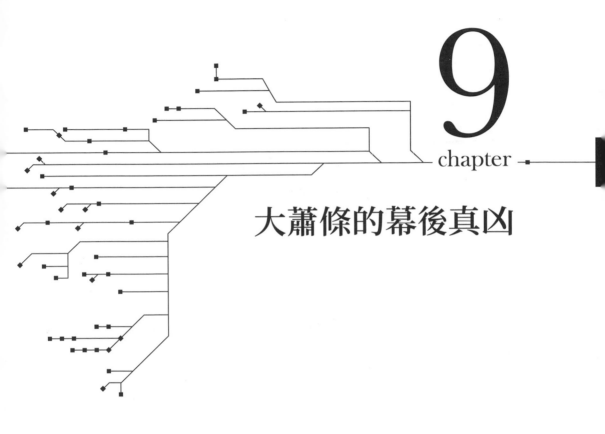

9 chapter

大蕭條的幕後真凶

肆虐全球的新冠肺炎已經造成1.6億人確診感染，330多萬人喪生。因為這場突如其來的病毒，許多經濟學家認為，全球經濟陷入衰退已經成為定局。

　　2018年諾貝爾經濟學獎得主保羅・羅默更是坦言，當前的這場經濟衰退已經等同於1930年代的大蕭條，而不是2008年的大衰退。這次衰退與1930年代相比，不同之處在於：90年前那場大蕭條從1929年的美國股市開始爆發，歷時三年才呈現在就業市場和產出結果上，而這次卻只花費短短數月就演變成一場全球的經濟衰退。在美國，股市在疫情之初下跌超過35％，人們對短期經濟的預期愈來愈悲觀，而短短幾周的時間內，美國申請失業救濟金的人數就突破千萬，創下歷史新高，到2020年4月底就已經達到2000萬之多。而在2008年經濟衰退的過程中，美國總共才損失880萬個工作崗位，美國前財政部長史蒂芬・梅努欽預測，到2020年夏天，美國的失業率可能會超過20％，甚至更高。若真如此，這就會是人類歷史上另外一場不折不扣的大蕭條。

　　1929～1933年的大蕭條，是人類歷史上的慘痛記憶。

　　雖然大蕭條是從美國開始，但在1929年之前的10年，卻是美國歷史上少有的繁榮時期。1929年10月中旬，在美國每個普通的中產階級面前，呈現出來的似乎是一片繁榮到極致的景象。1928年底，剛剛當選為美國總統的胡佛信誓旦旦宣稱：徹底征服貧困已經不再是一個遙不可及的夢，「雖然我們還未實現目標，但在上帝的幫助下，倘若我們繼續過去8年來的政策，勇往直前，總有一天我們會把貧窮從美國徹底驅除。」[1]這樣一個莊嚴神聖的經濟誓言，被後來的通俗歷史學家稱為「美國夢」的理想願景。

　　但災難來得如此猝不及防，真是令所有人想不到。

　　1929年10月末，在焦躁不安的繁榮世界中，一場風暴突然降臨，就像啟動阿爾卑斯山雪崩的轟隆砲聲，暴漲至奇高市值的23檔股票突然暴跌，引發紐約證券交易所的恐慌。10月24日，後來被稱為「黑色星期四」的那天，美國紐約證券交易所股市崩盤，眾人陷入歇斯底里的瘋狂中。投

資人自殺的傳聞此起彼落。有一個冷笑話說，每買高盛集團一股就免費配發左輪手槍一把。還有笑話說，酒店前台的服務員會詢問每一個前來住宿的人「是來睡覺，還是來跳樓」？不久之後，股市恐慌終於波及商品市場和就業市場，大規模的經濟衰退開始上演。這場大蕭條是20世紀持續時間最長、影響最廣、強度最大的經濟衰退，在21世紀，大蕭條經常被立為世界經濟衰退的標杆。

　　大蕭條對當時的世界各國經濟都帶來毀滅性打擊。人均所得、稅收、獲利、物價水準全面下挫，國際貿易銳減50％，美國失業率飆升到25％，有的國家甚至達到33％。這場大蕭條持續時間很長，直到1941年，美國才從大蕭條中走出來，而大多數國家直到二戰結束後才得以復甦。

　　對於大蕭條的根本原因，不同的經濟學派有著迥然不同的解釋。市場派學者認為大蕭條的根本原因是政府的錯誤管制，將一個正常的衰退擴大為大蕭條；而政府派學者則認為，大蕭條顯示資本主義市場自身的缺陷，呼籲要有更多的政府管制和干預。

　　大蕭條的原因之謎，被稱為「總體經濟學的聖杯」。揭開這個謎底，是每個經濟學家夢寐以求的目標。面對這樣誘人的目標，我們的經濟學大偵探自然也不願意放過。

▍蕭條與衰退之謎

　　經濟上的衰退是一種企業普遍變得無利可圖的狀況，而一旦造成眾多企業倒閉和大範圍的失業，就會成為更深更廣的經濟蕭條。

　　當蕭條來臨時，很難有企業可以獨善其身。在當今全球經濟一體化、各個國家深度參與全球分工體系的時代，實力最強大、管理最完善、資源在全球配置上做到最優化的跨國企業，受到的影響可能更加嚴重。而經濟中不同階級的人們，富有者不得不依靠儲蓄生活，原本狀況一般的人們則僅能維持生計，而過去就要依靠救濟才能生存的人則可能會遭遇滅頂之災。總之，正如美國著名經濟學家歐文・費雪所說：「蕭條幾乎是一種全體性的貧窮，對有些人來講是相對的，對有些人來講則是絕對的。儘管

這種貧窮對於社會整體來講是短暫的，但對於數不清的個體來講，這種悲劇卻會持續很長的時間。」[2]

那麼，衰退和蕭條又有何區別？為什麼倫敦政治經濟學院的金刻羽教授談及眼下的這場經濟衰退時，明確把它定義為全世界正面臨類似1930年代經濟蕭條的前景，認為嚴重程度是2008年經濟大衰退的數倍之多呢？我們從歷史上來認識一下這兩者的區別吧。其實，衰退和蕭條只是不同程度的經濟下滑，它們之間的差別並沒有標準的定義。

我們對經濟的認知是伴隨著人對經濟的衡量指標而建立起來。當總體經濟學的鼻祖凱因斯在1936年寫出那本曠世名著《就業、利息與貨幣通論》[3]時，世人對經濟的認知仍然是模糊的。當時有一批優秀的經濟學家和統計學家，為衡量經濟表現做出突出貢獻，這批學者創立著名的美國國民經濟研究局（NBER），領頭的學者有衛斯理·米切爾和西蒙·庫茲涅茨等，他們也以對經濟的衡量和經濟週期的研究而聞名後世。商業週期或經濟波動這類衡量經濟成長幅度的現代概念，是以GDP（國內生產總值）這個經濟衡量指標的出現奠定下來的。庫茲涅茨就因為在這個領域的研究而獲得1971年諾貝爾經濟學獎。1934年，庫茲涅茨在向美國國會提交的報告中使用國民所得這個概念來追蹤經濟活動。GDP就是從這裡演化而來，但直到二戰結束前，它還不是世界各國採用的標準方法。

有了GDP這類衡量經濟產出的概念，經濟學家就有可能回過頭去計算之前的下滑給經濟帶來的損害了。美國國民經濟研究局的研究表明，19世紀出現過18次經濟衰退，6次恐慌。從1873年10月到1879年3月，美國經歷一場長達65個月的GDP緊縮期，這被稱為「長期蕭條」。與之相比，1929年到1932年的大蕭條持續43個月，但這一場蕭條的影響遍及全球，是一場名副其實的全球性經濟衰退。

在19世紀之前，或者說工業革命尚未完成之前，經濟成長速度是非常緩慢的，除非天災人禍，否則幾乎談不上有衰退的現象發生。19世紀初工業革命在英國初步完成，土地價格由盛而衰，「恐慌」這個詞引申為經濟用語，指的是造成巨大崩潰的投機性經濟階段。在整個19世紀，眾人一

直使用「恐慌」來描述如今被稱為蕭條的情景。政府官員認為他們需要一些不那麼讓公眾警覺的名詞，就這樣，衰退和蕭條就取代恐慌，用來描述不同程度的經濟下滑。

其實，衰退和蕭條的差別並沒有標準定義，但蕭條的經濟緊縮幅度較大，持續時間也較長。我們用美國以往的六次衰退和六次蕭條進行比較，兩者的區別一目了然。如表1和表2所示。[4]

表 1　美國過去的六次衰退

時間	持續時間（以月為單位）	GDP 緊縮幅度（％）
1973.11-1975.03	16	-3.2
1980.01-1980.07	6	-2.2
1981.07-1982.11	16	-2.7
1990.07-1991.03	8	-1.4
2001.03-2001.11	8	-0.3
2007.12-2009.06	18	-5.1

表 2　美國過去的六次蕭條

時間	持續時間（以月為單位）	GDP 緊縮福程（％）
1893.01-1894.06	17	-37.3
1895.12-1897.06	18	-25.2
1907.05-1908.06	13	-29.2
1910.01-1912.01	24	-14.7
1920.01-1921.01	12	-38.1
1929.10-1933.05	43	-26.7

從這兩張表中我們可以看到，在六次衰退中，GDP平均降幅是2.5％，平均持續時間為12個月。而在過去的六次蕭條中，GDP平均降幅是28.5％，平均持續時間為22個月。從美國歷史上論及GDP降幅和平均持續時間，1929～1933年的大蕭條並不是歷史之最，但卻被冠以「大蕭條」之名，原因大概與這場蕭條造成的全面衰退令人記憶深刻有關。無論是經濟學家還是職業投資人，都把當前的經濟現狀與1929年秋天相比，也就是與大蕭條即將到來前的經濟形勢相比，從而預判未來經濟衰退的情況。事實上，任何用大蕭條進行類比的人，對歷史的理解都不夠深刻，而2007～2009年的金融危機也不能與1929～1933年的大蕭條相比，因為前者並未像後者那樣蔓延至全球，演化成全面衰退。時至今日，這場因新冠病毒引發的經濟恐慌已經蔓延至全球，大有使世界經濟陷入普遍衰退的前兆。

無論是衰退還是蕭條，都頗具幾分神祕，許多時候它們的爆發毫無徵兆，往往前一刻還是鼎盛的經濟繁榮期，之後就陡然陷入困頓。1837年經濟衰退時，一位叫作弗蘭德‧培根的牧師這樣寫道：「許多就在幾天之前還迴盪著機器轟鳴聲的大型工廠，現在寂靜得猶如一座廢棄的城市。眾多人為之努力工作，期望以最快速度完工的許多公共改良工程都已經中斷，處於未完工狀態，就像打了無數勝仗的征服者突然被打敗一樣。貧窮就如同一個帶著槍的士兵，正站在成千上萬家庭的門口；而就在幾天前，日用品行業還為人們每天的舒適生活提供充足的商品。」[5]而在1929～1933年大蕭條時，美國從1920～1929年的十年繁榮期演變成大蕭條的經濟危機，造成數百萬人失去工作，成千上萬人流離失所。1929年股市崩盤後的三年裡，美國GDP下降將近一半，普通美國人的財富大幅縮水，整個1920年代累積的財富完全消失。約翰‧史坦貝克是美國最偉大的作家之一，他曾這樣描寫1930年代的大蕭條：「那是一個糟糕的、問題叢生的時期。歷史上從沒有過這樣的十年，沒有過十年間在如此多的方面發生這麼多事的先例。猛烈和動盪的變化不斷發生，重新塑造美國的面貌，改變我們的生活，也重建美國政府。」這位1962年獲得諾貝爾文學獎的作家說：「股票市場崩潰後，工廠、礦山和鋼鐵廠通通關門，然後，人什麼都買不

起，連食物都買不起。」[6]所以，蕭條總是突如其來，蕭條到來時，土地不是不再肥沃，更不是礦藏已經被開採殆盡，也不是工廠經營不善，更不是人們不願意工作。它只是突然間需求消失，人們變得普遍貧困。人們不是不想購買，而是沒有足夠多的錢；為什麼沒有那麼多錢，是因為廠房和機器都在閒置。由此可見，蕭條的真正神祕之處，不在於經濟表現的反差性對比，而是它的形成原因。

有趣的是，經濟學界雖然有各式各樣的商業週期理論，對於大蕭條的原因，卻是眾說紛紜，莫衷一是。歐文‧費雪把大蕭條的原因主要歸咎於所得分配的不平等。透過歷史，我們可以清楚地看到，在1920年代，美國乃至全世界的農業一直沒有從第一次世界大戰帶來的衰退中完全恢復過來，尤其是農民這個群體始終處於貧困狀態，而工業部門的工資水準雖然看起來很高，但不少是假像。在這十年間，新機器的使用排擠大批工人的工作機會。美國的工業總產值幾乎增加50%，但就業工人的人數卻沒有增多。作為基本消費者的工人和農民，已經出現消費疲軟的情況。

著名經濟學家海耶克也曾對大蕭條給出解釋，這就是所謂的迂迴生產造成的消費延遲。[7]1920年代發明分期付款這種賒帳方法，從而增加對汽車等耐用消費品的銷售，增加工業部門對處於生產環節上游的機器設備進行投資，最終消費品市場難以容納製造業部門生產出來的大量產品，從而導致經濟危機。

而貨幣主義代表人物密爾頓‧傅利曼則認為，在大蕭條開始時，聯準會愚蠢地限制信貸。聯準會本來可以透過放寬資金讓銀行滿足日益增加的緊急提款需求，從而延緩存戶恐慌。透過向陷入困境的銀行提供不限金額的貸款，中央銀行有能力遏制流動性危機，進而可以在第一時間防止銀行破產。[8]那麼，他們到底誰對誰錯，還是請我們的經濟學大偵探做個判斷吧。

繁榮與蕭條，是人類進入工業革命開啟的現代經濟社會之後才出現的總體經濟現象，它內生於我們的經濟結構，也與我們人類的本性息息相關。也許，面對它們，我們首先要做的，是學會與它們共存；其次，我們

盡可能研究總體經濟的規律，掌握把大蕭條變成衰退乃至走向繁榮的祕訣，把衰退的時間縮短，把破壞性程度降到最低。

密西西比河創造的天然實驗室

相信大家對2008年的金融危機都不陌生，美國好萊塢大片《大賣空》◆就描述這個危機的發生過程。

其實，這場世界性金融危機在2007年就有端倪。2007年，美國次級房貸危機（也就是大家熟知的次貸危機）爆發後，投資人對不動產抵押貸款證券（MBS）的價值逐漸失去信心，引發流動性危機。隨後，包括美國在內的多個國家中央銀行多次向金融市場注入巨額資金，試圖阻止金融危機的爆發。2008年9月9日，金融危機開始失控，引發一場波及全球的金融海嘯，多家大型金融機構倒閉，或者被政府接管。政府的一系列激進救市舉措雖然備受市場派人士的質疑，但不得不說，這些措施很可能使2008年的金融危機沒有進一步演變成1930年代的大蕭條。不過數年，美國經濟就開始復甦並強勁增長。

銀行業是建立在信心和信任基礎上的企業。銀行借錢給企業家，希望資金到期時企業家能夠付清大部分貸款。存戶們相信他們在有需要時可以拿回自己的資金。正是這樣的信心，使銀行持有的現金少於所有存戶都去提款時需要的資金量，因為存戶的大部分資金都以貸款的形式被借了出去。正常情況下，一天當中不會有很多存戶同時來取錢，所以這種時間上的配置錯誤是不會產生什麼問題的。但是，如果信心動搖，銀行體系就會出大問題。在1930年代的大蕭條中，如果提供服務的銀行倒閉了，那麼，你存在裡面的錢就會消失無蹤，一分也取不回來。即使這些銀行持有的抵押品和貸款投資組合看似很安全，但是，你可不希望自己成為最後拿不回

◆ 《大賣空》（2015）是由亞當・麥凱（Adam McKay）執導，克里斯汀・貝爾（Christian Bale）主演的一部電影。描述2008年全球金融危機，華爾街幾位眼光獨到的投資鬼才在2007年美國信貸風暴前看穿泡沫假想，透過放空次貸大獲其益，而成為少數在金融災難中斬獲頗豐的投資梟雄的故事。

存款的存戶。於是，當你看到其他存戶因為恐慌爭先恐後取回現金時，你也會開始恐慌，這是一種「囚徒困境」。所謂「囚徒困境」，說的是兩個罪犯被捕後分別關押，警察鼓勵他們供出兩人犯罪的更多證據，這樣就可以輕判，即使這兩個罪犯知道，兩個人都閉口不談對他們更好，但在個人利益的驅使下，他們還是會爭相選擇坦白，並供出與同夥犯下的更多罪行。銀行擠兌就是這樣發生的。那麼，當銀行出現恐慌擠兌時，政府該如何作為，尤其是作為貨幣政策制定者和執行者的中央銀行該如何作為，就顯得非常重要。

長期以來，經濟學家們一直在試圖理解貨幣政策是否加劇1930年代的大蕭條。如果我們能夠更清楚了解貨幣政策是如何加劇大蕭條，以及更為激進的貨幣干預政策能否挽救在那些黑暗日子裡發生的金融崩潰和經濟自由落體現象，將有助於我們更加認識現在的情況，避免悲劇再次發生。1963年，著名經濟學家密爾頓・傅利曼與安娜・施瓦茨撰寫一部鴻篇巨著《美國貨幣史》，[9]讓我們相信，正確理解貨幣政策效應是回答這個問題的關鍵。

面對銀行擠兌時，中央銀行可以打開信貸閘門，也可以關掉信貸閘門。正如上一節所說，傅利曼和施瓦茨認為，1930年代之所以陷入空前的大蕭條狀態，是因為聯準會愚蠢限制信貸所致。原本可以透過放寬資金，讓銀行滿足緊急的提款需求，進而延緩存戶的恐慌情緒。透過向陷入困境的銀行提供無限量的貸款，中央銀行有能力遏制流動性危機，進而在第一時間防止銀行破產。

但是，當危機真正發生時，誰又敢打包票說這只是一場信心危機？許多市場派學者認為，危機很可能真實存在，政府注入資金挽救陷入危機的銀行，是在破壞市場的優勝劣敗機制。由於存在大量不良債務，銀行資產負債表的表現可能很差勁，任何數量的暫時流動性支持都難以解決銀行存在的問題。而且，如果銀行家們知道政府為了不讓銀行倒閉引起社會不安的情緒，遲早要出手挽救自己，就可能會產生道德風險。也就是說，銀行家們會更加肆無忌憚，在投資上也更加瘋狂，發放的貸款要麼無法償

還，要麼效益微薄。此時，把中央銀行的資金注入呆帳很多的銀行，可能是拿錢來填一個無底洞。在這種情況下，最好還是讓這些銀行破產清算，按比例分配它們剩餘的資產，這是及時停損、優化資源配置的選擇。

早在1873年，當時的《經濟學人》主編、著名的銀行學家沃爾特‧白芝浩在他的名作《倫巴第街》【10】中，堅決反對政府救助經營狀況不好的銀行。他認為，政府為當前呆帳很多的銀行提供的任何援助，都是在讓一家好銀行難以設立。與許多市場派學者一樣，白芝浩是一名社會達爾文主義者，他相信社會事務和生物學一樣，也適用演化原理。那麼，中央銀行到底採取哪種政策，更有可能加速經濟走出低迷，是提供流動性資金支持，還是讓銀行業適者生存呢？有關這個問題，我們還是要請出經濟學大偵探來釋疑解惑。

2009年，經濟學大偵探蓋瑞‧理查森和威廉‧特魯斯特在經濟學頂級期刊《政治經濟學期刊》發表一篇題為〈大蕭條時期貨幣干預政策紓解銀行業恐慌：來自1929～1933年聯邦準備銀行管轄邊界的準實驗證據〉的文章，【11】從歷史資料中找到符合因果關係的答案。

在大蕭條前夕，美國有一家發展非常迅速的銀行——考德威爾銀行（Caldwell Bank）。這家銀行的口號是「我們是南方的銀行」，這個口號反映出這個區域性金融帝國的雄心，它是1920年代美國南部最大的連鎖銀行，還經營多種非銀行業務，銀行老闆羅傑斯‧考德威爾被稱為「南方的JP摩根」。羅傑斯‧考德威爾天性愛馬，他安逸地生活在一個擁有獲獎純種馬的莊園裡。但是，1930年11月，由於管理不善，同時也由於1929年10月股市崩盤造成的衝擊，考德威爾帝國轟然倒塌。僅僅幾天時間，考德威爾集團的倒閉就迅速波及在田納西州、阿肯色州、伊利諾州和北卡羅萊納州的分行。考德威爾危機預示著全國各地銀行倒閉即將激增。

理查森和特魯斯特分析密西西比州的情況。為什麼兩位大偵探選擇密西西比州呢？原因在於，密西西比州有一個非常特殊的情況，那就是一條密西西比河天然地把這個州分成兩個貨幣區。在這裡，我們來穿插一段關於聯準會的知識。聯準會成立於1913年，是美國的中央銀行，它由聯邦

準備局和分布在美國各地區12個聯邦準備銀行組成，每個銀行分別管理自己的聯邦準備轄區，各銀行股份為公私混合，不是完全由政府所有。

密西西比河把密西西比州分為兩個聯邦準備區：一邊是第六聯邦準備區，由亞特蘭大聯邦準備銀行管轄；一邊是第八聯邦準備區，由聖路易斯聯邦準備銀行管轄。

當考德威爾銀行危機發生之後，密西西比州自然也受到波及。但是，亞特蘭大聯邦準備銀行和聖路易斯聯邦準備銀行對考德威爾銀行危機的反應卻截然不同。在考德威爾破產的四周之內，第六區的亞特蘭大聯邦準備銀行將銀行貸款提高40％；而同一時期，第八區的聖路易斯聯邦準備銀行提供的銀行貸款下降大約10％。

這樣一來，理查森和特魯斯特就可以把第八區作為控制組或對照組，在這個聯邦準備區，貨幣政策放任銀行倒閉，甚至發布政策限制貸款；同時，他們把第六區作為實驗組，在這個聯邦準備區，貨幣政策增加貸款。他們分別考察幾種不同的後果。

第一個後果是1931年7月1日兩個地區還在經營的銀行數量，此時距離考德威爾危機爆發已經過去8個月。在這一天，第八區還有132家銀行營業，第六區有121家銀行營業。從數字上看，第六區要比第八區少11家銀行，那麼，這是否意味著銀根鬆動政策適得其反呢？大偵探們繼續深入考察之後發現，第六區和第八區雖然比較相像，但並不完全相同。在考德威爾危機爆發之前，第八區原本有165家銀行，第六區有135家銀行。危機爆發8個月後，第八區有33家銀行在這8個月內破產倒閉，而第六區只有14家銀行破產倒閉。

我們先用作為實驗組的第六區在1931年7月1日的銀行數，減去第八區在該日的銀行數，可以得到兩者在考德威爾危機爆發後不同的貨幣政策下倖存銀行數目之差。但這個差額還不能作為貨幣政策的因果效應依據，因為這兩個貨幣區原本就有差別，所以，這個差額再減去第六區和第八區在1930年考德威爾危機爆發前就已經存在的銀行數量差異，透過對兩個區一開始的銀行數量就不同而做出調整，就可以得到貨幣政策符合因果關係

的結果了。這個結果是：（121－132）－（135-165）＝－11－（－30）＝19。也就是說，亞特蘭大聯邦準備銀行多拯救19家銀行，這個數量超過1930年密西西比州第六聯邦準備區經營的銀行數量的10％。

理查森和特魯斯特使用的正是差異中之差異法。我們來看接下來的圖9.1，它分別給出1930年和1931年第六區和第八區的銀行數量，並用直線把每個區在兩個時期的銀行數量連接起來。這幅圖描繪差異中之差異法蘊含的內在因果關係邏輯，它告訴我們，雖然兩個聯邦準備地區都出現銀行破產，但第八區的破產數量要更多。

透過上述分析，我們大概知道，亞特蘭大聯邦準備銀行的貨幣政策幫助第六區的許多銀行免於破產倒閉的命運，但是，這些銀行真的值得救助嗎？也就是說，亞特蘭大聯邦準備銀行放鬆銀根的政策真的支持實體經濟活動嗎？兩位大偵探透過進一步的分析為我們繼續揭開謎團。他們繼續使用差異中之差異法，對密西西比州內批發商的情況進行估計，結論與前面對密西西比州銀行數量的分析類似。在1929～1933年間，第六區和第八區中批發企業的數量及銷售額都出現下降，但第八區的這種下降更為陡峭，而在該地區，倒閉的銀行也更多。在1920年代和1930年代，批發商往往大量依靠銀行信貸為其存貨融資。在考德威爾危機爆發時，第八區銀行信貸的減少造成批發商的業務量下降，並可能造成整個地區的經濟出現連鎖反應。第六區的批發商則更可能避免這種不幸。

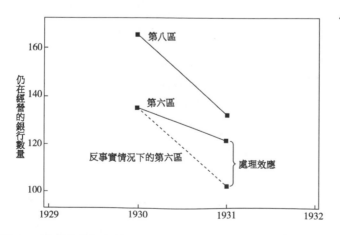

◆ 這幅圖給出1930年和1931年在密西西比州聯邦準備銀行第六區和第八區的銀行數量。虛線畫出的是，如果同一時期第六區破產的銀行數量和第八區一樣多，那麼在這種反事實情況下第六區銀行數量的變化。

圖9.1　聯邦準備銀行第六區和第八區的倒閉銀行數量◆

考德威爾危機提供的自然實驗昭示後人，該如何把銀行業危機扼殺在襁褓之中。後來，第八區的聖路易斯聯邦準備銀行的行長也許是看到第六區的做法後吸取教訓，他在1931年晚些時候也對政策導向進行調整。正如密爾頓‧傅利曼和妻子羅斯‧傅利曼在後來撰寫的回憶錄《兩個幸運的人》中所寫：「他們並沒有使用自己手中的權力去抵抗大蕭條，從1929年到1933年，在華盛頓特區的聯邦準備委員會將貨幣發行量壓低三分之一。如果按照聯邦準備委員會創建者的初衷來經營，聯準會本來可以阻止那場蕭條。」[12]

地中海果蠅與佛羅里達州銀行恐慌：來自 1929 年的歷史啟示

你們也許要問，為什麼1930年代大蕭條時期聯準會對銀行業的危機反應乏力，沒有採取積極的貨幣政策為銀行業注入資金，從而避免金融危機進一步擴大呢？

傅利曼和施瓦茨認為，聯準會抱殘守缺，堅持過往的古典經濟學信條，認為這是市場在進行必要的調節，沒有必要干預所帶來的結果。經濟史學家巴里‧艾肯格林和彼得‧特明強調，這是因為聯準會當時堅持的是金本位制度，而金本位制度使它的應對能力大大受限所致。貨幣史專家艾倫‧梅爾澤指出，聯準會內部各準備銀行之間，以及準備銀行與理事會對1930年代經濟壓力的原因和解決辦法存在分歧，因此很難對大蕭條時期普遍發生的銀行恐慌做出強而有力的反應。[13]理查森和特魯斯特在上一節的考德威爾危機中，透過分析亞特蘭大準備銀行和聖路易斯準備銀行各自的應對策略，向我們表明，聯準會在大蕭條時期的銀行恐慌中積極放款、為銀行擠兌提供充裕的資金支援，有助於銀行度過難關，從而減少倒閉的數量。

那麼，在1929年10月底之前，聯準會有沒有積極應對銀行恐慌的相關知識準備和能力呢？理查森等人透過更進一步的研究和發掘，找出歷史的證據。

2011年，理查森與另外兩名合作者馬克・卡爾森、克里斯・米契爾在經濟學頂級期刊《政治經濟學期刊》發表一篇名為〈馴服銀行恐慌：聯準會的流動性供給與1929年一場被遺忘的危機〉的文章，【14】這篇文章調查大蕭條爆發前發生的一場被忽視的銀行業恐慌，揭露恐慌是如何發展和蔓延，以及準備銀行最後貸款人的角色是如何有助於結束恐慌的。

1929年4月，一場地中海果蠅災害侵襲佛羅里達州的柑橘作物，這完全是一場意想不到的意外事件。

1929年4月2日，美國農業部一名檢察員發現含有地中海果蠅幼蟲的葡萄柚，農業部的科學家於當月10日證實這項診斷。地中海果蠅對整個美國的農業構成嚴重威脅。它不僅吃各式各樣的農作物，而且最喜歡吃水果，1920年代北美商業種植的80種水果和蔬菜中有72種都是它的食物。而且，這種地中海果蠅適應性很強、飛行速度快、繁殖率驚人、在美國又沒有天敵，導致農民種植的大多數水果和蔬菜都在劫難逃。

佛羅里達州當時有近900萬棵柑橘樹和350萬棵柚子樹，水果銷售所得總計達4600萬美元，占該州農作物銷售所得的51.7％。消息傳出後，佛羅里達州的農業局反應十分迅速，緊急檢查後發現多個縣的境內遭受果蠅侵害，尤其是奧蘭多市（Orlando）最為嚴重。1929年7月，美國農業部估計，佛羅里達州大約34％的土地，包括佛羅里達州全部柑橘種植樹木的近75％，都已經被地中海果蠅侵襲。情況緊急，佛羅里達州政府立即隔離受侵害的果園及周圍地區，並禁止把這裡的蔬菜和水果運送出去。州長發動州國民警衛隊進行區域隔離，對透過隔離區的車輛進行外部清洗和內部殺蟲消毒。聯邦政府則實施更廣泛的檢疫，包括檢查所有離開該州的火車。美國農業部更是派遣20名科學家和數百名工人來到佛羅里達州，幫助清除地中海果蠅。

與此同時，與佛羅里達州有貿易往來的州與國家也迅速採取應對措施，到1929年6月，有8個南部州和10個西部州禁止從佛羅里達州運進水果和蔬菜，南美洲和歐洲等國也加入禁止的隊伍。

禁運、殺蟲、檢疫……對佛羅里達州的農業和工業造成極大損失。

受到地中海果蠅侵襲地區的水果產量下降60％，種植戶損失慘重。在這種情況下，佛羅里達州向聯邦政府建議，希望能由聯邦政府來救濟被迫銷毀作物和樹木的農民，並對種植戶的部分損失進行補償。美國參眾兩院在1929年4～6月間對這個問題進行辯論，來自其他農業州的國會議員反對補償佛羅里達州的農民，除非聯邦政府也能對最近發生的其他蟲害造成的農民損失進行類似的補償。在1929年6月28日美國國會夏季休會之前，救濟撥款提議未獲批准，國會是否撥款仍然是未知數。事實上，關於補償的相關議案竟然在國會一直討論十幾年，參議院在1940年還在討論這個問題。

在這種情況下，佛羅里達州的種植戶是否能償還他們的貸款就存在著極大的不確定性。佛羅里達州向這些種植戶提供大量貸款的商業銀行面臨破產的隱憂。事實上，佛羅里達州的商業銀行在1920年代並不是沒有經歷過嚴重的衝擊，1925年的房地產泡沫，以及1926年和1928年的颶風都曾造成一定的財產損失。雖然這些金融和氣象風暴影響一些銀行的資產負債表，但到了1929年，佛羅里達州的銀行體系基本上已經恢復。在這樣的情況下，1929年佛羅里達州銀行擠兌和倒閉接連發生，就與當年的地中海果蠅災害密不可分了。從5月開始，柑橘產區就不斷有銀行倒閉，到了7月，最大的銀行（公民銀行〔Citizens Bank & Trust Company〕）倒閉，形勢愈來愈嚴峻。

佛羅里達州屬於亞特蘭大聯邦準備銀行的貨幣轄區，亞特蘭大準備銀行愈來愈擔心佛羅里達州會發生更廣泛的銀行恐慌和金融災難。國會休會之後，由於果蠅災害造成的損失一時得不到賠償，許多種植戶的現金流大受影響，這就增加他們無法償還貸款的風險，由此也就威脅到向他們提供大量貸款的金融機構的生存能力。一時間人心惶惶，人們紛紛湧向銀行等金融機構，造成擠兌現象。於是，亞特蘭大聯邦準備銀行的董事認為，有鑑於佛羅里達州的緊急情況，必須在邁阿密市（Miami）和坦帕市（Tampa）設立100萬美元的貨幣基金，之後還需要不斷提供更多的資金，使上述兩個城市及附近的各成員銀行能夠獲得充足的貨幣供給，進而避免銀行擠兌帶來的倒閉風潮。亞特蘭大聯邦準備銀行不斷從各地用飛機

運送現金到佛羅里達州，力圖能充分應對銀行的擠兌風險。

到了1929年8月底，當地的災害情況終於有所緩解，種植業的效益前景開始變得樂觀起來，佛羅里達州的銀行業危機也開始觸底反彈，情況逐步好轉。

理查森等人透過各種管道蒐集資料，建立一個商業銀行的數據庫。相關資料表明，1929年7月佛羅里達州的銀行業恐慌造成存款嚴重流失，這說明人擔心果蠅災害和之後的應對舉措會直接影響銀行的業務。他們關於佛羅里達州的銀行各營業分行的資料，也能夠證明恐慌是如何在迅速蔓延。而亞特蘭大聯邦準備銀行的反應表明，即使危機的根源顯然是由於償付能力的衝擊造成的，但中央銀行大膽、透明和有針對性的流動性支持，對於遏制恐慌的蔓延，在危機期間改變存款人的信心也是至關重要。他們的研究發現，亞特蘭大聯邦準備銀行的反應似乎成功遏制銀行恐慌，改變存款人的預期，並阻止其他金融機構陷入危機之中。

為了認識亞特蘭大聯邦準備銀行干預措施的重要性，幾位大偵探使用佛羅里達州銀行的資產負債表資料來建構反事實的情況。他們首先把1929年分為4個時段，以判斷不同時段中銀行受到衝擊的機率。

第一個時段是從6月26日到7月16日，國會休會，對種植戶沒有做出補償的決定；第二個時段是從7月17日到7月19日，坦帕市的公民銀行遭遇擠兌，坦帕市爆發銀行恐慌；第三個時段從7月20日到8月5日，亞特蘭大聯邦準備銀行出手支持坦帕市兩家處於危機中的銀行；第四個時段從8月6日到該年年底，即從最後一家銀行倒閉之後開始的情況。

亞特蘭大聯邦準備銀行是否對身處擠兌危機中的商業銀行伸出援手，注入流動性資金，會大大影響銀行倒閉的機率。透過對不同時段聯邦準備銀行是否介入進行比較分析後，幾位大偵探估計，如果沒有亞特蘭大聯邦準備銀行決定提供資金，發揮最後貸款人的作用，佛羅里達州的銀行倒閉率將會是現在的兩倍。他們還做了其他的分析，這些分析表明，亞特蘭大聯邦準備銀行的干預可能阻止銀行耗盡流動性準備，有助於遏制銀行恐慌。

理查森等人的研究表明，在1929～1933年的大蕭條到來之前，聯準會已經對於應對流動性危機的一些工具及其作用有所認知，而不是像許多經濟學家猜測的那樣，在這方面毫無知識準備。同時，金本位制度也並沒有阻止亞特蘭大聯邦準備銀行向佛羅里達州銀行危機注入流動性。有了大偵探們提供的這些證據之後，我們再來反觀聯準會對大蕭條的應對態度，就頗值得玩味了。

大蕭條雖然已經過去近百年，但對它的研究從來沒有中斷。經濟學大偵探的研究向我們證明，因果推論的思想在總體經濟學的研究領域中一樣可以大展拳腳，為我們提供真知灼見。

▌蝴蝶的翅膀：大蕭條和 20 世紀中國經濟與歷史的命運

1929～1933年的大蕭條是空前的經濟危機，這是一場全球性的災難，影響至為深遠，世界上任何經濟體若想避開這場嚴重的衰退似乎都不可能。華爾街的崩潰引起的金融危機，造成美國國內通貨嚴重緊縮，經由國際金融鏈，這種緊縮現象開始向全世界蔓延，世界各國的購買力也隨之下降。低迷的國際貿易，促使美國和其他工業國家紛紛採取以鄰為壑的貿易保護主義政策，這不僅阻礙全球化的過程，還導致開發中國家中的初級產品生產國倍感壓力。經濟上的困境，加上國際收支的惡化，使得拉丁美洲國家、中歐各國和德國無法償付欠下的債務，這種情況反過來又使像美國、英國這樣的債權國雪上加霜，遂令整個世界陷入日益深刻的危機之中。

有趣的是，1930年代的中國經濟卻成績斐然，令人刮目相看。中國在1929～1932年間，不但沒有像其他國家那樣陷入衰退，經濟發展反而一枝獨秀，維持著相當繁榮的局面。即使是在1932年之後，中國經濟的整體表現也頗為不俗。根據經濟史學家的研究資料，中國經濟1932～1936年的經濟成長率分別是：3.68％、－0.72％、－8.64％、8.30％、5.87％，平均年增長率為1.7％，高於法國和美國在整個蕭條時期的成長率，與德國和英國大體相當，僅次於日本。如果再考慮到1929～1933年的大蕭條背景，

那麼，中國的經濟成長率可能還要更高。【15】因此，說中國經濟比世界上絕大多數國家表現要好，並不為過。

那麼，當時的中國是如何度過這場全球經濟危機的呢？與其他國家相比，中國在大蕭條期間的經歷尤為值得關注。

普林斯頓大學經濟史學家哈羅德‧詹姆斯2002年出版一本書《全球化的結束：來自大蕭條的教訓》。在這本書中，他正確地論述從1920年代到1930年代的經濟危機是對經濟全球化第一個重要階段的考驗。【16】在第一階段的全球化浪潮中，中國原本無法免於國際金融體制的脆弱以及其他國家以鄰為壑的保護主義政策，但在當時的世界經濟體系中，金本位制度占據著統治地位，而中國則是當時唯一的銀本位國家，這就導致中國經濟受到的外部衝擊及影響與世界上其他國家大不相同。

哈佛燕京學社畢業的日本著名中國史專家城山智子，在《大蕭條時期的中國：市場國家與世界經濟（1929～1937）》一書中研究大蕭條對中國經濟的影響，考察貨幣體系對中國國家與市場關係的轉變產生的重要作用。【17】其實，早在1992年，20世紀最著名的美國經濟學家之一密爾頓‧傅利曼就曾在經濟學頂級期刊《政治經濟學期刊》發表一篇題為〈富蘭克林‧羅斯福、白銀與中國〉的文章，【18】為我們揭開美國「購銀法案」對中國經濟和政治歷史的深遠影響。

從19世紀晚期到1931年，除了一戰期間和1920年代早期，金本位一直是國際貨幣關係的基本框架，世界各國的貨幣都與黃金保持一定的比價關係，以此為基礎進行通貨匯兌，形成跨國的貿易關係。但由於中國的黃金準備實在少得可憐，所以，中國一直是世界上唯一一個以白銀為本位貨幣的國家，這就使它在當時的國際貨幣體系中獨樹一幟。當然，銀本位並沒有使中國與世界經濟體系隔絕不通，但也使中國的匯率不可避免會受到國際銀價的影響。在1929～1933年間，世界其他地方都在經歷嚴重的通貨緊縮，只有銀本位的中國沒有經歷大規模的物價下跌，因為銀價相對於金本位貨幣下降得很嚴重，這就使中國避免大蕭條最初兩年的不利影響。所以，中國一直到1932年經濟成長都還不錯。

但美國在1933年放棄金本位制度，其他國家則或早或晚都脫離這個制度的束縛，開始使本國貨幣貶值，意圖刺激本國經濟。這就使處於銀本位的中國經濟大受影響。尤其是富蘭克林‧羅斯福總統在1933年上台之後，開始推行新政。為了使新政能夠在國會通過，羅斯福總統與西部產銀各州達成一項政治交易，推出「購銀法案」，開始高價收購白銀。再加上各國貨幣競相貶值，國際銀價開始暴漲，中國的白銀大量外流。當時的國民黨要員出國都會走私白銀出去，因為國外的白銀價格比國內高出許多，連他們這樣的高官都想從中撈一筆，足見其中的價差有多大。匯率走高，銀根緊縮，使得中國商品與外國商品在價格上處於下風，經濟開始走低。

　　在這種情況下，為了抵禦國際銀價波動對經濟造成的影響，1935年11月4日，國民政府實行幣制改革，規定只有中國、中央、交通三家銀行發行的紙幣為法定貨幣。同時，新法幣不再由白銀支持，均須按照規定匯率兌換英鎊或美元。流通中國幾個世紀的通貨：白銀，就這樣退出歷史舞台。

　　隨著法幣與白銀完全脫鉤，中國的對外貿易開始復甦，通貨緊縮形勢逐漸逆轉。1935年11月的法幣改革，對當時的中國經濟復甦非常重要。遺憾的是，僅僅不到兩年的時間，日本發動盧溝橋事變，開始全面侵華戰爭。

　　1937年7月，抗日戰爭爆發，中國逐漸出現通貨膨脹的趨勢。1938年中國商品零售價格上漲率為49％、1939年為83％、1940年為124％、1941年為173％、1942年為235％、1943年為245％、1944年為231％、1945年1～8月為251％。據民國時期著名銀行家張嘉璈的著作《通脹螺旋》記載，單月通貨膨脹的最高點出現在1945年6月，達到302％。[19] 抗日戰爭給中國帶來的惡性通貨膨脹在勝利初期似乎一時平穩下來，但1947年由於國民政府悍然發動內戰，通膨死灰復燃。1948年8月起，國民政府又開始發行臭名昭著的金圓券，導致超級惡性的通貨膨脹，使城市中的中產階級經濟損失巨大。這就使中華民國政府失去原來最重要的支持者，最終敗走台灣。這真像蝴蝶效應，羅斯福總統通過的一項法案，對其他國家，尤其

是給中國帶來許多意想不到的影響。

　　正如傅利曼所說：那些久遠的原因就像老兵，它們從來不會死去，它們只是逐漸凋零而已。

本章推薦閱讀文獻

Milton. Friedman. 1992. "Franklin D. Roosevelt, Silver, and China." *Journal of Political Economy*, 100（February）：62-83.

Richardson, Gary, William Troost. 2009. "Monetary Intervention Mitigated Banking Panics during the Great Depression: Quasi-Experimental Evidence from a Federal Reserve District Border, 1929–1933." *Journal of Political Economy*, Vol. 117, No. 6（December）：1031-73.

Carlson, Mark, Kris James Mitchener and Gary Richardson. 2011. "Arresting Banking Panics: Federal Reserve Liquidity Provision and the Forgotten Panic of 1929." *Journal of Political Economy*, Vol. 119, No. 5 （October）：889-924.

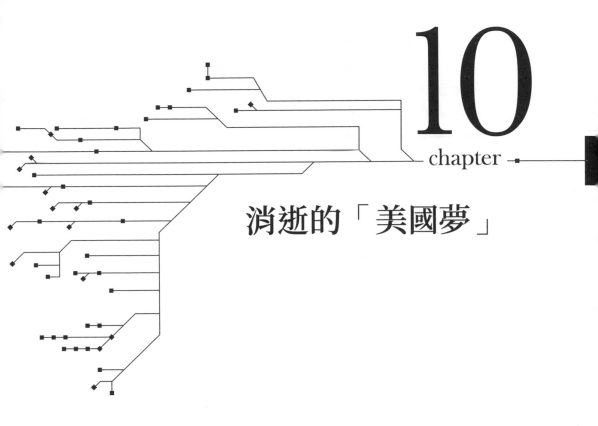

10
chapter

消逝的「美國夢」

美國病了。

自1776年英國的北美殖民地宣布獨立，成立美利堅合眾國，兩百多年間，美國建立起一個巨大的工業化經濟體，占據世界經濟總量的1/4有餘。美國不僅擁有統一的市場、豐富的自然資源，以及肥沃的土地，政府也十分支持經濟活動，鼓勵人民進行實物和人力資本的投資，所以，美國一直保持著很高的經濟成長率，兩百多年間長盛不衰，吸引來自世界各地的移民。尤其二戰後到1970年代，這是美國資本主義的黃金時期。在經歷1970年代到1980年代初期的衰退之後，雷根總統奉行自由主義經濟政策，帶領美國經濟走出衰退，最後拖垮蘇聯，結束冷戰。不過，2008年金融海嘯爆發，也讓雷根經濟學備受質疑，部分證據表明1980年代初的經濟衰退只是利率過高所致，只需要調低利率即可恢復經濟，與雷根政府的經濟政策無關。

但是，美國1980年代掀起的自由化和全球化浪潮，加快去工業化的進程。昔日曾經一度強大的工業部門逐漸萎縮，導致以五大湖區城市群組成的工業區出現經濟衰退、人口減少和城市衰落。這樣一片工業衰退的地區有一個非正式的稱呼：鏽帶（Rust Belt）。鏽帶始於紐約州中部，向西橫穿賓州、俄亥俄州、印第安那州和密西根州的下半島，止於伊利諾州北部、愛荷華州東部和威斯康辛州東南部。由於多種經濟因素，像是製造業向海外轉移、自動化程度提高，以及美國鋼鐵和煤炭工業的衰退，在這片曾經被稱為美國工業心臟地帶的地區內，工業比重一直在下降，人民生活逐漸步入困頓。

《絕望者之歌》一書的作者傑德·凡斯，就是1980年代出生在鏽帶的一名普通白人。[1]凡斯小時候生活在俄亥俄州的中央市（Middletown），這是一個以製造業為中心的鏽帶的典型案例。在凡斯小時候，中央市有一個繁榮得近乎完美的市中心，但今天這片商業區早已一片蕭條。

這些昔日的繁榮地區，如今陷入毒品、酗酒、貧窮的深淵。同時，美國當今經濟現狀有個突出的特徵也在此出現，那就是居住隔離愈來愈顯著。居住在嚴重貧窮社區的工人階級白人愈來愈多。凡斯真實地講述美國

社會、地區和階級衰落，給一生下來就深陷其中的人們帶來多麼深遠的影響。大多數美國白人藍領仍然擺脫不了世襲的貧窮和困頓，這就像一條與生俱來的枷鎖，牢牢套在他們的脖子上。凡斯能夠成功脫離貧困，最終考上耶魯大學法學院，這樣的案例屈指可數。

著名經濟學家、2001年諾貝爾經濟學獎得主約瑟夫・史迪格里茲在他的新著《史迪格里茲改革宣言》[2]一書中指出：「到目前為止，對於美國社會癥結所在的『診斷』早已為人所熟知，這其中包括過度的金融化、對全球化的應對失當，以及不斷增強的市場勢力……它們可以用來解釋經濟成長乏力的原因，以及它們如何使美國以如此不公平的方式分配由有限成長帶來的成果。」事實上，這本書不僅僅只是對美國社會存在的問題進行診斷，還開出一些藥方，希望美國社會遵循正確的改革機制，最終實現全民共同繁榮。

「美國夢」是一種理想。在這種理想中，人們相信無論一個人出生時的地位如何，都可以透過努力工作來實現社會層次的提升。許多移民都是抱著美國夢的理想前仆後繼地奔向美國，希望能夠透過自己的努力，實現成功。但今天，美國面臨所得差距擴大、階級僵化等種種問題，「美國夢」逐漸褪色。

在這樣一個重要的美國社會改革議題上，經濟學大偵探不僅透過自己的研究揭露真相，還盡可能透過自己的呼籲和努力，以改善人們的生活處境。這些努力，體現美國知識界的反思精神和濟世情懷，值得我們學習！這一章，我們就挑選美國經濟學家們的幾篇重量級研究來一探究竟。

消逝的「美國夢」：美國絕對所得流動性趨勢

當我們說起「經濟進步」時，我們往往用自己的生活水準與父母的生活水準進行比較。每當生於1950年代的父母親說起他們那一代人的艱辛，幼年缺少吃穿的貧苦時，我都感到我們這一代出生於改革開放之後的中國人是何其的幸運！這種跨世代的經濟評價指標，就是所謂的絕對所得流動性（absolute income mobility），即子女比父母所得或消費更高的人

口比例，這也被美國政府用來評判經濟機會的開放程度。

　　要想測量絕對所得流動性，在資料上就提出更高的要求。我們之前的大偵探故事中使用的資料相對而言，都是針對某一項政策或制度而蒐集的小型資料庫，可是要評判一個國家數十年間的跨世代所得流動性，這樣的小型資料庫就很難滿足我們的要求。要研究諸如跨世代所得流動性這樣的大課題，需要更大的資料庫，這就是所謂的大數據。大數據其實就是海量資料，這些資料是來自各種來源的大量結構化或非結構化的資料。如今，大數據在現代研究中愈來愈突出。

　　哈佛大學有一門校級的選修課，名字叫使用大數據解決經濟和社會問題，主講教授是印度裔經濟學家拉賈‧切蒂。切蒂教授是美國經濟學界冉冉升起的一顆巨星，他本科和博士都就讀於哈佛大學，僅花3年就拿到哈佛大學經濟學博士學位。畢業之後，切蒂教授先後任教於加州大學柏克萊分校和史丹福大學。切蒂教授曾經榮獲克拉克獎和麥克亞瑟天才獎。

　　2019年，他重新回到哈佛大學，並開設這門風靡全校的課程。2020年春天，恰逢我在哈佛訪學，有幸在著名的桑德斯大劇院旁聽這個課程整整一個學期。這門課程吸引哈佛許多本科生和研究生來聽，此外，還有許多像我這樣的訪問學者以及其他系的教授，我經常看到一些年齡很大的學者坐在前排認真聽講，並不時舉手提問的場景，足見切蒂教授這門課受歡迎的程度。切蒂教授把大數據與日益突出的美國社會和經濟問題結合起來，改變經濟學在學生和大眾心目中的印象，具有重要的經濟學教育意義。在這其中，他主要關注的就是美國社會的跨世代流動問題。

　　2017年，切蒂教授與他的合作者大衛‧格魯斯基、馬克西米連‧黑爾、羅伯特‧曼度卡、吉米‧納蘭在《科學》雜誌發表一篇題為〈消逝的美國夢：美國絕對所得流動性的趨勢〉的文章。[3]在這篇文章裡，他們利用美國的所得資料與其他大數據來源，透過研究兩個問題回答美國在絕對所得流動性趨勢上的表現：第一，在今天的美國，子女的所得超過父母的比例是多少？第二，絕對流動性比率是如何隨時間的變化而變化的？

　　衡量相對所得流動性的常用指標是跨世代所得彈性（intergenerational

income elasticity，簡稱IGE）。簡單來說，這種測量方法告訴我們：跨世代所得彈性（IGE）代表父母輩的所得對子女所得的影響，父輩所得每增加1％，子女所得增加X％，這個X就是跨世代所得彈性。如果X愈高，就說明個人所得的多寡多取決於家庭出身。這個指標雖然是衡量流動性的常用指標，但切蒂等人在使用它來衡量美國社會的流動性時卻發現，得到的估計結果很不穩健。對於學過一點計量經濟學的人來說，這個原因並不難理解，因為使用資料估計彈性指標時需要對子女的所得和父母的所得都取對數，這樣的話，估計值對子女所得數值為零或非常小的情況就非常敏感。如果只估計父母所得分布中處於10分位和90分位之間的樣本，並把所得數值為零的子女樣本剔除，那麼，跨世代所得彈性的估計值就是0.45，但換一種設定，這個估計值就在0.26到0.70之間變化，跨越的幅度如此之大，顯然很不利於我們對社會所得流動性進行評估。

為了解決這個問題，早在2014年，切蒂及其合作者在首創的研究中就開始使用父母和子女之間的「所得百分位等級」來衡量跨世代所得流動性。他們的研究方法是先把父母的所得與同輩人進行比較，然後把父母的所得按照從0到100進行排列，劃分等級，子女的所得也按照同樣的方式進行比較和分級。由於所有所得都由百分位數來表示，所以，父母和子女的所得百分位等級關係線的斜率就可以表示跨世代所得的相對流動性了。值得注意的是，一個國家跨世代的所得水準是否提高、所得不平等是否加劇，這些都不會影響跨世代等級的斜率。這樣一來，切蒂等人發表於2014年《美國經濟評論》上的這個方法就可以比較國家間所得流動性的差異，[4] 而不必受國家間貧富差距以及分配公平程度的影響。

跨世代所得彈性衡量的是相對所得流動性，著眼點是不同所得階級的家長，其子女的所得是否能夠達到更高的所得階級。一般來說，相對所得流動性隨著所得不平等的加劇會逐步下降，這就是我們常說的「階級固化」。但切蒂等人2017年的文章使用的指標是所得而非所得階級，如果社會繁榮發展，即使所得階級固化，所有人也仍然可以賺更多錢。可是，如果經濟成長，子女們的所得在絕對水準上仍然比父母輩更低，那就說明，

下一代人並沒有從經濟成長中享受到應有的利益，社會所得分配不均就顯得更加劇烈了。因此，2017年這篇文章描述的美國絕對所得流動性的下降，遠比相對所得流動性下降更加悲觀。

切蒂等人這篇文章的結論，被美國的媒體簡化為圖10.1：

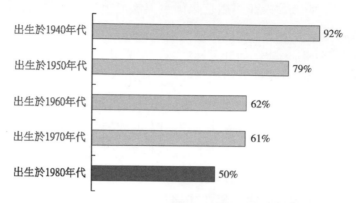

圖 10.1　如果出生在下述年代你比父母賺更多錢的機率
（資料來源：Marginal Revolution 網站）

圖10.1告訴我們：一個30歲美國人的所得（經通膨調整後可比較的所得），如果他出生在1940年代，他有92％的機率比父母賺更多錢；如果出生在1950年代，機率會下降到79％；如果出生在1960年代，機率還會進一步下降到62％；如果出生在1970年代，則下降到61％；而如果出生於1980年代，也就是如今美國正在盛年的這一代人，他們只有50％的機率在30歲時比父母30歲時賺更多錢。

切蒂和他的合作者認為，美國夢的消逝有兩個方面的原因。一是美國經濟成長速度逐漸放緩，1940年代出生的人經歷的經濟成長率大約是2.5％，但1980年代出生的人則只有1.5％左右。二是美國的所得不平等隨著時間經過在不斷擴大，1980年代出生的人其所得不平等程度遠遠高於1940年代出生的人。

那麼，這兩種因素中哪一個因素占主要地位呢？為了回答這個問題，作者們建構幾種反事實的情況。首先，他們只按照經濟成長率進行調

整，也就是假定1980年代出生的人與1940年代出生的人享受同樣高的經濟成長率，那麼，前者的絕對所得流動性將會從50%提高到61.9%。

其次，他們只按照所得分布進行調整，也就是說，假定1980年代出生的人像1940年代出生的人那樣更為公平地享受經濟發展的成果，那麼，絕對所得流動性一下子就從50%提高到79.6%。

透過這樣的對比分析，切蒂與他的合作者認為，在經濟成長速度放緩和所得不平等程度加劇這兩個因素中，所得分布不平等的加劇，才是導致「美國夢」消逝的罪魁禍首。

在絕望中死去？

《三國演義》開篇有一句話流傳極廣：「天下大勢，分久必合，合久必分。」事實上，任何一個朝代，乃至人類歷史上的各大帝國，也總會經歷從早期的生機勃勃，到逐漸繁榮昌盛，最後再一步步走向衰亡。國民也多從充滿希望，到逐漸失去希望，最後陷入絕望。

東漢名臣崔寔生於東漢後期，他看到東漢社會豪強割據，貧富差距極大，人民流離失所，不禁感慨：「故富者席餘而日熾，貧者躡短而又歲踧，歷代為虜，猶不贍於衣食，生有終身之勤，死有暴骨之憂，歲小不登，流離溝壑，嫁妻賣子，其所以傷心腐藏，失生人之樂者，蓋不可勝陳。」[5]意思是說，社會上富人的生活非常富足，而窮人生活的困頓不堪，想吃一頓飽飯也不容易。遇到災荒，不但流離失所，還要出賣妻兒，即使如此，也難免轉死溝壑。如此一來，許多人逐漸失去活下去的信心，陷入絕望的境地，所謂「其所以傷心腐藏，失生人之樂者，蓋不可勝陳」。

在美國遭受新冠病毒侵襲之前，早已有一種所謂「絕望病」的疫情在美國肆虐。所謂「絕望病」，是指由自殺、酗酒以及吸毒過量導致的死亡。美國死於這種「絕望病」的人數，自1990年代中期以來迅速上升，從1995年的每年6.5萬人上升到2018年的15.8萬人。[6]2015年，當年諾貝爾經濟學獎得主、普林斯頓大學的安格斯・迪頓教授與妻子安・凱斯攜手

在《美國國家科學院院刊》上發表一篇頗具開創性的論文〈21世紀白人非西班牙裔美國人中年發病率和死亡率的上升〉，研究美國中年人的死亡率。【7】在這篇文章中，迪頓和凱斯發現，自從1990年代以來，美國45～54歲之間的中年白人非正常死亡比例持續大幅上升，有的死於酗酒，有的死於吸毒，有的則直接自殺。兩位大偵探把這種現象稱之為「絕望死」（Deaths of Despair）。死於絕望的人數不斷攀升，他們發現，這種現象集中出現在美國沒有受過高等教育的群體之中。

上過四年制大學的畢業生群體，總體死亡率呈下降態勢，但受教育程度較低的群體，死亡率則有所上升，而美國沒有上過四年制大學的白人，占美國勞動力人口的比例高達38％。迪頓和凱斯的數據印證《絕望者之歌》一書中，作者凡斯對美國鏽帶白人悲慘生活的描述。

2020年3月，美國普林斯頓大學出版社出版迪頓和凱斯合著的新書《絕望死與資本主義的未來》【8】，在這本書中，兩位作者描繪另外一幅令人不安的「美國夢」褪色的場景。

2014～2017年，所有美國人出生的預期壽命都在下降，這是美國自1918～1919年著名的西班牙流感大流行以來預期壽命首次出現三年連降的情況，這不僅是美國，也是所有已開發國家都未曾出現過的大倒退。在揭露這些死亡數字之後，迪頓和凱斯還展現同樣令人沮喪的經濟數據。兩位作者告訴我們，美國沒有上過大學的男性實際工資已經持續下降50年，與此同時，上過大學的畢業生所得比沒有上過大學的人竟然高出80％之多。隨著愈來愈多教育程度較低的美國人找不到工作，黃金年齡的男性勞動力在勞動力大軍中的比例一直呈下降趨勢，女性的勞動力參與率自2000年以來也一直呈現下降趨勢。

受教育程度的高低把美國人分成兩個群體，這種差異不僅體現在所得水準上，也體現在健康狀況上。在受教育程度較低的群體中，健康狀況要差很多。新冠病毒在美國的流行，也再次暴露之前一直存在的這種不平等狀態。美國底層群體的生存資源愈來愈脆弱，完全經不起一輪又一輪的危機衝擊。1979年，美國家庭債務占所得的比例是47％，到2008年攀升到

95.5％。所以，在2008年的金融危機中，由於失業再加上房價下跌，導致美國有上千萬個家庭申請破產。2018年，美國貧困人口有3810萬人，有50多萬人流落街頭，領取食物券的人數高達3900萬，比2008年增加40％。聯準會的一項研究發現，在今天，有40％的美國人拿不出400美元以上的緊急支出，2019年有近1/3的美國人放棄治療。

迪頓和凱斯在2015年首次發表有關「絕望死」的研究成果時，他們的研究重點是美國的中年白人。但隨著研究的繼續深入，他們發現，這種嚴峻的趨勢並不僅僅適用於中年白人，在所有沒有接受過大學教育的人裡，因絕望而死的人數同樣在激增。兩位大偵探試圖在新著中解釋這個現象產生的原因時發現，與其他高所得國家相比，美國工人階級的生活狀況顯然更為悲慘。如果說技術進步等條件使美國工人階級面臨失業等威脅，那歐洲和其他已開發國家的工人階級為什麼沒有人用槍支、毒品或酒精來解決自己呢？事實上，與德國、日本、法國乃至英國相比，美國的社會不平等程度加劇得更為厲害，中產階級的所得停滯不前已經是大家普遍認識到的現實情況。史迪格里茲在《史迪格里茲改革宣言》中記錄大公司如何透過創造市場壟斷勢力以支付更低的工資來壓榨勞動力，同時也表明，工會的衰落使工人們的議價能力大大削弱；資本替代勞動、勞務外包成為常態，而美國政府在這個過程中壓根沒有起到緩和和補救的作用，致使工人階級的情況每況愈下。此外，美國還有著全世界最昂貴的醫療體系，教育支出也愈來愈昂貴，教育和醫療支出對於普通的工人家庭而言就像兩座大山，壓得他們無法喘息。

2000年之後，美國白人在自殺、酗酒和濫用藥物方面導致的死亡率甚至超過黑人，但黑人在過去這些年中絕望而死的人數也在大大增加。許多困擾工人階級的問題已經跨越種族，同時也跨越經濟上的繁榮與衰退。在2008年金融危機和大衰退之前，因絕望而死的人數一直在上升，截至危機到來之時，美國的失業率從4.5％攀升到10％，但隨著危機之後失業率逐步下降至3.5％，死於絕望的人數卻沒有下降，反而繼續上升。這些數據都說明，絕望病的背後，不再僅是一時的經濟興衰，而是社會的所得結

構出現問題。美國經濟的成長只是提高小部分人的所得，更多人沒有從中獲益。在兩位作者看來，死於絕望的人數激增，與勞動者地位下降、企業權力擴大、「掠奪式」醫療產業把勞動階級的財富輸送給富裕人群等因素有莫大的關聯。

安‧凱斯和安格斯‧迪頓這兩位經濟學大偵探向我們描述這樣一幅褪色的「美國夢」樣貌，不禁令人無限感慨。昔日這片「機遇之地」（The Land of Opportunity），如今竟使許多工人階級死於痛苦和絕望，如何不讓人嘆息。正像許多偉大的國家和時代一樣，它們或許都曾經歷繁榮和輝煌，但衰落與腐敗的因素也在潛滋暗長。面對如此的局面，美國民眾也逐漸累積不滿，呼喚這個國家能夠從政治和經濟等多個層面進行改革。而鳳凰是否終得涅槃，將是對美國制度和精英人士智慧的一場重大考驗！

搬到富裕社區會不會讓孩子的未來更好？

在美國，如果你要購買一座房子，那麼，大家最在意的三大要素是：地點、地點、地點！

美國的住宅區，富人區和窮人區涇渭分明，可能只是過了一條街，整個環境就大不相同。我在哈佛大學訪學期間，曾騎車遊遍波士頓市區。布魯克林街區、貝爾蒙街區都是富人區，綠樹成蔭，公共設施和治安環境都非常好，而愈往南騎，環境就愈惡劣，那裡是兩個以黑人為主的社區，只能以髒亂來形容。在美國，富人區大都環境優美、治安良好，而窮人區則多半環境糟糕、犯罪率高。

居住隔離，把美國分成截然不同的兩部分。

1987年，哈佛大學社會學系教授威廉‧威爾森在美國出版一本學術暢銷書《真正的窮人》，[9]這是一本研究社群隔離負面效應的權威著作。這本書啟發美國聯邦研究貧困問題的專家，於是，美國啟動一項政府實驗計畫。

這個計畫的名稱是「搬向機遇」（Moving to Opportunity，簡稱

MTO），讓美國855戶低所得家庭從貧困社區的社區住宅搬到經濟狀況更好的社區，這些家庭絕大多數都是非裔美國人和西班牙裔美國人。這個計畫從柯林頓第一個總統任期開始，當時，聯邦住房與城市發展部從巴爾的摩、波士頓、芝加哥、洛杉磯和紐約隨機選擇一大批有小孩的低所得家庭，為他們提供這種搬遷機會。其中，98％的家庭由女性擔任經濟支柱；63％為黑人、32％為西班牙裔，3％為美國白人；26％有工作，76％領取救濟金，人均所得水準不到美國普通家庭所得水準的一半。這項實驗從1990年代中期開始，到2010年左右，實驗基本上宣告結束。

參與這個計畫實驗的家庭一共有4604戶，分為三組。

第一組有1819戶，政府提供「住房法案」第8條規定的租屋補助券或消費券，但只能在1990年貧困率低於10％的人口普查區內使用，即這些租屋優惠只能用在傳統意義上的富人區，這一組共有855戶接受實驗要求，參與這項研究。

第二組有1346戶，政府提供更為傳統的租屋券，可以用在任何社區，並不限制在富人區，其中有848戶接受實驗要求，參與這項研究。

第三組是實驗的對照組，共有1439戶家庭，他們仍然留在社區住宅所在的社區。

美國聯邦住房與城市發展部表示，這項計畫的研究目的在於測試接受補助的家庭進入低貧困社區後，在住房、就業和教育成就方面的長期效應，以及搬遷對領取租屋券的人員的健康影響。

實驗結束之後，負責這項計畫最終評審的專案主管、芝加哥大學經濟學教授嚴斯‧路德維格以第一作者的身分在經濟學頂級期刊《美國經濟評論》發表一篇題為〈低所得家庭的長期社區效應：以「搬向機遇」計畫為例〉的文章。[10]他表示，的確存在一些積極進展。研究發現，受試者在幾項關鍵的成人心理與生理健康指標上有所進步，比如糖尿病與肥胖症的風險顯著降低，以及幸福感有所提升。但僅僅是改變居住社區，似乎並不足以改善底層家庭的就業與學業成就，他們沒有觀察到允許家庭搬遷到低貧困率地區的特殊租屋券在這些方面發揮什麼持續效應。

但這項研究遭到威廉·威爾森的抨擊，他認為，這項計畫的設計存在嚴重缺陷，所以得出就業與學業方面未能有所改善的結論。威爾森認為，這個計畫中離開社區住宅的家庭還是搬到社群隔離社區，不但就業機會沒有改善，學校也同樣糟糕，子女往往還是要去搬遷前同樣的地方上學，他們的社會狀況改變並不大。此外，威爾森和他的同事還指出，參與這項計畫的許多成年人已經在極端貧困的環境中沉浸幾十年，子女們的平均年齡在計畫開始時也已經達到11歲，無論到新社區裡住了多久，早年所受的影響也不能被完全消除，因此使實驗效果大打折扣。

那麼，路德維格和威爾森各執一詞的研究結論到底誰是誰非呢？這就需要經濟學大偵探進一步的研究來做出判斷。

2016年，大偵探拉賈·切蒂和他的合作者納森尼爾·亨德倫、勞倫斯·卡茨在《美國經濟評論》上也發表一篇研究「搬向機遇」計畫的文章〈搬到好社區對孩子們的影響：來自「搬向機遇」實驗的新證據〉。【11】在這篇文章裡，幾位作者利用「搬向機遇」實驗計畫的資料，與聯邦個人稅收資料相結合，考察居住社區的環境對兒童成長的長期影響。

切蒂教授與合作者提出兩個假說：第一，參與「搬向機遇」實驗的兒童，年齡愈小就愈容易受到低貧困率社區的正面影響，從而對日後成長和財富累積具有顯著的正面影響；第二，隨著孩子搬入低貧困率社區的年齡增加，他們能從中獲取的效益會愈來愈小。這兩個假說都是之前的文獻沒有研究過的新視角，在切蒂等人開始這項研究的時候，「搬向機遇」計畫開始時參加實驗的孩子中，哪怕是最年幼的孩子也已經過了大學畢業的年齡，都已經開始工作了，這就為切蒂等人驗證他們的假說提供良好的機會。於是，他們集中研究「搬向機遇」實驗計畫中兒童日後的表現，研究這項計畫對這些孩子們未來的所得、大學錄取率，以及其他表現上的影響。

切蒂等人首先估計「搬向機遇」計畫對年幼孩子們的影響，這些孩子的年齡訂在13歲以下，參與實驗的孩子平均年齡大約為8歲。三個實驗組中的兒童經歷不同的成長環境，作者們發現，實驗組的孩子，即接受租

屋優惠家庭中的孩子，如果在實驗開始時年齡不滿13歲，那麼，比控制組或對照組的孩子們，即仍然留在社區住宅所在社區的家庭中的孩子，在二十多歲時賺得的年均所得要高1624美元。有鑑於對照組的孩子們成年後的年均所得才11270美元，可以說，這是很大的差距。此外，實驗組的孩子們上大學的比例也比控制組或對照組的孩子高2.5個百分點，後者上大學的比例是16.5％。而且，實驗組的孩子們長大後成為單親父母的機率更低，也就是說，轉去生活在低貧困率社區的家庭婚姻破裂的比例要更小。

而對於參加「搬向機遇」計畫時年齡在13至18歲的青少年，則沒有顯著的正面影響。切蒂等人的研究發現，在這三個組中，無論是實驗組，還是對照組，孩子們的平均表現並沒有顯著的差別。實驗組的孩子們長大之後，表現甚至還比對照組略差，也就是說，在13歲以後搬到低貧困率社區的孩子，反而在未來表現得更差。作者們認為，一個可能的原因是13歲以後的青少年性格已經開始成型，搬家會中斷他們既有的社交和生活方式，這種負面影響會抵消居住環境帶來的正面影響。

切蒂等人的研究還發現，「搬向機遇」計畫對參加該實驗時已經成年的人的經濟影響並不顯著，這方面倒是印證路德維格等人之前的結論，同時，他們針對實驗中兒童的未來表現所進行的研究也證實威爾森等人的批評。這些結論表明，這個實驗可以告訴我們的是，在美國，低貧困率社區對子女的未來發展具有積極作用，但僅限於比較年幼的孩子，一旦這些孩子在搬入低貧困率社區時比較年長，那麼這種效果就不再明顯。

2018年，切蒂教授與合作者納森尼爾・亨德倫在經濟學頂級期刊《經濟學季刊》上連續發表兩篇文章，[12]進一步揭露社區對跨世代流動性的影響效果。他們的結論與前面這篇2016年的文章大體相似，但使用的資料更加龐大，得到的結論也更為細緻。

在經過多年對美國社會跨世代流動性的表現和形成原因進行研究之後，切蒂教授還主導一個名為「機會洞察」（Opportunity Insights）的研究基金會，自2019年以來，該基金會已經從包括比爾及梅琳達・蓋茨基金會在內的多家慈善協會取得高達數千萬美元的捐款，旨在消除城市貧困，

致力於改善美國貧困階級的處境。

　　切蒂教授不僅是一位關心社會發展和貧困問題、學術造詣精深的學者，也是一名起而行之的傑出知識份子代表。當切蒂教授在哈佛的課堂上向我們展示「機會洞察」計畫取得的一些進展時，大家報以長久的掌聲。這些在哈佛的課堂上與切蒂教授的研究產生共鳴的學子們，很可能會成為將來推動美國社會變革、消除貧困和所得不均的改革推動者！

　　誰又能說，這不是美國的希望所在呢？！

真相的意義

　　正如著名經濟學家史迪格里茲在《史迪格里茲改革宣言》中所說的：「美國的政治體制在不知不覺中已經陷落得如此之深，以至於人們無法再迴避導致國家走入歧途的根本原因。僅僅對現行政治體制做出細微的調整早已不足以治癒這個國家的病痛和創傷。」美國在經過兩百多年的發展，以及將近百年的經濟繁榮之後，也逐漸出現重重危機，需要透過改革來加以矯正。

　　美國學術界在深刻反思美國社會目前遭遇的種種問題。這些人中不僅有像史迪格里茲、迪頓這種功成名就的諾貝爾經濟學獎得主，也有像切蒂等人的學界新秀。他們同樣使用經濟學大偵探的武器，利用不斷增加的大數據，不斷把美國社會的真相揭露給我們。

　　真相就是力量！只有認識到真相，才能讓人們真正開始反思應對之道。如果僅僅以階級分裂、族群撕裂等罪惡手段進行煽動，或許可以在當前的美國民主制度下贏得現在，但一定會失去未來！

本章推薦閱讀文獻

Chetty, Raj., Nathaniel Hendren, Patrick Kline and Emmanuel Saez. 2014. "Where is the Land of Opportunity? The Geography of Intergenerational Mobility in the United States." *Quarterly Journal of Economics*, 129（4）: 1553-1623.

Case, Anne, Angus Deaton. 2015. "Rising Morbidity and Mortality in Midlife among White Non-hispanic Americans in the 21st Century." *PNAS*, 112（49）：15078-83.

　　Chetty, Raj., Nathaniel Hendren and Lawrence Katz. 2016. "The Effects of Exposure to Better Neighborhoods on Children: New Evidence from the Moving to Opportunity Experiment." *American Economic Review*, 106（4）: 855-902.

　　Chetty, Raj., David Grusky, Maximilian Hell, Nathaniel Hendren, Robert Manduca and Jimmy Narang. 2017. "The Fading American Dream: Trends in Absolute Income Mobility in the United States." *Science*, 356（6336）: 398-406.

　　Chetty, Raj., Nathaniel Hendren. 2018. " The Impacts of Neighborhoods on Intergenerational Mobility I: Childhood Exposure Effects." *Quarterly Journal of Economics*, 133（3）：1107-62.

　　Chetty, Raj., Nathaniel Hendren. 2018. " The Impacts of Neighborhoods on Intergenerational Mobility II: County-Level Estimates." *Quarterly Journal of Economics*, 133（3）：1163-228.

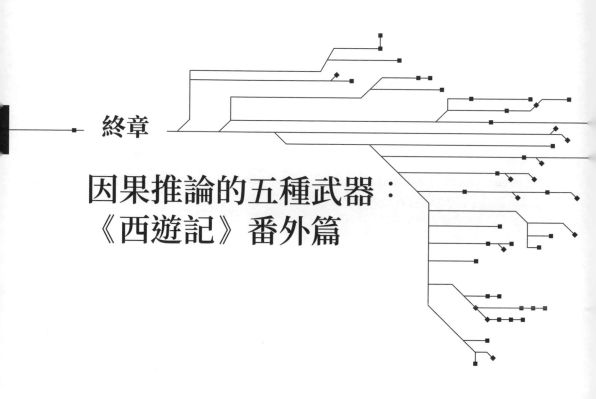

終章

因果推論的五種武器：
《西遊記》番外篇

在人類生活的各個領域，從經濟到政治，從歷史到文化，經濟學大偵探們都保持著充足的求知興趣，為我們釋疑解惑。

近20餘年，經濟學大偵探們之所以能做出許多這樣有趣而深刻的研究，是與因果推論的統計和計量方法迅速發展分不開的。他們在進行因果效應探究的過程中，主要運用五種基本的計量方法，我在這裡把它們叫作因果推論的五種武器。

這五種武器分別是：隨機實驗法、迴歸方法（傾向分數配對法）、差異中之差異法、斷點迴歸法以及工具變數法。這些方法最根本的精神是由隨機實驗給出來的，但是，由於許多時候我們根本無法進行實驗，僅能取得非實驗性資料（非實驗性資料也被稱為觀測性資料，本章「雷音寺與凌霄殿的糾紛：配對迴歸顯神通」有介紹），所以，其他幾種方法就顯得非常重要。無論是哪種方法，都是在盡可能從非實驗性資料中尋找出隨機實驗的情境，透過適當的方法對因果效應進行研究。這種現實當中發生過的隨機實驗情境，就是所謂的自然實驗或準實驗。它們之所以能夠作為類似隨機實驗的情境而被發掘出來，則是出於我們經濟學大偵探們的慧眼和慧心，同時也是拜因果推論的這些「武器」所賜。

在這一章裡，我們集中介紹大偵探們在進行因果推論時使用的五種「武器」。為了讓讀者們能夠更有趣味的領略因果推論的思想，我盡可能不使用任何理解起來可能會給讀者造成困難的說辭，只以筆者杜撰的《西遊記》番外篇的幾個故事來展現每一種「武器」的奧妙所在，同時再輔以對每種武器的發展歷史與邏輯脈絡的簡要介紹。

探究因果關係是科學的目的所在。因果推論的領域非常廣闊，如今的發展更可稱得上方興未艾。筆者有幸在哈佛大學訪學一年，期間在哈佛大學和麻省理工學院有機會聆聽該領域多位著名學者的課，能夠見證這個領域波瀾壯闊的發展態勢，十分興奮。能把因果推論的思想以淺顯的語言介紹給讀者，能把經濟學大偵探們神乎其技的科學研究介紹給感興趣的讀者，也是筆者的榮幸！

仙丹、蟠桃和唐僧肉：隨機實驗辨長生

在吳承恩先生撰寫的《西遊記》中，無論是凡人還是妖精，都有一個深切的渴望，那就是將來能夠成仙成佛，長生不老。

要想長生不老，途徑卻不多，主要就只有幾條路。

第一條路，吃唐僧肉。可是，在整個《西遊記》中，我們只看到一個又一個妖怪喊著吃唐僧肉，卻沒有一個吃得成，最後還都枉送性命。所以，這條路肯定不用考慮。

第二條路，吃鎮元大仙的人參果。這條路也很窄，且不說人參果樹結果太少，鎮元大仙也不是好惹的，就連悟空、八戒和沙僧偷吃幾個果子，都被他的童兒好生羞辱一番，平常人就更沒有機會了。

實際上，天庭為了保證它對凡間的吸引力，激勵凡間中的人和妖一心向道，緊密團結在以玉皇大帝為政治領袖、太上老君為精神領袖的天庭中央，給凡間人士指出兩條明路。這就是第三條路和第四條路：吃蟠桃和服仙丹。

蟠桃和仙丹這兩樣東西都可以使人長生，這是天庭的兩件法寶。沒有這兩件法寶，許多人就缺乏修煉成仙的動力了，這對天庭的生存是非常不利的。但是，這兩件寶貝到底誰的效果更好，《西遊記》沒有交代，其實很值得一探究竟。

這一天，王母娘娘來到凌霄寶殿，當著一屋子神仙的面告太上老君的狀。

王母道：「最近我聽說，那些修道者都在議論，我的蟠桃長生的效果趕不上老君的仙丹，他們現在更喜歡跑到老君的廟裡去燒香。太上老君最近的香火錢可是賺了不少，我的王母娘娘廟都沒人去上香了。這也不知道是誰傳出去的謠言，今天得讓玉帝和滿朝文武仙官給評評理。」

玉皇大帝問老君可有此事，太上老君出班稟奏道：「我最近確實也聽說類似的說法，但我聽說的是修道者認為蟠桃比仙丹更能讓他們長生。我挑了幾個王母娘娘廟看，發現那裡的香火也很旺，王母娘娘肯定也賺了

不少香火錢。」

　　玉帝問大家可有解決這個爭議的辦法，太白金星說道：「這個問題確實比較棘手，不好回答。因為修道者如果獲得位列仙班的資格，通常既會由王母娘娘賜予蟠桃，又會由老君賜予仙丹，他們是既吃了蟠桃，又吃了仙丹，後來成為神仙，長生不老。當然，也有些修道者命淺福薄，雖然吃了仙丹和蟠桃，最後也沒能長生。這真是很難說到底是蟠桃還是仙丹效果好。」

　　看到玉帝愁眉不展，金星又趕緊說道：「其實，要解決這個疑問也不難。我聽說現在人間發展一種叫作實驗的方法，我們可以做一個實驗。」

　　大家紛紛問金星，實驗到底是怎麼回事。金星這才緩緩說道：「要想知道蟠桃和仙丹哪一個長生效果更好，其實並不難，只需要讓獲得成仙資格的修道者一半吃蟠桃，一半服仙丹，然後看看他們誰能活過十萬八千年之後位列仙班就可以了。」

　　玉帝一聽，覺得有理，於是吩咐下去，按照太白金星的辦法進行實驗。讓100個修道者吃下蟠桃，100個修道者服用仙丹，然後來看最後的效果如何。這就相當於招募200個修道者做實驗的小白鼠，玉帝想知道蟠桃是不是比仙丹更有長生效果，所以，這100個吃下蟠桃的修道者就進入實驗組，100個服用仙丹的修道者就被劃入對照組或控制組。

　　經過十萬八千年以後，實驗結果終於出來了，只要能活過這十萬八千年，這些人就進入永生不死的行列，當然，要想成仙成佛，還得經過本章第二節中提到的「宇宙大爆炸」考試。100個服用仙丹的修道者中，成功活過十萬八千年的有70人，長生率為70％；100個吃下蟠桃的修道者中，成功活過十萬八千年的有90人，長生率為90％。從這個實驗結果上看，似乎蟠桃的長生效果更好。而且這個結果也解釋為什麼有些修道者即使服用仙丹又吃下蟠桃，也還是不能長生不老，你想，假如給吃蟠桃那組沒有熬過這十萬八千年的那10個修道者再吃上仙丹，似乎也只有70％的機會得長生，也就是說，最後還是會有3個倒楣蛋即使蟠桃和仙丹都吃了也

熬不過這十萬八千年。

這個實驗結果讓王母娘娘很滿意，她當即命人把實驗結果張貼在南天門外，好讓過往的神仙都知道，蟠桃才是最好的長生藥。可以想見，日後王母娘娘廟的香火一定會更好。

但就在這個時候，那個孫猴子出來搗亂了。

這天，孫悟空閒來無事到南天門蹓躂，看到這個實驗結果，他又向四大天王了解實驗過程，就一把把佈告扯了下來，連聲高喊：「凌霄殿上都是一幫有眼無珠的傢伙！」

玉帝雖然生氣，但還是給了孫猴子一個解釋的機會。

齊天大聖來到凌霄寶殿，說道：「你們這個實驗看起來似乎不錯，但這實驗中卻混入其他因素，汙染實驗結果。因此，你們得到的結論是一個有偏誤的結論。」

太白金星問道：「大聖何出此言？我們做這個實驗的時候，是按照自願的原則，挑了100個自願服用仙丹的修道者服用仙丹，100個自願吃下蟠桃的修道者吃下蟠桃，又沒有人去逼迫誰必須吃下蟠桃或者服用仙丹。這個實驗結果何等公平，大聖你該不是無理取鬧吧？」

那悟空笑道：「老頭兒，我看你，讀書雖多，卻不仔細。你雖然做了實驗，但這個實驗不是隨機實驗，所以得到的結果不能被認定為是符合因果關係的結論。如何才是隨機實驗呢？這每一個修道者進入實驗組與否的機率應該一樣才是，你不能讓每個修道者的其他特徵影響他進入實驗組和對照組的機率。你看看，這女神仙基本上都選擇王母娘娘這邊，實驗組中有大量的女性修道者，而女性這個因素很可能會影響實驗結果。再比如，凡是在終南山修煉的都跑到服用仙丹的那一組，而終南山的貧困生活早就讓那幫修道者的身體變得很差，即使服用仙丹，也可能不得長生。這女性因素，還有這終南山的修道環境，都是混雜因素。」

齊天大聖這麼一說，太白金星不禁連連點頭：「大聖說得不錯。這女神仙確實更容易長生，最近這些年只要是女修道者，從未見到有服用仙丹和蟠桃而沒有長生的。終南山上終年積雪，好多修道者常常兩三天才能

吃到一頓飯，身體確實很差。聽大聖一席話，真是勝讀十年書。」

悟空繼續說道：「對於做實驗，隨機分組非常重要。所謂『隨機分組』，就是盡可能保證每個實驗對象進入實驗組與否的機率是一樣的，也就是說，他們進入哪個組，跟他們自身的其他特徵沒有關係，這樣才做到『蘋果與蘋果比較、橘子與橘子比較』。否則的話，你們拿不同的修道者在進行比較時，就混入其他的因素，得到的結果裡就混雜其他因素產生的影響。這種影響叫作選擇性偏誤，說明你有偏向的選擇某些群體進行干預，這個時候，你們將實驗結果做因果關係的解讀，豈不是大錯特錯！」

悟空用金箍棒在空中寫了兩個式子：

所觀察到的仙丹長生效果＝仙丹對長生的因果效應＋選擇性偏誤甲

觀察到的蟠桃長生效果＝蟠桃對長生的因果效應＋選擇性偏誤乙

由此得到的蟠桃的比較效果是：

（所觀察到的蟠桃長生效果－所觀察到的仙丹長生效果）＝（蟠桃對長生的因果效應－仙丹對長生的因果效應）＋（選擇性偏誤乙－選擇性偏誤甲）

悟空說：「我們真正想知道的是等號右邊第一個括弧中的數值，這個數值告訴我們蟠桃是否比仙丹更加具有長生效果，但我們實際得到的卻是等號左邊括弧中的值，這個值裡混雜著選擇性偏誤，也就是等式右邊第二個括弧中的數值。所以，你們的實驗結果並不準確，不能做因果關係的解讀！」

眾神仙聽了齊天大聖這番話，無不點頭稱是，紛紛向大聖豎起大拇指。太上老君更是不停向悟空道謝。玉帝看到這般場景，只得宣布實驗重新再做一次。這一次招募的200個修道者，玉帝用擲骰子的方式來決定，擲出來是1、3、5點的，歸入實驗組，擲出來是2、4、6點的，歸入對照組。這下就完全做到將實驗對象進行隨機分配，玉帝終於透過擲骰子做好這件事。

就這樣，又過了十萬八千年，實驗結束，公布結果：服用仙丹的對照組，100個修道者有80個獲得長生，比原來的70個增加10個；吃下蟠桃

的實驗組，100個修道者也是80個獲得長生，比原來的90個減少10個。總體來看，服用蟠桃和吃下仙丹，長生效果差不多。

齊天大聖用隨機分配實驗的方法，成功地解決天庭的一場爭論。

透過實驗解決問題的辦法，早在《聖經·舊約》中就有記載。在《舊約》中有一篇《但以理書》，記載這樣一個故事：巴比倫王國的尼布甲尼撒王抓到一批以色列青年，尼布甲尼撒王很喜歡這批年輕人，就命令用王宮裡的食物和酒給他們提供日常的飲食，但這卻讓這些俘虜不斷逃跑。其中的一個青年但以理表示，按照以色列人的宗教信仰，他們寧願選擇素食。國王的侍從們一開始拒絕但以理的要求，擔心這樣會導致營養不良，不利於他們去服侍國王。但以理大膽提出一個控制實驗：在他們這些俘虜身上實驗10天，除了吃蔬菜和喝水，其他食物都不給他們。然後與服用皇家餐食的年輕人比較他們的表現，並根據結果來決定是否尊重他們的飲食習慣。當然，《聖經》上並沒有給出下文，我們也就不知道這個實驗有沒有真正做過，不過，即使真正做過，這個實驗也會存在我們前面所講的由混雜因素帶來的選擇性偏誤，因為選擇素食的以色列人和選擇皇家餐食的其他人之間，並不是完全相同可以進行比較的實驗對象，這會使因果推論結果出現偏差。

19世紀英國的著名哲學家彌爾，是那個時代鼎鼎大名的大學問家，在哲學、法學、政治學、經濟學、邏輯學等領域都取得很重要的成果。他在1843年寫了一本邏輯學名著《邏輯體系》（A System of Logic），這本書可是那個時代的邏輯學聖經。在這本書的第三卷第七章〈觀察與實驗〉（Observation and Experiment）中，他提出要想研究一項政策或干預所造成的影響，就需要比較同樣一群人在受到干預和沒有受到干預兩種狀態下的效果。彌爾認為，要想研究某項干預的效果，最好是讓一對雙胞胎，其中一個人受到干預影響，另一個人不受干預影響，然後再比較兩者的差別。彌爾提出來的這種探究干預措施因果效應的辦法實在是太苛刻了，幾乎沒有辦法真正得到符合因果關係的結果。

在20世紀初，隨機對照實驗的想法終於開始真正出現。1935年，著

名統計學家和遺傳學家羅納德・費雪對彌爾的看法進行猛烈的攻擊。

他認為，彌爾的辦法完全沒有實現的可能，因為相同的一批人不可能同時暴露在兩種不同的狀態之下。費雪提出隨機實驗的概念，他認為，對實驗對象進行隨機分配，使之進入實驗組和對照組，雖然不能確保兩組人完全一致，但是，隨機分配使得擁有不同特徵的人與是否分入實驗組沒有了關聯。因此，實驗結果就可以被賦予因果關係的解釋。

費雪最終取得勝利，成為現代統計學的奠基人之一，被稱為幾乎是單人獨騎建立現代統計科學的天才。

如今，隨機實驗法在經濟學中被廣泛應用。無論是經濟學中的實驗室實驗，還是隨機實地實驗，都是對隨機實驗法的具體應用。同時，在經濟學人偵探使用的其他「武器」中，也總能看到隨機實驗的影子，可以說，它是現代因果推論研究的核心理念和基本精神所在。

雷音寺與凌霄殿的糾紛：配對迴歸顯神通

在《西遊記》的世界裡，存在著部分佛道之爭的影子，他們爭的是人們精神世界的統治地位。

東方道教的代表當然是玉皇大帝和太上老君，他們創立一個學院，名叫「東方凌霄殿學院」。在底層一心想著長生不老、位列仙班的修煉者，可以進入這個學院修讀。

西天佛教那邊也是一樣，如來佛祖和觀世音菩薩也創立一個學院，名叫「西天雷音寺學院」，同樣想長生不老、修成正果的修煉者，也可以進到這個學院學習。

修煉一定的時間之後，天地之間有一個「宇宙大爆炸」考試，修煉者都需要透過這個考試，才能獲得成仙成佛的資格。這個考試每隔一段時間就會安排一次，考試結果卻是連玉皇大帝和如來佛祖都無法預料。因為這個考試在宇宙大爆炸之前就已經存在，玉皇大帝和如來佛祖也奈何它不得。一個修煉者如果通過考試，就可以獲得仙佛資格證；如果沒通過考試，拿不到仙佛資格證，吃多少蟠桃和仙丹都沒用。而且，每一個修煉者

一輩子只有一次參加這個考試的機會，大家都很重視，這也使得玉皇大帝和如來佛祖在招生問題上經常爆發搶人大戰。

這天，齊天大聖孫悟空正在花果山水簾洞中睡覺，突然他的手下哼哈二將走了進來。

哼將軍拿了一把菩提葉，上面寫滿梵文。他對孫悟空說道：「大聖，山下最近很熱鬧，都在發廣告傳單。這是西天雷音寺學院最近這一段時間的小廣告，上面說，上了西天雷音寺學院，包你在大爆炸考試中過關。咱們這西邊山上的猴群裡，昨天接到這些小廣告，都跑過來向我辭行，想去西天雷音寺學院學習去。」

這時候哈將軍拿出一卷冥紙，上面畫滿符咒。他稟報道：「大聖，我這邊的情況和哼將軍那邊差不多，最近也是一大堆小廣告。你看，這都是東方凌霄殿學院發來的，他們宣稱上了東方凌霄殿學院，大爆炸考試就是小菜一碟。咱們這東邊山上的猴群有不少猴兄猴弟猴姐猴妹接到這個小廣告，也都表示希望去東方凌霄殿學院學習。」

大聖一聽，這猴群的心可不能散，於是命令哼哈二將，召集大家一起到水簾洞聚義廳中議事。在開會之前，大聖又向哼哈二將耳語幾句，他們兩個人點頭領命而去。

等大聖來到聚義廳裡的時候，猴子們已經吵得不可開交。東山的猴子說上東方凌霄殿學院好，那裡有太上老君、靈寶道君、清虛道德真君等人授課，這些人可都是修道界高人，肯定能讓修煉者在宇宙大爆炸考試中考好。

西山的猴子也不示弱，他們大誇西天雷音寺學院好，授課的老師裡不僅有觀世音菩薩，還有彌勒佛、靈吉菩薩等人，他們都是佛法無邊的高人，自然能讓修煉者順利通過宇宙大爆炸考試。

雙方各執一詞，誰也說服不了誰。最後，他們只能請大聖來定奪哪一個學院更好。

這時候，一個老猴精走上台去，對眾人說道：「這件事要分辨清楚又有何難？你們沒聽說咱們大王之前在天宮裡，使用隨機實驗的辦法搞清

楚仙丹和蟠桃的長生效果那件大案子嗎？現在整個天地都知道這件事了。我們同樣可以用隨機實驗來回答你們的爭論。」

眾猴聽他這麼一說，忙問如何才能得到答案。只聽這個老猴精悠悠說道：「我們只需要在你們當中用抽籤的方式，確定讓100隻猴子去上西天雷音寺學院，100隻猴子去上東方凌霄殿學院。等你們學習結束，再去一起參加宇宙大爆炸考試，哪邊考過的猴子數多，哪邊的學院就是最好的。」

眾猴一聽，卻都沉默不語。一來，因為每個修道者一生只能考一次宇宙大爆炸考試，考不上這輩子就不用再想成仙成佛，誰也不願意拿自己這輩子唯一一次機會冒這個風險。再者，這種實驗把每個猴子都當成小白鼠，可花果山上的猴子們都是兄弟姐妹，做這樣的實驗，大家在道德上都感到過不去。

齊天大聖笑道：「老猴精雖然說得不錯，但這個實驗如何使得？其實，要想知道這兩個學院對考試通過率的影響有沒有差別，我們還有一種方法。這種方法不是看實驗資料，而是看觀測資料。實驗資料是透過做實驗才能蒐集到的資料，資料的變異性是透過人為操縱產生的，比如經由隨機分配法把實驗對象分成實驗組和對照組，透過比較實驗結果的差異確定一項干預政策的因果效應。但觀測資料卻不是這樣，它是從現實世界中蒐集到的資料，本身並沒有誰刻意按照研究人員的意圖進行操縱而生成的資料。所以，觀測資料往往只能反映出不同變數之間的某種關聯，到底這種關聯是誰引起了誰，還是同時依賴第三方的條件而變化，觀測資料不能直接告訴我們答案。」

老猴精面露大惑不解之色，張口問道：「大王，我們想知道上哪個學院才能更有助於考過宇宙大爆炸考試，這裡面牽涉兩個變數：一個變數是考試通過率，一個變數是上哪所學院，我們想知道上哪所學院是否對考試通過率有因果效應上的差別。如果觀測資料無法回答這種因果關係，那麼，它對解決我們今天的爭論又有什麼用處呢？」

大聖笑道：「老猴精你只知其一，不知其二。若是隨機分配實驗這

條路走不通，還有一些計量工具也可以大概像真實實驗一樣，從觀測數據中找出因果關係來。這些工具中最基本的就是迴歸方法，它可以讓我們在具有相同可觀測特徵的實驗組和控制組之間進行比較，而且這個迴歸的概念非常根本，它為其他會使用到的複雜工具鋪路。基於迴歸進行因果推論有一個前提假設，那就是研究人員可以觀察到所有實驗對象的特徵，而當實驗組和控制組在可觀察到的關鍵變數上都一樣的時候，因為這些因素造成我們觀察不到的選擇性偏誤基本上就能消除，這樣，干預政策的因果關係就可以得到證實。」

　　說話間，有猴來報：「報告大王！哼哈二位將軍已經回來，他們讓我報告大王，他們帶回來很多觀測資料，包括自盤古開天闢地以來參加兩個學院的所有考生個人資訊。」大聖命眾猴一起出去，幫忙把這些數據抬回水簾洞。

　　這批資料是哼哈二將從每個修煉者那裡拿到的所有個人資訊，不僅包括他們個人的各項特徵，比如曾在哪個地區修煉，本身是何種動物出身，以及其他社會關係等資訊，這裡面還包括最為重要的兩個變數資訊：一是他們當初曾經向兩個學院投遞入學申請與是否得到錄取的情況資訊，二是他們的考試結果資訊。

　　大聖命哼哈二將將滿足以下條件的修煉者資訊挑選出來：這些修煉者向兩個學院都遞交入學申請，而且都被錄取，當然，最後他們只能上其中一所學院，然後參加宇宙大爆炸考試，取得考試結果。哼哈二將命令眾猴查看諸多修煉者的資訊，找到這樣的修煉者多達數萬。然後，大聖又命他們兩個人去看這些人為什麼選了其中一所學院、而非另一所學院就讀。結果，哼哈二將發現這些修道者之所以選擇其中某一個學院就讀，除了地域、種群等可以觀察到的因素之外，完全出於隨機。有的修煉者說，我當時就是扔一塊石頭，看掉在地上摔成幾塊，若是奇數就去東方，若是偶數就去西天；有的說完全看心情；有的更奇葩，說本來想去東方，結果走了幾步被螞蟻咬了一口，覺得不高興了，然後折返去西天。這些原因真是五花八門。

於是，大聖命哼哈二將根據修煉者所在的地域、族群、修煉時間等可以觀察到的特徵，把去西天雷音寺學院的修煉者和去東方凌霄殿學院的修煉者分成許多小群。比如第一小群，修煉者都來自東海，族群都是龍族，修煉時間都是1000年，共得到500人。這個小群又分成兩組，一組就讀雷音寺學院，共250人；一組就讀於凌霄殿學院，也是250人。再來看第二小群，修煉者也都是來自東海，族群是東海漁民，修煉時間為500年，同樣這個小群裡也是分為就讀於雷音寺學院的一組和就讀於凌霄殿學院的一組。如此等等。

　　這個分群分組工作量很大，但哼哈二將工作效率極高，還是很快把這些分群和分組都做好了。在大聖的指導下，接下來他們的工作就是計算各個小群中的考試通過人數，等所有小組都計算完之後，再根據各個小組人數所占總人數的比例來做加權的權重，最後終於得出結果。

　　哼哈二將拿到結果來到水簾洞，稟報大聖之後，開始宣布答案：他們發現，入西天雷音寺學院就讀的修煉者，總人數雖然比到東方凌霄殿學院就讀的修煉者少30％，但是雙方在宇宙大爆炸考試中的通過率卻是基本一致。

　　謎底揭曉，大家感覺原來兩個學院雖然總就讀人數不一樣，但考試通過率卻沒有差別，那去哪一所學院學習也就無所謂了。

　　老猴精此時若有所思，喃喃道：「我終於猜出大聖的意思了。大聖使用可以觀察到的個體修煉者特徵，盡可能在相同特徵下把修煉者配對起來，然後分為兩組，一組去雷音寺學院，一組去凌霄殿學院。而在相同的特徵下，他們去哪個學院，又是完全隨機的。這就相當於保持其他特徵不變，隨機分配修煉者到兩組之中。基本構想與隨機實驗相同，但卻巧妙地利用了迴歸的構想。看來這迴歸的意思，就是『保持其他條件不變』呀！」

　　想到此處，老猴精不禁撫掌大笑，連呼妙絕！

　　「迴歸」（regression）這個詞是查理斯・達爾文的表弟法蘭西斯・高爾頓爵士在1886年發明的。

高爾頓也許是受表兄的影響，一直希望把達爾文的演化論思想應用到人類的性狀變異研究中，他的研究涉獵範圍很廣，從指紋到美的特性無所不窺。而且，他還希望使用達爾文的理論進行人種改良，這種工作當然不會取得什麼進展。但高爾頓在理論統計學方面的研究，確實對社會科學產生深遠的影響，為量化社會科學研究奠定統計學基礎。

1886年，高爾頓發表一篇名為〈遺傳身高向平均值方向的迴歸〉的文章，[1] 他發現，可以用迴歸方程式把父親與兒子的平均身高聯繫起來。這當中還蘊含一個有趣的現象，那就是：比平均身高更高的父母，子女的身高一般會比他們矮一些；但比平均身高低的父母，子女的身高往往要更高一些。高爾頓把這種特性稱為「均值迴歸」（Regression to the Mean），均值迴歸並不是一種因果關係，僅僅是具有相互關聯的變數之間的一種統計屬性。雖然父母和子女的身高永遠不會完全相同，但分布的頻率基本不變，正是這種分布的穩定性，產生高爾頓迴歸。

今天，我們把迴歸視為一種統計方法，它的主要特點是透過控制其他可以觀察到的變數，使一項干預政策效果可以進行比較，這就相當於保持其他條件不變，我們可以觀察這項干預政策產生的效果如何。高爾頓似乎對於把迴歸看成是一種控制策略並不感興趣，最先賦予迴歸這種統計意義的人是喬治·尤爾。算起來，尤爾算是高爾頓的徒孫，因為他的老師、著名統計學家卡爾·皮爾遜是高爾頓的學生。

尤爾對當時英國的「濟貧法」很感興趣。他想知道，只是為窮人提供金錢救濟，卻不要求他們承擔義務，這種做法是否提高所在郡縣的貧困率。他使用迴歸控制這些郡縣的人口成長和年齡分布等其他特徵，研究這個問題。應該說，尤爾已經有意識的把這個問題作為一個因果關係問題加以對待。

後來，法國數學家勒讓德和高斯發明最小平方法，進一步使迴歸這個統計學方法流行開來。

通天河畔的領悟：斷點設計揭謎底

　　話說唐僧師徒經歷千難萬險，終於從西天如來處取得真經，幾個人人扛馬馱，一路把佛經送往東土大唐。

　　這一天，師徒四人走到通天河，只見通天河波濤洶湧，濁浪排空，正發愁怎麼過去。悟空遠遠看到一隻大老黿，原來它早就等在這裡接唐僧師徒過河。

　　師徒幾個人歡天喜地上了大老黿的背上，乘風破浪，來到通天河上。

　　大老黿原是這通天河的主人，後來被妖怪靈感大王奪了巢穴，幸得孫悟空去南海請了觀世音菩薩，用魚籃收走靈感大王。西去時，大老黿馱唐僧師徒渡過通天河就是為了報答孫悟空，當時他還讓唐僧代問佛祖自己什麼時候才能脫掉本殼，修成人身。現在，一行人在通天河上興高采烈，大老黿又向唐僧問起此事。

　　唐僧一聽，心裡暗叫：「哎呀不好，我到了靈山，竟然把這個事給忘記了。」但唐僧是個實在人，不會說謊，只得老實向大老黿承認，他把這事給忘了。這可把大老黿氣壞了，他心想：「我日日夜夜盼你們回來給我帶個信，沒想到你們竟然給忘了，真是太不把我當回事了。」於是，一生氣，大老黿沉到水底去了，唐僧師徒連同經卷一下子都掉到通天河中。最後還是觀音菩薩把他們從水裡救了上來，並且告訴他們說：「你們師徒總共才經歷八十難，還差一難，才能達到九九歸真之數，這一難你們是沒有辦法躲掉的。」

　　等到唐僧師徒終於一個個都爬到岸上，這才把經卷打撈上來，擺在陽光下，等著經卷一一曬乾。

　　八戒看到這個場景，不禁嘟嚷道：「如來佛祖這是幹什麼呀？還說什麼九九八十一難，非得讓我們受這份罪。」

　　唐僧說道：「八戒，休得胡言亂語。求取真經本來就是千難萬苦的事情，這最後一點磨難算得了什麼？」

沙僧看到大師兄孫悟空一直在一旁靜靜思索，於是問道：「大師兄，你在想什麼呢？」

　　悟空此時緩緩轉過身來，一臉嚴肅，開言道：「我總覺得，咱們這場西天取經，似乎是如來佛祖和玉皇大帝合夥安排的一場陰謀。」

　　「什麼？陰謀？」豬八戒一聽，骨碌一下從地上爬起來，說道：「我說猴哥，你不是早就批評過，不要啥事都往陰謀論上扯嗎？這回你怎麼自己也開始宣揚陰謀論的論調了？」

　　只見行者掣起金箍棒在地上畫了一幅從東土到西天的地圖來，並在地圖上標記何處遇到何種妖怪，師徒幾人遇到哪些磨難，並把各種妖怪盤踞該處的時間也都標上。

　　沙僧這個時候也感到大惑不解，忙問：「大師兄，你這是在做什麼？」

　　唐僧此時也說道：「悟空，你又在搞什麼玄虛？陰謀論這樣的說法，可要慎重，沒有真憑實據，不可以亂說。」

　　行者笑道：「師父，我若沒有憑據，斷不敢胡亂說。」

　　八戒撇了撇嘴說道：「師兄這張嘴，誰不敢說？你難道還有玉帝和如來一起商量讓咱們瞎跑這一趟的錄音不成？」

　　那悟空跳到高處，說道：「呆子，莫要胡說，要相信科學。我先說咱們這一路，難道你們沒有起疑？我懷疑，早在五百年前，我大鬧天宮的時候，如來應玉帝之邀來捉拿我，就已經商量好讓師父西天取經的事情。如來一直希望能把佛教勢力擴大到東土，過去有玉帝的道教抵抗，無法進來。沒想到，我在東勝神洲鬧得太大，玉帝不得不請如來一起聯手剿滅我花果山。如來把我壓在五行山下，已經有了主意。他以此為籌碼與玉帝做生意，希望把佛教傳入東土。可是要傳入東土，就必須得有一個能讓大家都看到的偉大故事，於是才有了我們師徒跋山涉水，從東土大唐一路走到靈山，去取這真經。我們這一路就彷彿是一場巡迴演出，或者說是一場歷時多年、多地的大型行為藝術，搞得是天下皆知，而且我們這樣千辛萬苦才求取到的真經，自然也會更讓一般的普通愚民相信。」

唐僧聽後，默然不語。

沙僧這時候問道：「大師兄說的雖然有理，但仍然只是猜測，既然是猜測，就有其他的可能，這陰謀論恐怕難以坐實啊。」

沒想到，豬八戒這個時候卻突然一拍大腿，說道：「猴哥說的很有可能。把我投胎到高老莊，把沙師弟流放到流沙河，這都是師父西天取經的必經之處。另外，把猴哥壓在五行山下也很奇怪，五行山所在地正好在東土大唐的邊界上，是通往西天的必經之地，這一切都很巧合啊！」

這時候，唐僧雙掌合十，說道：「八戒，你剛才所說，也許只是巧合而已，不見得就是如來佛祖和玉帝有意安排。」

悟空接話說道：「師父說的也沒錯，我當初也這樣想，直到最近，我到了西方，學到一種叫作斷點迴歸的方法，才把這個謎底猜出來。」

沙僧忙問道：「大師兄，你是如何猜到謎底的，快說來給我們聽聽。」

悟空用金箍棒一指他剛才畫出來的地圖，說道：「師父和兩位師弟請看，在這幅地圖中，我把每個妖怪下凡到盤踞地界的時間都標在上面。你們還記得師父是哪一年從東土大唐出發去西天取經的嗎？對，是大唐貞觀三年，這一年剛好是我壓在五行山下五百年，也是八戒和沙師弟被貶下凡的那一年。」

八戒和沙僧都點頭稱是。

悟空繼續說道：「這大唐貞觀三年就是時間上的斷點。你們看，在貞觀三年以前，西天路上的妖怪基本上都是在本土生長，而且由於去西天路上經過的大多是貧瘠之地，所以，妖怪不是很多，在更南邊的四川盆地和更北邊的天山腳下，盤踞著更多妖怪。過去若真有神仙被貶下凡，往往也是隨機投胎到各地，西天路上的地界占全部天地之間的範圍很小，貶到這裡的可能性是很低的。但這一年之後，卻突然有大量妖怪到了去往西天的路上盤踞，而且大部分都是和天界有關係的妖怪，豈不怪哉？」

唐僧禁不住點了點頭，但隨即又搖了搖頭，說道：「悟空，也許是在大唐貞觀三年，天界碰巧發生其他的變故，正好有一批神仙同時出了點

事情，巧合發生了。這也未必就是你說的那種陰謀吧？」

八戒和沙僧一臉疑惑，也把懷疑的目光再次投向悟空。

悟空道：「師父說的極是，這種可能原本也許是會有的。但我仔細檢查一番之後，發現情況並非如此。」

唐僧示意悟空說下去。

悟空用金箍棒再指一下地圖，說道：「師父及兩位師弟來看，如果這一年天界發生變故，許多神仙被貶下凡，我們了解貶入凡間的機制，一般來說都是被隨機貶入凡間，所以，即使這一年天界真的發生什麼變故，也不應該都把神仙貶到去西天的路上。」悟空指向更為廣闊的南方和北方，繼續說道：「你們看，大唐貞觀三年之後，這些地方竟然沒有一個神仙被貶下凡間。如此反常，不能不令人生疑。」

悟空繼續說道：「除此之外，我還對神仙們下凡的原因一一做了調查，我發現，這些原因五花八門，但多數都很可疑。比如沙師弟，他在王母娘娘蟠桃會上失手打破一個琉璃盞，這本來是一件很平常的小事，玉帝卻異常震怒，把他貶到流沙河做妖怪。這在過去是從來沒有出現過的事。」

一席話說得沙僧頻頻點頭：「我也一直百思不得其解，今天聽師兄這麼一說，覺得很有道理。」

悟空看了看八戒，八戒低下了頭。悟空笑道：「八戒本來是天蓬元帥，調戲嫦娥仙子，這才被貶下凡，做了一頭豬。罪責和刑罰倒是得當，但哪裡不好投胎，反而投胎到高老莊。按我說，該罰他去極北苦寒之地，那不就沒有這番與高小姐的婚事了？再看那老君的青牛精、燒火的童子，如來腳下偷油的老鼠，他們偷偷下凡的事情過去從來沒有過，怎麼一到大唐貞觀三年，這一切都出來了。所以說，我們如果拿大唐貞觀三年做一個斷點，把這一年之前的十年間妖怪的身分和地區分布，與這一年之後十年間的妖怪身分和地區分布進行比較，就可以明顯看到，這是玉帝和如來兩個傢伙有意為之。目的就是讓我們大張旗鼓跑這一趟給全天下的愚夫愚婦們看，這佛經得來不易，佛教能帶他們脫離苦海。」

悟空這一番話，說得眾人都沉默不語。

最後，唐僧道：「悟空，你學的這種斷點迴歸之術，的確頗為神奇。無論是你之前用過的隨機實驗法、配對迴歸法，還是這神奇的斷點設計方法，都是西方科學精神的體現。我千辛萬苦研讀佛法，把這些佛經帶回東土，目的是要渡天下百姓，讓他們能夠脫離苦海，發現真理。你將來不妨也像我一樣，到西方把這種科學精神帶回東土大唐，讓這個飛天民族能夠大力發展科學，壯大力量，走向富裕。這才是你們應該做的事情。」

說話間，夕陽西下。

悟空眼望東方，只見寒鴉紛飛，落木蕭蕭，長安城影影綽綽。悟空知道，師父又何嘗不知玉帝與如來的這番用心！他就是要為東土大唐帶回佛教思想，在他心中，讓祖國汲取各種思想和技術，薈萃天下，博采眾長，胸懷世界，這才能真正實現讓這個飛天民族屹立於世界的夢想。

想到這裡，悟空望著師父堅毅的背影，不禁熱淚盈眶。

如今，斷點迴歸法應用在社會科學的研究裡愈來愈多。在本書的許多大偵探故事中，很多篇都有斷點迴歸的影子，其中最擅長使用斷點迴歸設計的是哈佛大學經濟系的梅麗莎·戴爾教授（參見本書第二章）。

斷點迴歸設計最早是由兩位心理學家唐納德·斯特里斯維特和唐納德·坎貝爾在1960年代提出來的。當時，他們想研究美國國家學業獎學金對獲獎者的職業和人生態度產生的影響。美國國家學業獎學金需要經過多輪評選，最終一年只有不到1000名優秀的高中高年級學生獲得這項獎學金。這項獎學金基於申請人在PSAT和SAT考試的成績進行評選，這兩個考試是絕大多數美國大學申請人都會參加的大學入學考試。[2] 相較於其他人，兩位心理學家先使用配對迴歸法，得到獲得美國國家學業獎學金的優勝者最終成為一名高中教師或研究員的機率要高4%，但針對國家學業獎學金優勝者的分數進行的斷點迴歸設計所給出的結果卻只有2%，並且在統計上並不顯著。這說明，使用配對迴歸法得到的結果要想解釋成因果效應，有一個前提條件，那就是基本上所有的相關變數都可以觀測到，而且都納入迴歸方程式中，不存在其他無法觀察到的遺漏變數。但有時候，

這個假設可能太嚴格了，遺漏變數帶來的偏誤在所難免，使用斷點迴歸設計就可以更好地把研究對象進行隨機分組，因為斷點的選擇本身與實驗對象的其他特徵不相關，這就不會影響她或他進入到實驗組或控制組的機率。因此，斷點迴歸設計所得到的結果就會更加可信。

唐納德・坎貝爾是20世紀美國著名的社會心理學家，也是社會科學方法論的重要思想家之一，1970年獲美國心理學會頒發的傑出科學貢獻獎，曾經擔任美國心理學會主席。他在1963年與朱利安・史丹利合作撰寫的專著《實驗與準實驗研究設計》，至今仍然是重要的參考文獻，對實驗方法和計量方法做出先驅性的研究貢獻。[3]

高老莊與流沙河：差異中之差異法斷奇案

唐僧師徒四人離開通天河之後，一路東來，眼見就要回到東土大唐。

這一日，悟空飛身上雲巔，手搭涼棚向前一看，但見前方村落密布，正是到了大唐地界。悟空遠遠望見，前方不遠處有一個村子，不是高老莊嗎？

悟空按下雲頭，一見八戒就笑道：「呆子，你的老丈人家到了！」八戒一聽，喜出望外，迫不及待地向高老莊行去。

不多時，師徒四人便來到高老莊村。把師父安頓到村頭的旅店中之後，八戒便嚷嚷著出門去尋娘子，悟空擔心會出意外，也跟著走了出來。

八戒他們走進村子，卻發現滿村都是小夥子，姑娘倒是沒見到幾個，哪怕是小孩子，也只見男孩，少見女孩。心下正自納悶，八戒找了半天，卻未見高翠蘭家。著急之際，八戒只得央求悟空把土地公公召喚出來，問他到底發生什麼事。

悟空喊了一聲：「土地老兒何在？」

只見一股青煙，土地公公冒了出來，對悟空和八戒鞠躬行禮：「孫大聖、天蓬元帥，你們求取真經，修成正果，可喜可賀啊！」

八戒急忙一把拽過土地公公，問道：「不知道翠蘭一家現在何處呀？」

土地公公忙道：「天蓬莫急！聽小老兒一一道來。」原來，豬八戒離開高老莊的時候，喊了一句「我將來還會回來的」，可把高家給嚇壞了。過了沒一年，高翠蘭一家人就搬走了，從此杳無音信。

八戒一聽，默然不語，人就像霜打的茄子，再沒了精神。

悟空又問道：「土地老兒，我走過這高老莊，怎麼發現男孩這麼多，女孩這麼少？這是怎麼回事呀？」

土地公公回答道：「大聖果然是火眼金睛，高老莊這些年風氣變得很壞，家家戶戶不願意養女兒，生了女兒的都偷偷把她溺死，殺女嬰的風氣可盛了。」

悟空一聽，大怒道：「真是豈有此理！」但他轉念一想，總覺哪裡不對，又問道：「土地老兒，我來問你，難道這高老莊從來就是這樣不成？」

八戒這才插嘴道：「那肯定不會，我沒走的時候，這村子裡女孩子可比現在多多了，女孩男孩都是家裡的寶貝，沒見過誰家生了女孩就要溺死的。」

土地公公看了看八戒，對悟空說道：「說起來，這事確實有些古怪。自從天蓬元帥……」

說到這裡，豬八戒嘟囔道：「我現在不再是天蓬元帥了，修成正果後如來佛祖封我為淨壇使者。」

土地公公連忙改口：「對對！自從淨壇使者上回離開高老莊之後，這十里八鄉就開始流傳出一個謠言來，都說高老莊的女孩曾經遇到過妖精，會索命。這謠言一傳開，高老莊的老百姓再嫁女兒，就需要比別的村子多送10兩銀子的嫁妝。10兩銀子對大戶人家還不算什麼，對小戶人家可是一年的收成，這如何送得起？於是啊，這些年願意生養女兒的就愈來愈少了。」

八戒一聽，不悅道：「聽你這意思，高老莊今天女孩少，人們殺女嬰，都是因為嫁妝要送得更多所致，好像這一切都是因為我而起啊！」

土地公公一聽，忙道：「小老兒只是據實稟告，並無半點虛言。請

大聖和天蓬……哦不，淨壇使者明斷！」

悟空聽了土地公公這樣一說，一時也不知這原因是真是假，但他答應土地公公接下來幾天去巡察一番，看看能不能解開這高老莊不喜女嬰的因果之謎。

悟空和八戒告別土地公回到旅店，只見沙僧興沖沖地走回來。

悟空忙問道：「沙師弟，你這是去了哪裡？」

沙僧滿臉笑意，說道：「大師兄、二師兄，我也回了一趟老家流沙河村。你們忘了嗎？我後來雖在流沙河裡為妖，一開始投胎卻是在流沙河村。這流沙河村與高老莊村其實離得不遠，婚喪嫁娶的風俗習慣都一樣。我和二師兄可以算是半個老鄉呢！」

悟空一聽，計上心來。他向沙僧詳細了解一下流沙河村的情況，尤其是關於嫁妝的情況。

沙僧告訴悟空，這流沙河村之前和高老莊村一樣，嫁女兒送的嫁妝不算太多，而且女兒一般都嫁給附近村裡的小夥子。每到農忙時節，女婿過來幫忙農活，生女兒可不吃虧。悟空心道：原來這沙僧小時候是一個很乖巧的孩子，在村子裡很得大家喜歡，後來去流沙河裡做妖怪，也是菩薩指點。所以，村子裡的人沒人覺得沙僧是妖怪，長得就不像。哪裡像八戒，長了一副豬頭，不被人當成妖怪才怪。悟空想到這裡，繼續問道：「沙師弟，你走了之後，這流沙河村可有什麼變化？」沙僧想了一會兒，開心地說：「大師兄，我沒覺得有啥變化，我走的時候還很小，大家一直都對我很好，現在鄉里鄉親還是很親近啊！沒有啥變化。」

悟空心想，我哪裡問你這個，於是又問道：「沙師弟，你們流沙河村的嫁妝現在和之前是不是仍然一樣呀？村子裡可有殺女嬰的現象？」

沙僧大惑不解地說道：「村子裡和之前一樣，沒有啥變化。殺女嬰？為什麼殺女嬰？生女兒有生女兒的福氣，雖然要送些嫁妝，但白得一個勞力幫忙農活，有啥不好？」說著，沙僧搖著頭餵馬去了。

一宿無話。

第二天，悟空帶上八戒、沙僧，跟師父告假之後，便來到高老莊的

土地廟，把土地老公公給喊了出來。

「老兒，我現在很清楚找到昨天那個猜測的因果關係證據。也就是高老莊嫁女兒嫁妝翻了好幾倍，最終導致村裡人不喜歡女孩，甚至出現殺女嬰的現象。」悟空張口便說道，「這事的確要怪八戒。」

八戒聽見悟空這麼說，可是不高興了：「師兄，你說話可要有真憑實據，不能血口噴人啊！」

悟空揪住八戒的耳朵道：「我講的話都是有科學根據的，什麼時候血口噴人過？」

沙和尚這時說道：「大師兄，既然你有了科學的判斷，那就請你把這個判斷從頭講給我們聽聽吧。」

悟空道：「這件事如果沒有沙師弟的幫忙，我原本也是一頭霧水，理不出頭緒來。」

沙僧卻迷惑地問道：「大師兄何出此言？我好像沒幫過什麼忙啊？」

悟空繼續道：「事情是這樣，土地老兒說自從八戒下凡之後，在高老莊鬧出那檔子糊塗事，高老莊村就開始鬧起殺女嬰的事情。雖然說，八戒娶高小姐在前，高老莊殺女嬰在後，但一件事發生在另一件事之前，前一件事未必是後一件事的原因，後一件事也未必是前一件事的結果。因為，有可能真正的原因與這裡的前一件事同時發生，但卻被我們給漏掉了。所以，如果只有高老莊村的資料，我們不能判斷土地老兒說的是對還是錯。」

「但是，」悟空看了看一臉困惑的沙僧，說道，「昨天沙師弟說起流沙河村的情況讓我有了主意。」

土地公公略一沉吟，抇鬍道：「這流沙河村與高老莊村一直是小老兒管轄的兩個村子，風俗人情都一樣，兩個村子先前確實是極像的。但是，現在……」土地公公搖了搖頭。

八戒怒道：「師兄你繼續說，這老頭子說兩句就嘆氣，嘆哪門子氣！」

悟空不加理會，繼續說道：「沒錯，過去這兩個村子非常像，嫁女

兒陪送的嫁妝也完全一樣，並不像今天高老莊這麼貴重。那個時候，兩個村子的女孩和男孩的比例也是差不多的，並沒有今天這樣的差別。但是，八戒被貶入凡間，雖然要落在取經路上，可到底是落在流沙河村，還是落在高老莊村，卻完全出於偶然。就是這樣的偶然，使得高老莊村因八戒而起謠言，不僅害得高小姐一家遠走他鄉，這謠言還使得高老莊村嫁女兒送的嫁妝翻了好幾倍。這個時候，我們已經知道，八戒下凡與嫁妝翻倍是聯繫在一起的，我們的問題就是這嫁妝翻倍是不是導致高老莊村女孩減少的原因。高老莊村因為八戒下凡這個隨機的因素而不得不送昂貴的嫁妝嫁女兒，這個組就是實驗組，而流沙河村就成了對照組。之前流沙河村和高老莊村的表現都一樣，這就滿足所謂『平行趨勢檢驗』（Parallel trend test），也就是說，流沙河村和高老莊村各個變數先前的變化趨勢基本一致，可以被視為兩個基本條件相同的村子。之後，一個嫁妝翻了倍，一個仍然維持原來的嫁妝水準，所以，一個變成實驗組，一個變成控制組。這兩組在女孩比例上的差異，就是嫁妝的多寡所帶來的因果效應。這個方法，就是所謂的差異中之差異法。這種方法把八戒下凡與高小姐成親事件發生之後出現的其他影響女孩子比例的因素，透過對照組的對比就給消除掉了，因為理論上，如果沒有八戒事件，流沙河村和高老莊村原本應該受到同樣的因素影響。所以，流沙河村就是高老莊村的反事實情況組。」

眾人一聽，都點頭不已，稱讚悟空又斷了一樁奇案。

之後，悟空又請出師父唐三藏為高老莊村祈福，並向十里八鄉的老百姓宣揚，昔日的妖怪不僅不再害人，現在還修成正果，高老莊村民特地集資修建一座淨壇使者廟。從此之後，高老莊村再也不愁嫁女兒要送昂貴的嫁妝，淨壇使者廟的香火也愈來愈鼎盛了。

差異中之差異法最早的提出者是生活在19世紀的英國醫生約翰·斯諾。

約翰·斯諾是一個流行病學家，專門研究疾病如何在人群中傳播。

1849年，倫敦爆發一場霍亂疫情。當時大家認為，霍亂疫情乃是由空氣不良引起的。但斯諾不認同這種流行的看法，他認為，霍亂疫情可能

是由受汙染的水導致的。他在1849年的論文〈論霍亂傳播的模式〉中第一次提出這個想法。

斯諾對資料分析得非常細緻。1855年，斯諾在對論文進行修訂時，按照地區和水源不同整理倫敦多個地方的死亡率資料。他發現，倫敦南部許多高死亡率地區的用水都是來自兩家自來水公司：一個是南城供水公司，一個是拉姆百思供水公司。1849年，這兩家公司都從受到汙染的倫敦市中心泰晤士河段取水。但是，從1852年起，拉姆百思供水公司開始從泰晤士河上游未被汙染的迪頓段取水。斯諾發現，從1849年到1854年，在拉姆百思供水公司供水的地區，因霍亂引起的死亡率出現下降，而由南城供水公司供水的地區，死亡率仍在上升。[4]

於是，斯諾使用差異中之差異法。他先用拉姆百思公司供水區在改變取水點後的死亡率減去供水前的死亡率，得到一個差異值；這個差異值表示，拉姆百思公司供水區在取水點發生變化前後死亡率的變化。然後再用南城公司供水區在同樣時點之後與之前的死亡率相減，這樣就又得到一個差異值；這個差異值表示，南城公司供水區在拉姆百思公司取水點發生變化前後的死亡率。雖然這個死亡率也是拿1852年之後的情況減去之前的情況，但南城供水公司的取水點並沒有發生變化，其實，這個時候的南城公司供水區就相當於另外一個拉姆百思公司供水區，只是取水點沒有發生變化而已，這是一個反事實情況。最後用前一個差值減去後一個差值，也就是拿實際發生取水點變化的拉姆百思公司供水區的死亡率之差，減去反事實情況下的南城公司供水區的死亡率之差，所得結果就是改變取水點對死亡率的因果效應。這樣，有了南城公司供水區這個對照組，或叫反事實情況，就可以控制除了取水點變化這個因素之外的其他因數，從而把遺漏變數所造成的偏誤給消除掉了。

因為這裡面要兩次用到差異值，所以，這個方法就被稱為差異中之差異法。當然，既然有差異中之差異，也可以有差異中之差異之差異、差異中之差異之差異之差異，但差異愈多，解釋起來就愈複雜，但基本構想並沒有多少差別。

御馬監裡的經濟帳：工具變數解紛爭

話說悟空自西天取經回來之後，一直閒來無事。這一日，他突然心血來潮，想來一番故地重遊，就到了天宮御馬監裡走了一遭。

御馬監監丞聽說之後，趕忙迎了出來。帶悟空遊覽一圈御馬監、天河牧馬場，還有天馬飼養舍等地。時光彷彿倒流500多年，悟空一路興致頗高。

只見天河牧馬場上，天馬行空，龍馬精神，真是看得悟空心中大悅。

最後，悟空和監丞來到千里馬培育基地。這個基地是悟空走後設立的，所以悟空並不熟悉。

監丞向悟空介紹道：「大聖，這是你走之後由天宮創新突擊辦公室設立的。在這裡培養天宮的千里馬。天馬若是到了凡間，當然個個都是千里馬，但在這天上，若是能取得千里馬之稱，一天能跑出凡間的數百倍距離，當真稱得上是神駒了。我們在這個千里馬培育基地，這些年來已經培育一大批千里馬，成績傲人啊！」

這時，一旁的副監丞忙過來說道：「稟大聖，之所以千里馬基地能夠取得這樣的成績，和我們監丞引進的一套績效評價系統有很大的關係。因為培育千里馬，不僅需要運氣，還需要馬倌們的精心餵養和訓練，非常不容易。」

悟空一邊聽，一邊看天河牧馬場上的一匹神駒。只見牠四腳騰空，如同風馳電掣，一會兒工夫就消失在雲巒之巔。如此神駿，確實難得！悟空跳上一匹正在奔跑中的千里馬，一勒馬韁，那馬前蹄離地，一聲驊騮，疾馳而出。悟空不禁大笑，連呼「痛快！」

一行人回到千里馬培育基地的休息室，正要喝茶休息片刻，只聽外面一片吵鬧聲。監丞忙問副監丞：「不知出了什麼事情？」副監丞出去了解一下情況，很快回來稟報道：「原來是最近千里馬培育基地的馬倌們起了一點紛爭，要求重新分配千里馬培育基地的小馬駒。情況是這樣的，最

初基地成立的時候，這些馬倌各自都分了一批馬駒回去餵養，進行培育和訓練。後來他們各自培養，那些馬駒長大之後，再生育後代，生下小馬駒，繼續培育。這些年來，有的馬倌培育出來的千里馬比例更高，這樣一來，牠們的後代產下具有千里馬潛力的小馬駒機率也會更高。這就形成一種互相促進、互為因果的關係。也就是說，你愈是精心餵養小馬駒，對牠們勤加訓練，並且培訓得法，你就愈可能培育出千里馬。而你愈是可能培育出千里馬，你的馬生下的小馬駒就愈有可能成為未來的千里馬，但所謂的更有可能，也都是在同樣的馬倌手裡培養出來的，很難說這到底是因為馬駒品質好，還是馬倌培育更加精心得法所致。」

悟空問道：「那現在這些馬倌在吵些什麼？」

副監丞回答：「現在，有些培育千里馬不力的馬倌就把責任推到他們的馬駒品種不好，認為那些培育千里馬成績優良的人實際上不過是運氣好而已，不是他們更努力，而是他們更有運氣。所以，這些人要求重新分配小馬駒。但培育出較多千里馬的人卻認為，他們的成績好，純粹是因為他們努力工作，更加細心餵養和訓練小馬駒才得來的。他們的成績來之不易，不能都歸功在當初的馬駒品種上，而且現在這品種的改善，也是他們努力的結果。這些人認為前面那些馬倌自己不努力，現在想來奪取他們的勝利果實，自然是不肯相讓。」

監丞聽了，不禁好生為難：「大聖，你看這事情，精心訓練出好的千里馬，可能會帶來更多好的小馬駒，而更多好的小馬駒，又可能更容易訓練出千里馬。到底馬倌們精心餵養、努力訓練對於培育千里馬起的作用有多大呢？這裡面總混雜著小馬駒的品質情況，而兩者又相互影響、互為因果，真是很難清楚把它們分開呀。」

副監丞這時插嘴道：「大聖、監丞，其實小馬駒的品質也要看年份，大部分年份當然沒有什麼特別的地方。不過，不一定在哪一年王母娘娘壽誕，玉帝若是心血來潮，高興起來會普降甘露，那一年的小馬駒品質都會提高，而且所有馬倌的小馬駒都能得到甘露，從品質上看那一年的小馬駒就會都很不錯。」

孫大聖聽到這裡，不禁哈哈大笑，說道：「監丞何必憂心！你說的這個問題，正是因果推論中一個難以解決的問題，也就是所謂『逆向因果』或『雙向因果』問題。一個變數影響另一個變數，而另一個變數也會反過來影響這個變數，彼此相互交融，互相影響，到底誰是因、誰是果，確實很難分清。」

　　監丞皺起眉頭，問道：「大聖，那該怎麼辦呀？我們希望激勵馬倌好好養馬，如果不好好養馬的馬倌編造說辭，把原因都歸咎於馬駒的品質上，我們又該如何回應？事實上，我們也確實無法監督到每個馬倌，看他們是否在努力培育千里馬，我們只能根據結果表揚馬倌。」

　　大聖道：「解決這類雙向因果問題，不是沒有辦法，有一種計量方法，叫『工具變數』迴歸，十分巧妙，而且非常有用。當然，這個工具變數法不僅可以用來解決雙向因果問題，也可以解決像遺漏變數等許多其他問題。但這種方法需要一個外生的變化，也就是說，在這裡，它與影響是否能培育成千里馬的其他變數沒有什麼關係，但它卻可以單獨影響小馬駒的品質，從而影響到培育千里馬的成功率。」

　　監丞聽說有辦法可以把小馬駒的品質對千里馬培育成功率的影響估計出來，不禁大為興奮道：「大聖，既然這個工具變數法如此神奇，那趕緊把工具變數這尊大神請出來，為我們釋疑解惑吧。」

　　悟空笑道：「哪裡有什麼工具變數神仙？這個工具變數，找起來可是不容易，需要有慧心之人細心查訪，有時候可以稱得上是妙手偶得之。」

　　監丞面有失望之意，道：「那這該如何是好？」

　　大聖道：「監丞不必擔心，我剛才已經找到一個可以說還不錯的工具變數，可以幫助你尋找出小馬駒品質提高帶來的千里馬培育成功率的變化，但你需要把往年這些馬倌培育千里馬的資訊都給我找來。此外，副監丞，還要勞煩你把玉帝老兒普降甘露的年份都找來，我有妙用。」

　　監丞和副監丞領命而去。不多時，這些資料都拿到悟空跟前。

　　悟空道：「現在，我們找到的這個工具變數，就是玉帝在某年是否

降下甘露。若是玉帝降下甘露，這個甘露會影響馬駒的品質，而馬駒的品質又會影響千里馬培育的成功率。同時，玉帝是否降下甘露，全看玉帝那一年是不是心血來潮，這個因素完全隨機，與其他使千里馬培育成功或失敗的因素都不相干。這樣，玉帝某年是否降下甘露這個變數就滿足工具變數的兩個條件：第一，與我們關心的自變數具有相關性，這就是相關性條件；在這裡，這個自變數就是小馬駒的品質改良。第二，與其他影響應變數的因素無關，這就是外生性條件；在這裡，這個應變數就是千里馬培育的成功率，其他因素就是除了小馬駒品質這個因素之外其他影響千里馬培育成敗的因素。除此之外，我們還需要把玉帝沒有降下甘露的年份中，各個馬倌的千里馬培育成功率進行加總後平均，也把它作為控制變數加進來，這樣可以進一步保證我們估計出來的小馬駒品質對千里馬培育成功率因果效應的精確性。」

副監丞帶領眾隨從依命一一做了指標的編制、資料的清理，並進行迴歸。結果，他們發現：小馬駒品質因玉帝普降甘露得到改良之後，千里馬培育成功率確實有所增加；但是，在平常年份培育千里馬成功率更高的馬倌，因甘露而得到的成功率提高得更多，而平時就不大能培育出千里馬的馬倌，雖然培育的千里馬也有增加，但從數量上看要少得多。

眾人見大聖為他們解決紛爭，紛紛誇讚悟空法力高深。勤勞的馬倌個個前來給悟空磕頭道謝，感謝大聖讓大家認識到他們努力的成果，表示從此將會更加勤勞地培育更多千里馬。

孫大聖囑咐大家多學科學知識，注意資料分析，尤其是在天宮進入大數據時代之後，更應該努力跟上時代，不然無論他的法力如何了得，最終都會被時代拋棄。大家紛紛點頭稱是，與大聖揮手作別！

工具變數迴歸法最早就是為了解決計量經濟學中雙向因果關係問題而提出來的，見於菲力浦・萊特1928年的著作《動物油脂和植物油脂的關稅》的附錄B。[5]這本書前面的285頁，講的都是20世紀初動物油與植物油的生產、運輸以及銷售的情況。計量經濟學家們獨獨對該書285頁之後這個附錄B感興趣，因為這個附錄給出我們現在稱為工具變數估計量的

「引入外部因素的方法」的兩種推導，並且利用這個方法估計奶油和亞麻仁油的供給和需求彈性。

　　了解一點經濟學知識的讀者可能知道，在競爭性市場中，向上傾斜的供給曲線和向下傾斜的需求曲線交叉，在交點處確定均衡價格和均衡數量。但是，人們只能觀察到市場上的均衡價格和均衡數量，卻不知道怎麼由這些資料得到供給曲線和需求曲線，因為這些均衡價格和均衡數量是由供給和需求共同決定的，你若想畫出供給曲線，就得保持需求不變，但數據無法做到這一點。在萊特生活的年代，人們對計量經濟學的知識了解不多，他們發現這兩個變數幾乎是同時被決定的，因此感到束手無策。

　　在這篇附錄B裡，萊特運用聯立方程式模型對此進行較好的闡述。它向人們解釋為什麼可以用在一個方程式中出現、但在另一個方程式中沒出現的變數來解決這個問題。他把這個沒有出現在另一個方程式的變數叫作「外部變數」，透過移動外部因素所在的這個方程式，他們可以追蹤到不包含外部因素那個方程式的運動軌跡。這就是說，對後一個方程式而言，這個變數是「外生」變數。我們今天把這種移動的外部因素稱作「工具變數」。比如，萊特在對亞麻籽市場進行分析時，使用需求曲線的變動因素替代價格，這個需求曲線的變動因素，就是每畝產量的變化主要受天氣條件影響，而天氣條件就是那個工具變數。[6]

　　萊特這本書的附錄B非常了不起，是一個出人意料的計量思想的重大突破。但萊特只是一位默默無聞的經濟學家，除了這個附錄之外，幾乎沒有留下其他的思想遺產。他從哈佛大學拿到碩士學位之後，在美國伊利諾州蓋爾斯堡一所偏僻、規模較小的隆巴德學院當了很多年老師。

　　這所隆巴德學院甚至沒能抵住大蕭條的衝擊，後來也很快倒閉了。但萊特的兒子斯維爾·萊特卻成為一位傑出的人口遺傳學家和統計學家。由於附錄B中的數學內容與全書其他地方的風格似乎有所不同，因此很多計量經濟學家認為，這篇附錄有可能是菲力浦的兒子斯維爾匿名所撰。

　　那麼，這篇附錄B到底是出自誰之手呢？是父親還是兒子呢？事實上，這對父子都可能是作者，究竟這篇附錄的作者到底是誰，卻是一個懸

案。老萊特曾在1915年的一篇文章裡說明為什麼數量對價格的迴歸在一般情況下並不能估計出需求曲線。在1920年代初，小萊特正在研究遺傳學中包含多個因果變數的多個方程式的統計分析，他之所以能在1930年到著名的芝加哥大學任教，部分原因也是因為這個研究。

但這還是難不倒善斷奇案的經濟學大偵探們。

哈佛大學經濟學教授、著名計量經濟學家詹姆斯・斯托克與合作者法蘭西斯科・特來布使用所謂文體計量學（Stylometrics），研究小萊特身為作者身分的文體。[7] 文體計量學可以分辨出作者的詞彙使用和句法結構的統計規律。從這種文體上進行分析，兩位大偵探確認，老萊特才是附錄B的作者。後來，這兩位大偵探還透過這對父子在1920年代中期的書信往來表明，工具變數的思想應該是兩人合作的共同結晶。

至此，這樁工具變數思想的發明權懸案終於告破。

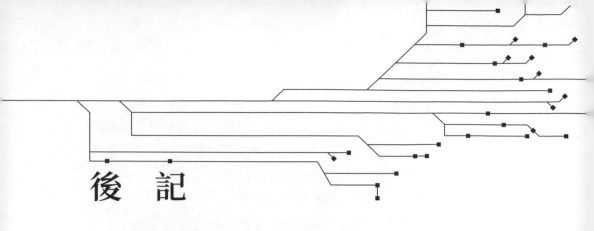

後　記

　　這本《大偵探經濟學》的科普書，是我2020年在哈佛大學訪學期間，聆聽多位因果推論領域的大師級學者的課堂，閱讀上百篇這個領域的學術論文之後的一個副產品。

　　2019年11月，我的老友、上海交通大學安泰經濟與管理學院的黃少卿教授邀請我為他與中信出版社《比較》編輯室合作策劃的「新百家文叢」寫一本科普著作。我多年來主要從事學術研究和翻譯，這類科普著作並沒有累積稿子，正要推託，少卿說：「井奎，我們可以等。」少卿是我敬重的學界兄長，他這樣的態度讓我很感動。但隨後在哈佛的學業和研究任務很重，一直沒有機會履約。直到2020年5月，此時我已經在哈佛上完第一個學期的課程，而新冠肺炎疫情在美國也已經起來，我與其他人一樣，被困在斗室裡，才終於有了閒暇。

　　我大女兒當時10歲，她很喜歡偵探故事。每次跟我視訊，她只要看媽媽不在，就會和我聊她讀過的「老K」探長。有一天，我在公寓裡閒極無聊，翻看哈佛經濟系幾位年輕教授的網站首頁，瀏覽他們的工作論文和發表的論文。當時，梅麗莎・戴爾教授剛剛獲得「克拉克獎」，我讀了她寫到關於墨西哥毒品戰爭的文章，馬上被她的文章吸引住了。我突發奇想，像戴爾教授這樣，和我女兒喜歡的大偵探又有什麼區別呢？我為什麼不把這些年閱讀的論文中那些精彩的經濟學研究，和哈佛大學課程所講授的因果推論知識結合起來，寫一本《大偵探經濟學》呢？

　　說幹就幹，於是就寫出最初的第一章到第三章的內容。然後，我把這三章的初稿首先發給少卿，以及《比較》編輯室我很尊敬的編輯吳素萍老師、編輯部主任孟凡玲老師，他們給我極大的肯定，鼓勵我寫下去。反

正疫情也出不了門，我就全心在接下來幾個月裡投入到這本書的寫作中。

當時，每一章初稿寫完，我都會先發給我的太太，以及我的好友朱林可（比利時魯汶大學經濟學博士、上海財經大學國際商學院副教授）和楊奇明（北京大學國家發展研究院博士後、浙江理工大學經濟管理學院教師），還有我的高中同學、成都知名的媒體人張豐，讓他們發表讀後感，聽聽他們的回饋。正是他們的鼓勵和支持，尤其是林可，幾乎每一章都給出意見和鼓勵，支持我冒著酷暑把這本《大偵探經濟學》寫了出來。

2020年8月，我寫出初稿之後，把它發給我在哈佛大學的朋友們傳閱，同時還給我的忘年之交、新竹清華大學的賴建誠教授。9月初，賴建誠老師以極大的熱情回覆我，並為我這本書寫下一篇熱情洋溢而又感人至深的推薦序。賴老師還熱情幫我聯絡台灣貓頭鷹出版社張瑞芳副總編輯，商討日後出版台灣繁體版事宜。

但很快，8月底我在哈佛的第二個學期開始了，我就再次忙於課程學習、課程討論（seminar）以及論文和專欄的寫作，沒有了閒暇。到了2021年1月初，我終於從美國回到國內，然後開始漫長的疫情隔離期。也就是在這個時候，我才又有時間來重新開始修改這本書。

書稿修改完成之後，我又請在這個領域浸淫多年，對經濟學的實證研究領會頗深，同時也是最會講故事的著名青年經濟學者，復旦大學經濟學院的蘭小歡老師賜序。小歡的這篇序言寫得簡潔而深刻，不是深入在這個領域的高手，是寫不出具有這樣見解的序言的。我希望讀者朋友們，尤其是青年學子，乃至一些已經有所成就的學者，都不妨在閱讀本書的過程中，時不時地再去品讀小歡的這個序言，相信會有更深的感悟。

在修改本書期間，我把這本書的初稿發給在當今學術界這個領域卓有成就的師友們，請他們提出寶貴的修改意見。以下這些散布在世界各地的老師，都是在本書寫作過程中就本書的相關內容提供過修改意見，或者以各種方式對本書的寫作給予支持的師友（都是在國內外各大學或科研院所任教的學者），我謹向他們致以誠摯的謝意：

錢穎一（清華大學經濟管理學院）

韋森（復旦大學經濟學院）

陳釗（復旦大學經濟學院）

陳碩（復旦大學經濟學院）

李楠（復旦大學經濟學院）

蘭小歡（復旦大學經濟學院）

奚錫燦（復旦大學經濟學院）

劉志闊（復旦大學經濟學院）

范子英（上海財經大學公共經濟與管理學院）

朱林可（上海財經大學國際工商管理學院）

唐珏（上海財經大學公共經濟與管理學院）

陸銘（上海交通大學安泰經濟與管理學院）

黃少卿（上海交通大學安泰經濟與管理學院）

許永國（上海交通大學安泰經濟與管理學院）

李輝文（上海對外經濟貿易大學國際經濟貿易學院）

茹玉驄（上海對外經濟貿易大學國際經濟貿易學院）

何曉波（上海對外經濟貿易大學國際經濟貿易學院）

馮皓（上海對外經濟貿易大學國際經濟貿易學院）

李曉（吉林大學經濟學院）

吳要武（中國社會科學院人口與勞動經濟研究所）

席天揚（北京大學國家發展研究院）

劉守英（中國人民大學經濟學院）

江艇（中國人民大學經濟學院）

劉瑞明（中國人民大學國家發展與戰略研究院）

魏楚（中國人民大學應用經濟學院）

毛捷（對外經貿大學國際經濟貿易學院）

陳斌開（中央財經大學經濟學院）

方穎（廈門大學鄒至莊經濟研究院）

龍小寧（廈門大學知識產權研究院）

趙西亮（廈門大學經濟學院）

羅知（武漢大學經濟發展研究中心）

何石軍（武漢大學經濟與管理學院）

李春濤（中南財經政法大學金融學院）

王永進（南開大學經濟學院）

史晉川（浙江大學經濟學院）

趙鼎新（浙江大學社會學系）

方紅生（浙江大學經濟學院）

張川川（浙江大學經濟學院）

羅德明（浙江大學經濟學院）

張小茜（浙江大學經濟學院）

葉兵（浙江大學經濟學院）

陳葉烽（浙江大學經濟學院）

杜立民（浙江大學中國西部發展研究院）

耿曙（浙江大學公共管理學院）

高翔（浙江大學公共管理學院）

王則柯（中山大學嶺南學院）

梁平漢（中山大學政治與公共事務學院）

董志強（華南師範大學經濟與工商管理學院）

張利風（廣東財經大學財政稅務學院）

李政軍（南京師範大學商學院）

楊奇明（浙江理工大學經濟管理學院）

張旭昆（浙江工商大學經濟學院）

姚耀軍（浙江工商大學金融學院）

張昭時（浙江工商大學統計與數學學院）

趙連閣（浙江工商大學經濟學院）

毛豐付（浙江工商大學經濟學院）

馬淑琴（浙江工商大學經濟學院）

王學淵（浙江工商大學經濟學院）

許彬（浙江工商大學經濟學院）

周冰（浙江財經大學經濟學院）

余立智（浙江財經大學東方學院）

馬汴京（浙江財經大學經濟學院）

丁騁騁（浙江財經大學金融學院）

黃華僑（杭州師範大學）

盧新波（嘉興學院）

文雁兵（嘉興學院經濟學院）

Richard Freeman（哈佛大學經濟系）

林明仁（臺灣大學經濟系）

賴建誠（新竹清華大學經濟系）

王開元（哈佛大學費正清中心）

于皓存（麻省理工學院物理系）

黃煒（哈佛大學經濟學博士，現任教於新加坡國立大學）

徐軼青（麻省理工學院政治學博士，現任教於史丹福大學政治系）

張永璟（美國喬治梅森大學經濟學博士，現任教於加拿大渥太華大學）

陳希（美國康乃爾大學經濟學博士，現任教於耶魯大學公共衛生學院）

何國俊（美國加州大學柏克萊分校經濟學博士、哈佛大學博士後，現
　　任教於香港科技大學）

張軼凡（美國匹茲堡大學經濟學博士、耶魯大學博士後，現任教於香
　　港中文大學經濟系）

周聰奕（芝加哥大學公共管理學博士，現任教於紐約大學政治系）

汪通（知乎大V「司馬懿」，法國土盧斯大學經濟學博士，現任教於
　　英國愛丁堡大學商學院）

周陽（美國西維吉尼亞大學經濟學博士，現任教於北德克薩斯大學）

易君健（香港科技大學經濟學博士，現任教於北京大學國家發展研究
　　院）

史冊（美國維吉尼亞大學經濟學博士，現任教於香港中文大學經濟系）

李華芳（美國羅格斯大學公共管理學博士，現任教於美國偉谷州立大學）

沈煌南（哈佛大學甘迺迪政府學院博士後，復旦大學管理學院）

李江龍（哈佛大學訪問學者、博士後，西安交通大學經濟與金融學院）

劉泓汛（普林斯頓大學訪問學者、博士後，西安交通大學經濟與金融學院）

廖丹子（麻省理工學院史隆管理學院訪問學者，浙江財經大學公共管理學院）

閆雪淩（哈佛大學訪問學者，四川大學經濟學院）

熊瑞祥（哈佛大學訪問學者，湖南師範大學商學院）

葛鵬（哈佛大學訪問學者，中國人民大學經濟學博士，浙江財經大學經濟學院）

　　此外，我的朋友中央電視台國際頻道主持人蕢鶯春小姐，《金融時報》中文網財經版主編徐瑾小姐，東方證券總體研究員、財富研究中心主管陳達飛先生，「經管之家論壇」（原人大經濟學論壇）總編輯高曉斐先生，《中國社會科學》期刊副主編梁華女士，復旦大學出版社資深編輯谷雨老師，炭極科技公司的周萍老師，我初高中時的老友何力、李丹、徐大富、謝新旭、趙雲、劉塵，還有我的學生平福冉、梁真、陳鏘、高潔等，都認真閱讀這本書，提出不少寶貴的意見。在此，我謹向所有這些熱心鼓勵我、誠懇提出意見和建議的老師和朋友們，以及為此書的出版傾盡心力的編輯老師們，再次致以最深切的謝意！謝謝你們！

2021 年 2 月 17 日寫於杭州家中

2021 年 4 月 16 日改定於浙江大學人文高等研究院

參考資料

▍序言

1. 參閱簡體中文版〔英〕大衛・休謨，《人性論：在精神科學中採用實驗推理方法的一個嘗試》（上、下冊），關文運譯，商務印書館1980年版。

2. Mill, J.S. *A System of Logic, In Collected Works of John Stuart Mill*. University of Toronto Press，1973.

3. 參閱簡體中文版〔英〕伯特蘭・羅素，《我的哲學的發展》，溫熙增譯，商務印書館2001年版。

4. 參閱簡體中文版〔美〕裘蒂金・鉑爾、達納・麥肯齊，《為什麼：關於因果關係的新科學》，江生、於華譯，中信出版社2019年版。（本書另有繁體中文版：朱迪亞・珀爾、達納・麥肯錫，《因果革命：人工智慧的大未來》，甘錫安譯，行人出版社2019年版）

5. Imbens, Guido. Rubin, Donald. *Causal Inference for Statistics, Social, and Biomedical Sciences*. Cambridge University Press，2015.

6. Neyman, J.（1923, 1990）．"On the Application of Probability Theory to Agricultural Experiments. Essay on Principles. Section 9." translated in Statistical Science,（with discussion），Vol. 5（4）：465-480.此文一直到1990年才被翻譯成英文。

7. 參閱簡體中文版〔美〕大衛・薩爾斯伯格，《女士品茶》，邱東等譯，中國統計出版社2004年版。（本書另有繁體中文版：薩爾斯伯格，《統計，改變了世界》，葉偉文譯，天下文化2001年版）

8. 參閱簡體中文版〔美〕約書亞・安格里斯特、約恩—斯特芬・皮施克，《基本無害的計量經濟學》，郎金煥、李井奎譯，格致出版社2012年版。

第一章

1. Becker, Gary S. *The Economics of Discrimination.* University of Chicago Press, 1957. 簡體中譯本請參閱：《歧視經濟學》，[美]加里・貝克爾著，于占傑譯，商務印書館2014年版。

2. Arrow, Kenneth. "The Theory of Discrimination," in Orley Ashenfelter and Albert Rees, eds., Discrimination in Labor Markets. *Princeton University Press*, 1973.

3. Bertrand, Marianne, Sendhil Mullainathan. 2004. "Are Emily and Greg More Employable Than Lakisha and Jamal? A Field Experiment on Labor Market Discrimination." *American Economic Review*, 94（4）：991-1013.

4. 參閱簡體中文版[美]尤里・格尼茨、約翰・李斯特：《隱性動機》，魯冬旭譯，中信出版社2015年版。（本書另有繁體中文版：葛尼奇、李斯特，《一切都是誘因的問題！》，齊若蘭譯，天下文化2015年版）

5. 參閱簡體中文版〔美〕塞德希爾・穆來納森、埃爾德・莎菲爾：《稀缺》，魏薇、龍志勇譯，浙江人民出版社2014年版。（本書另有繁體中文版：森迪爾・穆蘭納珊、埃爾達・夏菲爾：《匱乏經濟學》，謝樹寬譯，遠流出版2020年版）

6. Knowles, John, Nicola Persico and Petra Todd. 2001. "Racial Bias in Motor Vehicle Searches: Theory and Evidence." *Journal of Political Economy,* 109（1）：203-29.

7. Anwar, Shamena, Hanming Fang. 2006. "An Alternative Test of Racial Prejudice in Motor Vehicle Searches: Theory and Evidence." *American Economic Review*, 96（1）：127-51.

8. Alesina, Alberto, Eliana La Ferrara. 2014. "A Test of Racial Bias in Capital Sentencing." *American Economic Review*, 104（11）：3397-433.

9. Arnold, David，Will Dobbie and Crystal S. Yang. 2018. "Racial Bias in Bail Decisions." *Quarterly Journal of Economics*, 133（4）：1885-1932.

第二章

1. Dell, Melissa. 2015. "Trafficking Networks and the Mexican Drug War." *American Economic Review*, 105（6）: 1738-79.

2. Carpenter, Christopher, Carlos Dobkin. 2009. "The Effect of Alcohol Consumption on Mortality: Regression Discontinuity Evidence from the Minimum Drinking Age." *American Economic Journal: Applied Economics*, 1（1）: 164-82.

3. 引自Joshua D.Angrist and Jorn Steffen Pischke, Mastering ' *Metrics, Princeton University Press*, 2014, 第四章 圖 4.1。

4. Carpenter, Christopher, Carlos Dobkin. 2009. "The Effect of Alcohol Consumption on Mortality: Regression Discontinuity Evidence from the Minimum Drinking Age." *American Economic Journal: Applied Economics*, 1（1）: 164-82.

5. Murphy, Tommy E., Martín A. Rossi. 2020. "Following the Poppy Trail: Origins and Consequences of Mexican Drug Cartels." *Journal of Development Economics*, Volume 143.

第三章

1. Gambetta, Diego. The Sicilian Mafia: The Business of Private Protection. *Harvard University Press*, 1996.

2. Franchetti, Leopoldo. 2000 [1876]. Condizioni Politiche e Amministrative della Sicilia. *Roma: Donzelli*.

3. John Dickie, Cosa Nostra. A History of the Sicilian Mafia. *Palgrave Macmillan*，2005.

4. Anton Blok. The Mafia of a Sicilian Village, 1860-1960: A Study of Violent Peasant Entrepreneurs.*Harper & Row*, 1971.

5. Bandiera, Oriana. 2003. "Land Reform, the Market for Protection, and the Origins of the Sicilian Mafia: Theory and Evidence." *Journal of Law, Economics, and Organization*, 19（1） : 218-44。

6. 參閱簡體中文版〔美〕羅伯特・派特南：《使民主運轉起來》，王列、賴海榕譯，江西人民出版社2001年版。

7. Dimico, A., Isopi, A., and Olsson, O. 2017. "Origins of the Sicilian Mafia: The Market for Lemons." *The Journal of Economic History*, 77（4）：1083-115。

8. John Dickie. Cosa Nostra, A History of the Sicilian Mafia. *Palgrave Macmillan*, 2005.

9. Acemoglu, Daron, Giuseppe De Feo, and Giacomo Davide De Luca. 2020. "Weak States: Causes and Consequences of the Sicilian Mafia." *Review of Economic Studies*, 87（2）：537-81.

第四章

1. 參閱《灰霾重壓再逼產業轉型》，《中國企業報》2013年1月15日第11版。

2. 參閱：《晏子春秋・雜下之十》，陳濤譯注，中華書局2007年版。

3. Chen, Y., Ebenstein, A., Greenstone, M., and Li, H. 2013. "Evidence on the Impact of Sustained Exposure to Air Pollution on Life Expectancy from China's Huai River Policy." *Proceedings of the National Academy of Sciences*, 110（32）：12936-41.

4. Ebenstein, A., Fan, M., Greenstone, M., He, G., and Zhou, M. 2017. "New Evidence on the Impact of Sustained Exposure to Air Pollution on Life Expectancy from China's Huai River Policy." *Proceedings of the National Academy of Sciences*, 114（39）：10384-89.

5. Fan, Maoyong, Guojun He, and Maigeng Zhou. 2020. "The Winter Choke: Coal-Fired Heating, Air Pollution, and Mortality in China." *Journal of Health Economics*, Volume 71.

6. He, Guojun, Tong Liu and Maigeng Zhou. 2020. "Straw Burning, PM2.5 and Death: Evidence from China." *Journal of Development Economics*, Volume 145.

7. He, Guojun, Shaoda Wang and Bing Zhang. 2020. "Watering Down Environmental Regulation in China." *Quarterly Journal of Economics*, 135（4）：2135-85.

第五章

1. Angrist, Joshua D., Alan B. Krueger. 1991. "Does Compulsory School Attendance Affect Schooling and Earnings?" *Quarterly Journal of Economics*,106（6）：979-1014

2. Dale, Stacy B., Alan B. Krueger. 2002. "Estimating the Payoff to Attending a More Selective College: An Application of Selection on Observables and Unobservables." *Quarterly Journal of Economics*, 117（4）：1491-527.

3. Abdulkadiro.lu, Atila, Joshua Angrist and Parag Pathak, 2014. "The Elite Illusion: Achievement Effects at Boston and New York Exam Schools." *Econometrica*, 82（1）：137-96.

4. 參閱簡體中文版[美]威廉・德雷謝維奇：《優秀的綿羊》，林傑譯，九州出版社2016年版。（本書另有繁體中文版，章澤儀譯，三采出版社2016年版）

第六章

1. Sen, Amartya. 1992. "Missing Women: Social Inequality Outweighs Women's Survival Advantage in Asia and North Africa." *British Medical Journal*，304（6827）：587-8.

2. Oster, Emily. 2005. "Hepatitis B and the Case of the Missing Women." *Journal of Political Economy*, 113（6）：1163-212.

3. Lin, Ming-Jen, Ming-Ching Luoh. 2008. "Can Hepatitis B Mothers Account for the Number of Missing Women? Evidence from Three Million Newborns in Taiwan." *American Economic Review*, 98（5）：2259-73.

4. Oster, Emily, Gang Chen, et al. 2010. "Hepatitis B Does Not Explain Male-Biased Sex Ratios in China." *Economics Letters*, 107（2）：142-4.

5. Qian, N. 2008. "Missing Women and the Price of Tea in China: The Effect of Sex-specific Income on Sex Imbalance." *Quarterly Journal of Economics*, 123（3）：1251-85.

6. 參閱簡體中譯本〔美〕加里・貝克爾：《家庭論》，王獻生、王宇譯，商務印書館2005年版。（本書另有繁體中文版，王文娟譯，立緒出版社1997年版）

7. Almond, Douglas, Hongbin Li and Shuang Zhang. 2019. "Land Reform and Sex Selection in China." *Journal of Political Economy*, 127（2）：560-85.

第七章

1. 參閱簡體中文版〔美〕麗莎・琳賽：《海上囚徒：奴隸貿易四百年》，楊志譯，中國人民大學出版社2014年版。

2. Nunn, Nathan. 2008. "The Long-Term Effects of Africa's Slave Trades." *Quarterly Journal of Economics*, 123（1）：139-76.

3. Nunn, Nathan, Leonard Wantchekon. 2011. "The Slave Trade and the Origins of Mistrust in Africa." *American Economic Review*, 101（7）：3221-52.

4. 這裡引用的話都轉引自下面這本書的相關段落：簡體中文版《白人的負擔》，[美]威廉・伊斯特利著，崔新鈺譯，中信出版社2008年版。

5. 參閱簡體中文版〔美〕傑佛瑞・薩克斯：《貧窮的終結》，鄒光譯，上海人民出版社2007年版。（本書另有繁體中文版：傑佛瑞・薩克斯：《終結貧窮》，鐵人雍譯，臉譜出版社2007年版）

6. Dambisa Moyo. *Dead Aid：Why Aid Is Not Working and How There Is a Better Way for Africa*. Farrar, Straus and Giroux，2010.

7. Nunn, Nathan, Nancy Qian. 2014. "US Food Aid and Civil Conflict." *American Economic Review*, 104（6）：1630-66.

第八章

1. 參閱簡體中文版〔英〕亞當・斯密：《國民財富的性質與原因的研究》（簡稱《國富論》），郭大力、王亞南譯，商務印書館2011年版。（本書

另有繁體中文版，謝宗林、李華夏譯，先覺出版社2000版）

2. 諾思的著作主要參閱：簡體中文版《西方世界的興起》（華夏出版社，2009）（繁體中文版由聯經出版公司於2016年出版）、簡體中文版《經濟史中的結構與變遷》（上海人民出版社，1994）（另有繁體中文版《經濟史的結構與變遷》，聯經出版公司，2016）等。

3. 相關內容可以參閱麥克洛斯基的三卷著作：The Bourgeois Virtues: Ethics for an Age of Capitalism （U. of Chicago Press, 2006），Bourgeois Dignity: Why Economics Can't Explain the Modern World （U. of Chicago Press, 2010），Bourgeois Equality: How Ideas, Not Capital or Institutions, Enriched the World（U. of Chicago Press, 2016，中文版即將由中信出版集團出版）。莫基爾的書請參閱：《啟蒙經濟》（中信出版集團，2020）和《增長的文化》（中國人民大學出版社，2019）

4. 參閱簡體中文版〔德〕馬克斯·韋伯：《新教倫理與資本主義精神》，于曉、陳維剛譯，三聯書店1987年版。（本書另有繁體中文版馬克斯·韋伯：《基督新教倫理與資本主義精神》，康樂、簡惠美譯，遠流出版社2020年版）

5. 參閱賴建誠：〈新教倫理真的促成了資本主義發展嗎？〉，《南方週末·文化版》，2017年6月8日。

6. 參閱簡體中文版〔英〕R.H.托尼：《宗教與資本主義的興起》，趙月瑟、夏鎮平譯，上海譯文出版社2006年版。

7. 參閱簡體中文版〔法〕費爾南·布羅代爾：《菲力浦二世時代的地中海和地中海世界》，唐家龍、曾培耿、吳模信譯，商務印書館1996年版。（另有繁體中文版費爾南·布勞岱羅代爾：《地中海史》，曾培耿、唐家龍譯，台灣商務2002年版）

8. 例如，Grier（1997）、Ekelund等人（2006，第8章），以及Delacroix和Nielsen（2001）。其中，前兩篇研究發現基督新教倫理與經濟成長的正向關係，後一篇文章則認為不存在這種關係。請參閱：Grier, Robin. 1997. "The Effect of Religion on Economic Development: A Cross National Study of 63 Former Colonies." *Kyklos*, 50（1）：47-62；Ekelund, Robert B., Rob-

ert F. Hébert, and Robert D. Tollison. 2002. "An Economic Analysis of the Protestant Reformation." *Journal of Political Economy*, 110（3）：646-71；Delacroix, Jacques, Francois Nielsen. 2001. "The Beloved Myth: Protestantism and the Rise of Industrial Capitalism in Nineteenth-Century Europe." *Social Forces*, 80（2）：509-53.

9. Cantoni, Davide. 2015. "The Economic Effects of the Protestant Reformation: Testing the Weber Hypothesis in the German Lands." *Journal of the European Economic Association*, Vol. 13, N. 4 （August）: 561-98.

10. 參閱吳思、劉瑜、劉慈欣等：《我書架上的神明》，劉小磊主編，山西人民出版社2015年版。

11. 參閱魯迅：《花邊文學》，譯林出版社2014年版。

12. 參閱簡體中文版〔法〕孟德斯鳩：《論法的精神》（上下冊），許明龍譯，商務印書館2012年版。（本書另有繁體中文，許明龍譯，五南出版社2019年版）

13. Oumer, Abdella, Robbert Maseland, and Harry Garretsen. 2020. "Was de Montesquieu （Only Half） Right? Evidence for a Stronger Work Ethic in Cold Climates." *Journal of Economic Behavior & Organization*, 173：256-69.

14. 參閱簡體中文版〔美〕達龍・阿西莫格魯、詹姆斯・羅賓遜：《國家為什麼會失敗》，李增剛譯，湖南科技出版社2015年版（本書另有繁體中文版，吳國卿、鄧伯宸譯，衛城出版2013年版）。

15. Acemoglu, Daron, Simon Johnson, and James A. Robinson. 2001. "The Colonial Origins of Comparative Development: An Empirical Investigation." *American Economic Review*, 91（5）：1369-401.

16. Dell, Melissa, Benjamin Olken. 2020. "The Development Effects of the Extractive Colonial Economy: The Dutch Cultivation System in Java." *Review of Economic Studies*, 87, no. 1: 164-203.

17. 參閱量化歷史研究公眾號：《殖民統治，福兮禍兮？——來自「甜蜜王國」的證據》。

18. Gilley, Bruce. 2017. "The case for colonialism." Third World Quarterly （已撤稿）

19. Michalopoulos, Stelios, Elias Papaioannou. 2020. "Historical Legacies and African Development." *Journal of Economic Literature*, 58（1）：53-128.

20. Nunn, Nathan. 2020. "The Historical Roots of Economic Development." *Science*, 367: 6485.

第九章

1. 參閱簡體中文版〔美〕狄克遜·韋克特：《大蕭條：人類經濟生活中最為凝重悲愴的畫卷》，何嚴譯，北京郵電大學出版社2009年版。（本書另有繁體中文版：狄克遜·韋克特：《經濟大蕭條時代：1929～1941年的經濟大恐慌》，秦傳安譯，德威出版社2008年版）。

2. 參閱簡體中文版〔美〕歐文·費雪：《費雪文集：繁榮與蕭條》，李彬譯，商務印書館2019年版。

3. 參閱簡體中文版〔英〕約翰·梅納德·凱因斯：《就業、利息與貨幣通論》，李井奎譯，復旦大學出版社，2022年即出。

4. 參閱葉星、李井奎：《衰退與蕭條》，《金融博覽》2020年5月刊。

5. 轉引自歐文·費雪的《繁榮與蕭條》，第18頁。

6. 這兩段引文引自約翰·斯坦貝克的《憤怒的葡萄》，參閱簡體中文版《憤怒的葡萄》，〔美〕約翰·斯坦貝克著，胡仲持譯，上海譯文出版社2007年版。

7. 騰維藻和朱宗風先生把哈耶克譯為海約克，參閱簡體中文版《物價與生產》，〔英〕海約克著，騰維藻、朱宗風譯，上海人民出版社1958年版。

8. 參閱簡體中文版〔美〕密爾頓·弗里德曼、安娜·施瓦茨：《美國貨幣史（1867—1960）》，巴曙松、王勁松等譯，北京大學出版社 2009年版。

9. 參閱簡體中文版[美] 密爾頓·弗里德曼、安娜·施瓦茨：《美國貨幣史（1867—1960）》，巴曙松、王勁松等譯，北京大學出版社2009年版。

10. 參閱[英] 沃爾特·白芝浩：《倫巴第街》，劉璐、韓浩譯，商務印書館2017年版。

11. Richardson, Gary, William Troost. 2009. "Monetary Intervention Mitigated Banking Panics during the Great Depression: Quasi-Experimental Evidence from a Federal Reserve District Border, 19291933." *Journal of Political Economy*, Vol. 117, No. 6（December）：1031-73.

12. 參閱簡體中文版〔美〕密爾頓・弗里德曼、羅斯・弗里德曼：《兩個幸運的人》，韓莉等譯，中信出版社2004年版。（本書另有繁體中文版，林添貴、羅耀宗譯，先覺出版社1999年版）

13. 這些觀點均轉引自理查森等人2011年文章的綜述部分。

14. Carlson, Mark, Kris James Mitchener and Gary Richardson. 2011. "Arresting Banking Panics: Federal Reserve Liquidity Provision and the Forgotten Panic of 1929." *Journal of Political Economy*, Vol. 119, No. 5 （October）：889-924.

15. 參閱管漢暉：〈20世紀30年代大蕭條中的中國宏觀經濟〉，《經濟研究》2007年第02期。

16. Harold James. *The End of Globalization: Lessons from the Great Depression.* Harvard University Press, 2002.

17. 參閱簡體中文版〔日〕城山智子：《大蕭條時期的中國：市場國家與世界經濟（1929-1937）》，孟凡禮等譯，江蘇人民出版社2010年版。

18. Friedman, Milton. 1992. "Franklin D. Roosevelt, Silver, and China." *Journal of Political Economy*, 100 （February）：62-83.

19. 參閱簡體中文版：張嘉璈：《通脹螺旋》，于杰譯，中信出版社2018年版。

▎第十章

1. 參閱〔美〕J.D.萬斯：《鄉下人的悲歌》，劉曉同等譯，江蘇鳳凰文藝出版社2017年版。（本書另有繁體中文版：傑德・凡斯著：《絕望者之歌》，葉佳怡譯，八旗出版社2017年版）

2. 參閱〔美〕約瑟夫・斯蒂格利茨：《美國真相》，劉斌等譯，機械工業出版社2020年版。（本書另有繁體中文版：約瑟夫・史迪格里茲著：《史迪

格里茲的改革宣言》，陳儀譯，天下文化2020年版）

3. Chetty, Raj, David Grusky, Maximilian Hell, Nathaniel Hendren, Robert Manduca and Jimmy Narang. 2017. "The Fading American Dream: Trends in Absolute Income Mobility in the United States." *Science*, 356（6336）: 398-406.

4. Chetty, Raj., Nathaniel Hendren, Patrick Kline and Emmanuel Saez. 2014. "Where is the Land of Opportunity? The Geography of Intergenerational Mobility in the United States." *Quarterly Journal of Economics*, 129（4）: 1553-623.

5. 參閱杜佑：《通典・食貨一》。

6. Case, Anne, Angus Deaton. *Deaths of Despair and the Future of Capitalism.* Princeton University Press，2020.

7. Case, Anne, Angus Deaton, 2015. "Rising Morbidity and Mortality in Midlife among White Non hispanic Americans in the 21st Century." *PNAS*, 112（49）: 15078-83.

8. 參閱簡體中文版[美]安妮・凱斯、安格斯・迪頓：《美國怎麼了——絕望的死亡與資本主義的未來》，楊靜嫻譯，中信出版社2020年版。（本書另有繁體中文版：安・凱斯、安格斯・迪頓著：《絕望死與資本主義的未來》，許瑞宋譯，星出版2021年版）

9. William Julius Wilson. *The Truly Disadvantaged: The Inner City, the Underclass, and Public Policy.* University of Chicago Press, 1987.

10. Ludwig, Jens, et al. 2013. "Long-Term Neighborhood Effects on Low-Income Families: Evidence From Moving to Opportunity." *American Economic Review*, Vol. 103, No. 3.

11. Chetty, Raj., Nathaniel Hendren and Lawrence Katz, 2016. "The Effects of Exposure to Better Neighborhoods on Children: New Evidence from the Moving to Opportunity Experiment." *American Economic Review*, 106（4）: 855-902.

12. Chetty, Raj., Nathaniel Hendren. 2018. "The Impacts of Neighborhoods on Intergenerational Mobility I: Childhood Exposure Effects." *Quarterly Journal of Economics*. 133（3）: 1107-62; Chetty, Raj., Nathaniel Hendren. 2018.

"The Impacts of Neighborhoods on Intergenerational Mobility II: County-Level Estimates." *Quarterly Journal of Economics*, 133（3）：1163-228.

終章

1. Galton, Francis. 1886. "Regression towards Mediocrity in Hereditary Stature." Journal of the Anthropological Institute of Great Britain and Ireland, Vol. 15: 246-63.

2. 參閱簡體中文版〔美〕約書亞・安格里斯特、約恩-斯特芬・皮施克：《精通計量》，郎金煥譯，格致出版社2019年版。

3. Campbell, Donald T., Julian Stanley. *Experimental and Quasi-Experimental Designs for Research.* Wadsworth Publishing, 1963.

4. 參閱《精通計量》第五章中的「計量大師：John Snow」。

5. Wright, Philip G. *The Tariff on Animal and Vegetable Oils.* Macmillan Company, 1928.

6. 參閱《精通計量》，第三章〈工具變數〉中「計量大師：了不起的 Wrights」這一小節。

7. Stock, James H., and Francesco Trebbi. 2003 "Who Invented Instrumental Variables Regression?" *Journal of Economic Perspectives*, Vol. 17, No. 3（Summer）：177-94.

索引

| 其他

大偵探經濟學：用因果推論破解經濟學 10 大經典謎題

作　　　者	李井奎
選 書 人	張瑞芳
責任主編	張瑞芳
編輯協力	徐文傑
專業校對	童霈文
版面構成	簡曼如
封面設計	児日設計
行銷統籌	張瑞芳
行銷專員	段人涵
出版協力	劉衿妤
總 編 輯	謝宜英
出 版 者	貓頭鷹出版

國家圖書館出版品預行編目 (CIP) 資料

大偵探經濟學：用因果推論破解經濟學 10 大經
典謎題 / 李井奎著 . -- 初版 . -- 臺北市：貓頭鷹
出版：英屬蓋曼群島商家庭傳媒股份有限公司
城邦分公司發行 , 2023.04
　　面；　公分
ISBN 978-986-262-620-7(平裝)

1.CST: 經濟學 2.CST: 推論統計

550　　　　　　　　　　　　　112002473

發 行 人　涂玉雲
發　　　行　英屬蓋曼群島商家庭傳媒股份有限公司城邦分公司
　　　　　　104 台北市中山區民生東路二段 141 號 11 樓
劃撥帳號：19863813 ／戶名：書虫股份有限公司
城邦讀書花園：www.cite.com.tw ／購書服務信箱：service@readingclub.com.tw
購書服務專線：02-2500-7718 ～ 9（週一至週五 09:30-12:30；13:30-18:00）
24 小時傳真專線：02-25001990 ～ 1
香港發行所　城邦（香港）出版集團／電話：852-2877-8606 ／傳真：852-2578-9337
馬新發行所　城邦（馬新）出版集團／電話：603-9056-3833 ／傳真：603-9057-6622
印 製 廠　中原造像股份有限公司
初　　版　2023 年 4 月
定　　價　新台幣 420 元／港幣 140 元（紙本書）新台幣 294 元（電子書）
ISBN　978-986-262-620-7（紙本平裝）／ 978-986-262-622-1（電子書 EPUB）
有著作權·侵害必究（缺頁或破損請寄回更換）

讀者意見信箱　owl@cph.com.tw
投稿信箱 owl.book@gmail.com
貓頭鷹臉書　facebook.com/owlpublishing/
【大量採購，請洽專線】　(02)2500-1919

城邦讀書花園
www.cite.com.tw

本書採用品質穩定的紙張與無毒環保油墨印刷，以利讀者閱讀與典藏。